MW01259201

Entreprendre dans le vin

Groupe Eyrolles
61, bd Saint-Germain
75240 Paris Cedex 05

www.editions-eyrolles.com

 Le Code de la propriété intellectuelle du 1er juillet 1992 interdit en effet expres-
sément la photocopie à usage collectif sans autorisation des ayants droit. Or, cette
pratique s'est généralisée, notamment dans les établissements d'enseignement, provoquant une baisse brutale des achats de livres, au point que la possibilité même
pour les auteurs de créer des œuvres nouvelles et de les faire éditer correctement est
aujourd'hui menacée.
En application de la loi du 11 mars 1957, il est interdit de reproduire intégralement ou partiel-
lement le présent ouvrage, sur quelque support que ce soit, sans autorisation de l'éditeur ou du
Centre français d'exploitation du droit de copie, 20, rue des Grands-Augustins, 75006 Paris.

© Groupe Eyrolles, 2015
ISBN : 978-2-212-56188-3

Martin Cubertafond

Entreprendre
dans le vin

Stratégies 360° pour réussir
sur le marché mondial du vin

EYROLLES

Sommaire

OUVERTURE
LE BEL AVENIR DU VIN FRANÇAIS

© Groupe Eyrolles

PARTIE 1
UN MARCHÉ EN MUTATION, QUI OUVRE DES OPPORTUNITÉS

PARTIE 2
UN ENVIRONNEMENT CONCURRENTIEL EN REDÉFINITION

© Groupe Eyrolles

PARTIE 3
UN ÉQUILIBRE ÉCONOMIQUE FRAGILE

© Groupe Eyrolles

PARTIE 4
LES FACTEURS CLÉS DE SUCCÈS DANS LE MARCHÉ MONDIAL DU VIN

PARTIE 5
APPLIQUER LES FACTEURS CLÉS DE SUCCÈS À VOTRE PROJET
DANS L'INDUSTRIE DU VIN

© Groupe Eyrolles

© Groupe Eyrolles

Remerciements

Ce livre est fondé sur différents enseignements sur le vin donnés à Sciences-Po Paris depuis 2006.

Je souhaite donc remercier Jean-Emmanuel Simond, avec qui j'ai créé et animé ces cours durant toutes ces années, pour nos échanges toujours enrichissants et son soutien dans ce projet de livre.

Certaines parties de cet ouvrage ont, quant à elles, été créées pour le cours magistral de stratégie de l'entreprise de François Heilbronn, à Sciences-Po Paris également ; je le remercie de m'avoir donné cette opportunité.

Mes remerciements vont ensuite aux différents acteurs du monde du vin qui sont intervenus dans notre cours, apportant toujours des illustrations passionnantes à nos élèves : Gérard Bertrand (Groupe Gérard Bertrand), Michel Bettane (Bettane & Desseauve), Ithier Bouchard (Domaine du Tariquet), Pierre Gaillard (Domaine Pierre Gaillard), Clément Ganier (Champagne Bollinger), Maggie Henriquez (Krug), Denis Jeandeau (Domaine Denis Jeandeau), Fabrice Lagille (Vignerons de Laudun-Chusclan), Vincent Legrand (Le Chemin des Vignes), Pascal Maurice (Conseil Foire Aux Vins Carrefour), Sébastien Mourier (Les Grandes Caves), Pascal Renaudat (Chamarré), Alexandre Ricard (Pernod-Ricard), Marcel Richaud (Domaine Richaud), Christophe Salin (Domaines Barons de Rothschild), Denis Saverot et Olivier Poels (*La Revue des Vins de France*), Marie-Louise Schÿler (AXA Millésimes), Anselme Selosse (Domaine Jacques Selosse), Alfred Tesseron (Château Pontet-Canet).

Enfin, je souhaite remercier pour leur aide et l'intérêt qu'ils ont porté à mon travail : Sébastien Bercot (Coureurs de Terroirs), Catherine et Pierre Breton (Domaine Breton), Gilles Corman (Nectar des Gones), Françoise Brugière et Patrick Aigrin (France Agrimer), Douglas Fairbanks (Distillerie de Maubeuge), Philippe Rolet (Bodega Alta Vista).

© Groupe Eyrolles

Introduction

ENTREPRENDRE EN PASSIONNÉ

C'est souvent une passion qui est à l'origine d'un projet dans le vin. Une passion pour le produit, une attirance pour le mode de vie qui l'accompagne, une envie de changer de vie. Mais l'univers du vin est complexe et atypique. Il recouvre des réalités très différentes selon les segments de marché: les clients, les concurrents, les canaux de distribution, la rentabilité, les investissements à réaliser… ne sont pas toujours les mêmes.

Une erreur dans la définition du positionnement du vin, de la clientèle ciblée ou dans le choix des distributeurs peut remettre en cause la pérennité de l'entreprise et donner un goût amer à votre projet. En revanche, si tous les éléments qui définissent votre vin sont homogènes, si vous vous positionnez sur les segments du marché en croissance, si vous choisissez un modèle économique en adéquation avec vos capacités financières, alors le rêve est à portée de main, vous pouvez écrire une très belle histoire. Le marché est en mutation, il ouvre des opportunités, à vous de les saisir.

RÉUSSIR EN STRATÈGE

L'objectif de ce livre est d'utiliser les méthodes et les analyses du conseil en stratégie pour identifier les facteurs clés de succès sur le marché mondial du vin[1]. Pour cela, il va présenter une vision à 360° du marché, faisant le lien entre les aspects sociétaux, la production, le marketing, la distribution, le compte de résultat et les investissements.

Dans un premier temps, il présentera le marché, ou plutôt les deux marchés du vin, car il existe en réalité deux segments qui obéissent à des dynamiques très différentes. Il se penchera ensuite sur le consommateur, et particulièrement sur

[1]. Les nombreuses spécificités des vins de Champagne en font un marché à part entière, nécessitant une analyse spécifique qui ne sera pas menée dans cet ouvrage.

13

© Groupe Eyrolles

les nouveaux consommateurs de vin, leurs attentes et leurs évolutions. Le rôle des prescripteurs, spécificité du marché du vin, sera ensuite analysé. Enfin, l'accès à la distribution, élément capital pour la réussite de l'entreprise et trop souvent négligé, sera exposé en détail.

Une fois le fonctionnement du marché décrypté, l'environnement concurrentiel sera passé en revue. À travers l'analyse des zones de production dans un premier temps : les différents pays producteurs, le poids et le positionnement des pays du nouveau monde, la mondialisation du marché. Par le prisme des entreprises ensuite : pourquoi y a-t-il si peu d'entreprises de très grande taille ? Pourquoi les marques sont-elles si peu développées par rapport aux autres marchés des boissons ? Être une entreprise de petite taille est-il un atout ou un handicap ?

Les modèles économiques des entreprises du secteur seront ensuite analysés. Le compte de résultat, dans un premier temps, afin de déterminer les principaux postes de coûts et d'identifier les leviers de la rentabilité. Les investissements à réaliser, dans un deuxième temps, qui semblent au départ tellement nombreux qu'ils devront être hiérarchisés et que des modèles légers en actifs pourront être envisagés. Enfin, les niveaux de retour sur investissement, qui peuvent être faibles dans ce secteur si la rentabilité n'est pas optimisée et les investissements rigoureusement contrôlés.

Synthétisant ces trois parties, les facteurs clés de succès seront détaillés, pour chaque segment du marché : quel positionnement adopter pour vos vins ? Quelle distribution cibler ? Comment optimiser votre rentabilité ? Comment sélectionner vos investissements ? Ces facteurs clés de succès seront illustrés par des exemples internationaux, montrant l'éventail des opportunités existant sur le marché.

Dans la dernière partie du livre, ces facteurs clés de succès seront mis en œuvre de façon pratique, à travers plusieurs problématiques concrètes auxquelles peuvent être confrontés les entrepreneurs (actuels ou futurs) du monde du vin.

DANS UN CONTEXTE RENOUVELÉ ET FAVORABLE AUX VINS FRANÇAIS

Il est d'autant plus important de se poser toutes ces questions en 2015 que le marché du vin, qui évolue lentement, est au début d'une nouvelle ère. La deuxième phase de la mondialisation du marché commence, dans laquelle la France est amenée à jouer de nouveau un rôle de tout premier plan.

En effet, il y a quinze ans, la France était la victime désignée de la mondialisation : dépassée par les nouveaux concurrents de l'hémisphère Sud, pénalisée par la petite taille de ses exploitations et par la complexité de son offre, incapable de s'adapter aux attentes des nouveaux consommateurs.

© Groupe Eyrolles

Mais dans le vin aussi, les modes changent : ces nouveaux consommateurs, élevés aux goûts standardisés des vins du nouveau monde, ont terminé leur phase d'initiation et ils cherchent aujourd'hui plus d'identité et de diversité. Par ailleurs, l'échec des grandes fusions des années 2000 a démontré qu'il n'existe pas de prime à la taille pour les vins moyen et haut de gamme, le segment du marché en croissance.

Dans le même temps, depuis quinze ans, les vins français se sont réinventés, grâce à une modification en profondeur de leur agriculture, à de nombreuses innovations et à de fortes prises de risques. Un tissu ultra-compétitif de PME exportatrices émerge, qui a su faire des faiblesses supposées du vin français des forces : la petite taille est devenue gage d'identité, la mosaïque de terroirs promesse de diversité.

Les nouveaux consommateurs se dirigent donc naturellement vers le vin français, qui, plus performant que jamais, est en train de redevenir le modèle mondial.

© Groupe Eyrolles

Ouverture

LE BEL AVENIR DU VIN FRANÇAIS

CHAPITRE 1

Le retour en grâce de la France

LA VICTIME DÉSIGNÉE DE LA MONDIALISATION DANS LES ANNÉES 2000

La France dépassée : des vins inadaptés aux consommateurs, une structure d'industrie anachronique

Depuis les années 1990, le marché du vin est entré dans une ère de globalisation. En effet, les pays de l'hémisphère Sud et les États-Unis (les pays du « nouveau monde ») ont planté des surfaces importantes de vignobles dans les années 1990, alors que, à la même période, les pays européens cherchaient à diminuer leurs capacités de production en arrachant une partie de leurs vignes. Quelques années plus tard, ces vignobles du nouveau monde sont entrés dans leur phase de production (avec, en plus, des rendements supérieurs à ceux des pays européens) et ils ont rebattu les cartes de la production mondiale : leur poids dans la production mondiale est passé de 18 % des volumes sur la période 1988-1992 à 27 % en 2008-2012[1].

La production des pays du nouveau monde a très vite dépassé leur niveau de consommation (à l'exception des États-Unis) et ils ont logiquement développé leurs exportations. C'est ainsi que le marché du vin s'est mondialisé : le poids des échanges dans la consommation mondiale de vin a plus que doublé entre la fin des années 1980 et les années 2010, passant de 18 % à 41 % de la consommation mondiale. Aujourd'hui, plus d'une bouteille sur trois traverse donc une frontière avant d'être consommée, et les pays du nouveau monde, principale cause de ce phénomène, représentent 29 % des exportations mondiales, contre seulement 3 % à la fin des années 1980.

---

1. Pour une analyse détaillée de l'évolution de la production mondiale, se reporter au chapitre 9.

© Groupe Eyrolles

La France, qui était de longue date le leader mondial du marché ; qui partageait (principalement avec l'Espagne et l'Italie) un oligopole sur les exportations mondiales et qui se trouvait même en situation de quasi-monopole sur le marché mondial du vin haut de gamme, s'est logiquement trouvée en première ligne face à cette nouvelle concurrence. La croissance des pays du nouveau monde était si importante, et le contraste entre leurs produits et la structure de leurs industries et ceux de la France tellement fort, que la France semblait vouée à être la grande perdante de la mondialisation du marché du vin.

« Wine War »

À cette époque, la grande majorité des commentaires désignaient ainsi la France comme la principale victime de la mondialisation du marché. Le premier à braquer un projecteur sur les difficultés du vin français fut le magazine états-unien *Business Week* qui, en septembre 2001, fit sa couverture sur un verre de vin rouge, surmonté, en grandes lettres capitales, du titre « Wine War », sous-titré « Comment les vins américains et australiens piétinent les Français »[1].

Le monde du vin était donc en guerre et la France en était la perdante, pour deux principales raisons selon le magazine :

- ▶ Ses vins n'étaient pas du tout adaptés aux attentes des nouveaux consommateurs des marchés en croissance.

- ▶ Son vignoble morcelé en milliers de petites exploitations était inadapté pour lutter contre les nouveaux leaders du marché, entreprises de très grandes tailles constituées à coup de fusions-acquisitions.

Business Week constatait qu'en effet « les Australiens et les Américains démystifient le vin : comparées aux étiquettes françaises, les marques best-sellers australiennes – Wolf Blass, Penfolds et Rosemount – sont faciles à lire et à mémoriser. En revanche, le système français de dénomination par origines géographiques plutôt que par cépage crée une grande confusion. [...] Bien entendu, les restaurants chics de New York, Londres et Paris remplissent toujours leurs caves de grands vins français. Mais les consommateurs ordinaires n'ont pas la patience d'attendre que les bordeaux arrivent à maturité. Ils préfèrent les saveurs légères et fruitées des vins à bas prix offerts par les producteurs de Californie, d'Australie et du Chili ».

De plus, l'organisation, la structure, de l'industrie française du vin représentait, toujours selon *Business Week*, un véritable handicap concurrentiel face aux pays du nouveau monde : « Le système quasi médiéval de petit vignoble familial

---

1. *Business Week*, 2 septembre 2001.

© Groupe Eyrolles

lutte pour survivre. D'énormes conglomérats d'Australie, Californie et d'ailleurs doublent les Français. Ils dépensent des millions pour créer des marques fortes reconnues partout dans le monde […] Ces viticulteurs du nouveau monde donnent un coup de balai et prennent la place sur les marchés qui comptent : l'Amérique du Nord, l'Europe du Nord et l'Asie, où la consommation de vin ne cesse de croître. »

« La France est en train de rater la mondialisation du vin »

Cette analyse était bientôt partagée par la plupart des commentateurs, à l'étranger puis en France. Ainsi, en 2005, le journal *Les Échos* consacrait un article au « tournant stratégique du vin français[1] » et constatait que « les viticulteurs français sont à la traîne ». Comme *Business Week*, le quotidien économique français soulignait le manque d'adaptation des vins français à la demande des nouveaux consommateurs : « Les vins français – leurs cépages, appellations et millésimes – ont du mal à se faire comprendre. Les concurrents du nouveau monde parlent une langue beaucoup plus simple ; ils produisent des vins homogènes d'une année sur l'autre, dont le goût a été élaboré en fonction de la demande du marché. » Et il insistait également sur la structure atomisée de la production française : « Arc-boutés sur la certitude de produire le meilleur vin du monde, les viticulteurs français manquent encore sérieusement d'agressivité dans leur stratégie, alors même qu'ils doivent passer de l'artisanat à l'industrie. »

De la même manière, en 2006, *Le Monde* consacrait son éditorial à l'industrie française du vin[2], et constatait, sous le titre « Le vin de la vanité » que « la France est […] en train de rater la mondialisation du vin ». Selon le quotidien, « la France, figée dans sa culture du petit vin de propriété d'un côté, des grands crus de l'autre, souffre d'un manque de grandes "marques" connues mondialement, offrant des vins dont la qualité est constante, d'une année sur l'autre, avec des étiquettes simplifiées qui décomplexent les non-connaisseurs ». Et *Le Monde* de souligner « l'incapacité de répliquer à la concurrence des pays du nouveau monde qui imposent leurs cépages et leurs marques sur toute la planète ».

Le tableau n'était donc pas réjouissant pour la France dans les années 2000 : elle semblait totalement dépassée, avec des vins inadaptés aux nouveaux consommateurs et une structure d'industrie anachronique.

© Groupe Eyrolles

---

1. S. Germain, « Le tournant stratégique du vin français », *Les Échos*, 21 juin 2005.
2. *Le Monde*, 22 avril 2006.

L'apogée de l'influence du critique Robert Parker et la crainte d'une uniformisation du goût du vin

Au même moment, en cette première moitié des années 2000, un débat important sur l'évolution du goût est venu amplifier les craintes de disqualification de la France.

Le « goût Parker » : la domination d'un nouveau paradigme

C'est à cette période que l'influence du critique Robert Parker a atteint son apogée. Son échelle de notation sur 100 points s'était imposée comme la nouvelle référence et l'impact de ses notes sur les prix de vente des vins était important. Il définissait les attentes des nouveaux consommateurs, ceux qui représentaient l'avenir du marché[1].

Ce poids était tel que de plus en plus de vinificateurs, partout dans le monde, essayaient de faire des vins correspondant aux goûts du fameux critique. Cette convergence vers un même style de vin a fait naître la crainte d'une standardisation du goût du vin au niveau mondial.

Les notes de Robert Parker, ainsi que celles des autres prescripteurs qui utilisaient son échelle sur 100 points et convergeaient vers son style, donnaient un verdict clair. Sur le haut de gamme, il confirmait la suprématie des grands vins de Bordeaux. Mais sur le moyen et le bas de gamme, les vins français étaient inadaptés à leurs attentes, la France était disqualifiée.

Mondovino *ou la crainte de l'uniformisation du goût*

En 2004 est sorti un film-documentaire sur le marché du vin, *Mondovino*, de Jonathan Nossiter, qui défendait la thèse de l'uniformisation du goût et montrait les menaces que la mondialisation faisait peser sur la tradition française. Ce film a eu un impact médiatique fort en France, qui a dépassé le cercle des professionnels et des amateurs éclairés.

Lors de la sortie du film, Jonathan Nossiter faisait part de ses craintes pour les producteurs des pays de vieilles traditions viticoles, et en premier lieu pour la France, dans un entretien avec le journal *Libération*[2] : « Pendant trois mille ans, le vin a évolué lentement. Or, ce qui s'est passé depuis vingt ans dans le monde du vin est une révolution. Et, depuis quinze ans, le vin californien [...] influence les vignerons du monde entier, efface des traditions plurimillénaires. »

---

1. Pour une analyse détaillée du rôle des prescripteurs dans le marché mondial du vin et, en particulier, de l'importance des notes de Robert Parker dans les années 1995-2010, se reporter au chapitre 7.
2. *Libération*, 3 nov. 2004.

© Groupe Eyrolles

La France risquait donc de se retrouver sur la touche : en plus d'être dépassée par les entreprises de grande taille du nouveau monde, au niveau stylistique elle était (sauf pour ses très grands vins) inadaptée au nouveau goût dominant, qui était en train de tout balayer sur son passage.

Mais, dans le vin aussi, les modes changent

Fort heureusement, dans le vin aussi, les modes changent. Lentement – le rythme de l'industrie restant dicté par celui de la vigne – mais sûrement : les consommateurs modifient leur grille de lecture et leurs attentes évoluent.

Montée en gamme des nouveaux consommateurs qui recherchent plus de complexité et de délicatesse

La période des années 1990 et 2000 a été marquée par l'arrivée de nouveaux consommateurs de vin, au Royaume-Uni, aux États-Unis et en Europe du Nord principalement. Leurs parents ne buvant pas de vin ils avaient donc très peu de repères et ils ont créé leur propre mode de consommation, en quantité et en qualité[1]. En quantité tout d'abord : leur consommation est occasionnelle (moins de deux fois par semaine) et non quotidienne ou quasi quotidienne. En qualité ensuite : ayant découvert le vin avec des yeux de néophytes ils se sont naturellement tournés pour faire leur initiation vers des vins faciles à comprendre et adaptés à leur palais, comme les vins chiliens ou australiens.

Mais pour eux le vin est une découverte et, une fois initiés, comme ils en boivent finalement assez peu, ils montent en gamme. Après avoir formé leur palais avec les goûts standardisés des vins du nouveau monde, ils cherchent naturellement ensuite plus de complexité et de finesse et se tournent vers des vins différents, et plus chers.

Par exemple

ÉTATS-UNIS : DES CONSOMMATEURS QUI ÉLARGISSENT PEU À PEU LEUR RÉPERTOIRE

Les États-Unis illustrent très bien cette tendance. Les nouveaux consommateurs sont dans la seconde phase de leur apprentissage et ils « cherchent à explorer, à développer leur portefeuille d'expériences vinicoles » comme l'indiquait la société d'études Wine Intelligence dans une note de mai 2011 sur les tendances futures du marché aux États-Unis[2].

...../...

1. Pour une analyse détaillée des différents types de consommateurs et de leurs attentes, se reporter au chapitre 6.
2. Wine Intelligence, « Style Trends in the American Wine Market : A Future of Diversity », mai 2011.

© Groupe Eyrolles

…/…

C'est ce que constate également un des cavistes les plus anciens de San Francisco, Greg O'Flynn[1] : « Auparavant, mes clients avaient tous un vin fétiche, qu'ils buvaient tout le temps, de la même façon qu'ils avaient leur marque de whisky préféré. Ils s'identifiaient à ce vin. Aujourd'hui, les jeunes font tout le contraire. Ils veulent essayer quelque chose de complètement différent avec chaque bouteille. » Effectivement, aux États-Unis, plus de la moitié des consommateurs de vins déclarent aimer essayer des styles différents de façon régulière[2], et cette envie de découvrir des nouveautés se fait plus importante au fur et à mesure que leur connaissance du vin se développe. Ces nouveaux consommateurs impliqués sont ceux qui développent le plus leur répertoire (cépages, styles, origines) et qui dépensent le plus : leur poids est estimé à 24 % de la population des buveurs de vin, mais à 52 % des dépenses du pays. À l'inverse, les consommateurs états-uniens traditionnels, de l'ancienne génération, qui sont peu intéressés par le vin et cherchent avant tout des produits peu onéreux et de qualité correcte représentent 39 % du marché mais uniquement 12 % des dépenses[3].

Les nouveaux consommateurs changent également de canaux de distribution au fur et à mesure qu'ils développent leur répertoire et qu'ils montent en gamme : ils se dirigent de plus en plus vers le canal spécialisé (cavistes) au détriment de la grande distribution. C'est pourquoi les cavistes se développent dans les grandes villes des États-Unis depuis quelques années. À New York, par exemple, deux cents nouveaux cavistes ont ouvert entre 2000 et 2013[4].

Focus

Les Millennials à l'avant-garde des consommateurs aux États-Unis[5]

Parmi les différentes générations de consommateurs, celle des consommateurs les plus jeunes, les Millennials, est particulièrement intéressante et préfigure probablement certaines tendances fortes à venir sur le marché des États-Unis.

Ces consommateurs, nés dans les années 1980 et au début des années 1990, qui ont entre 20 et 35 ans aujourd'hui, ont découvert le vin plus jeunes, ils sont les plus enclins à essayer de nouveaux produits et prêts à payer plus cher. Ils utilisent par ailleurs un mode de prescription novateur, comme l'indique Dave McIntyre dans un article pour le *Washington Post*[6] :

…/…

---

1. The California Wine Merchant, fondé en 1974, cité par Jordan Mackay, « Ahead of his Time », *Decanter*, hors-série « California 2014 », sept. 2014.
2. *Source* : Wine Intelligence, « US Wine Market Landscape Report », juin 2013.
3. *Ibid.*
4. Ils étaient 1 368 à fin 2013 ; *source* : D. Beckman, « Growing Wine Popularity Spurs Increase in City Liquor Stores », *New York Daily News*, 12 janv. 2014.
5. Se reporter au chapitre 6 pour une description du segment des « Millennials » aux États-Unis.
6. D. McIntyre, « Millennials and Wine, a Quirky Relationship », *Washington Post*, 22 oct. 2013.

© Groupe Eyrolles

    ...\...

« Arrivés à l'époque d'Internet, les Millennials scannent les photos d'étiquettes de vin sur des applis smartphone comme Delectable et Vivino et partagent leurs notes de dégustation avec des amis sur les réseaux sociaux. Selon une étude menée par des chercheurs de la Sonoma State University[1], ils auront tendance à plus faire confiance à la recommandation d'un ami (même virtuel sur Facebook) qu'aux suggestions d'un vendeur. Ils n'accordent pas une grande importance aux critiques de vin dans les magazines ou les journaux, ce qui devrait mener dans une impasse les critiques comme Robert Parker et les autres. »

Cette tendance à l'élargissement du répertoire se retrouve dans tous les pays qui ont développé leur consommation depuis les années 1990. Dans ces marchés, la volonté d'essayer de nouveaux vins, de tester de nouveaux styles est forte. Même dans les pays où la part de la clientèle traditionaliste est la plus importante, elle concerne presque la moitié des consommateurs : 44 % au Royaume-Uni, 46 % en Finlande et 48 % au Canada. Aux États-Unis, cette population qui cherche de la nouveauté s'élève à 53 % et elle monte même jusqu'à 59 % en Suède et 65 % en Norvège[2]. Ces pays sont friands de nouveauté ; ils ont découvert le vin et ils veulent maintenant élargir leurs connaissances.

Des premiers amours aujourd'hui délaissés au profit de vins plus complexes

Si l'on revient quelques années en arrière, ces nouveaux consommateurs ont découvert le vin avec des bouteilles du nouveau monde, aux goûts faciles d'accès, construits pour leur palais non initié. Ayant fini leur initiation, ils cherchent aujourd'hui autre chose : plus de complexité et de délicatesse. Pour cela ils se tournent vers de nouvelles zones de production, car les pays des vins avec lesquels ils ont été initiés ne les font plus rêver. Ainsi, le Chili et l'Australie, qui ont connu un fort succès à la fin des années 1990 et au début des années 2000, se trouvent aujourd'hui totalement identifiés à des vins d'entrée de gamme, avec un bon rapport qualité-prix. Ils n'arrivent pas à casser cette image pour augmenter leurs prix moyens. Les consommateurs les négligent quand ils souhaitent monter en gamme et ils se tournent vers des pays dont les bouteilles sont plus chères, comme les États-Unis ou la Nouvelle-Zélande dans le nouveau monde, et, surtout, ils se dirigent naturellement vers le vieux monde du vin (France et Italie principalement).

---

1. T. Atkin, L. Thach, « Millennial Wine Consumers : Risk Perception and Information Search », *Wine Economics and Policy*, 1-2012.
2. *Source* : Wine Intelligence (« UK Wine Market Trends », 2012 ; « Wine Consumption Behaviour in Finland, Norway and Sweden », 2012 ; « Wine Consumption Behaviour in Quebec and English Speaking Canada », 2012 ; « US wine Market Landscape Report », 2013).

© Groupe Eyrolles

Les vins australiens démodés au Royaume-Uni et aux États-Unis

La critique britannique Jancis Robinson, une des plus fines observatrices du marché, a souligné cette tendance dès 2009[1]. Dans un article du *Financial Times*, elle constatait : « Le succès et la réputation du vin australien ont rapidement sombré. Les modes, dans le vin comme partout, vont et viennent, mais la vitesse avec laquelle l'Australie est passée de vénérée à conspuée est tout à fait remarquable […] : le vin australien est devenu synonyme du vin pas cher. »

En 2012, elle précisait sa pensée dans un quotidien australien[2] : « Dans les années 1990, le vin australien était devenu le favori des Britanniques. Il dépassait même le vin français en quantités vendues. En termes d'image, aucun pays ne pouvait rivaliser avec lui. Nous aimions sa constance, sa technique impeccable (à l'opposé des redoutables "sales vins français") et à quel point il était facile d'apprécier son boisé flatteur et ensoleillé. Mais l'imperfection, ou du moins l'étrangeté, commença à revenir en vogue dans le vin. La très prévisible précision technique est devenue e-n-n-u-y-e-u-s-e. Les vinificateurs australiens ont été catalogués comme de sombres manipulateurs de la nature, à l'opposé des vignerons européens, vus comme des hommes de la terre. Il est encore plus difficile de vendre du vin australien de qualité aux États-Unis aujourd'hui. L'immense succès commercial de Yellow Tail, qui représente en volume près de la moitié de toutes les exportations de vin australien dans ce pays, a convaincu la plupart des Américains que le vin australien est sucré, pas cher et orné d'un animal. »

Les vins chiliens incapables de sortir de leur image de bons vins pas chers

L'autre star des années 1990 et 2000, le Chili, a également du mal à faire évoluer son image. Ses vins étaient plébiscités par les nouveaux consommateurs, car ils offraient un rapport qualité-prix imbattable, principalement sur le segment Popular Premium[3]. Mais ces consommateurs ont évolué. Ils ont fait leurs classes avec ces vins faciles d'accès et ils cherchent maintenant autre chose, pour lequel ils sont prêts à payer plus cher. Le vin chilien reste pour eux trop marqué par sa promesse initiale de bon rapport qualité-prix : s'ils veulent se faire plaisir, ils n'achèteront donc pas de vin chilien, mais d'autres origines.

Cette image du vin chilien est maintenant son handicap : elle l'empêche de monter en gamme avec le consommateur. Comme l'indiquait dès 2008 un article de *Wine Business International* : « Les beaux jours de l'industrie chilienne du vin, lorsque ses vins étaient convoités à travers le monde, sont terminés. Le principal casse-tête pour l'industrie est de dépasser son image de "bon vin sympa pas cher" […] et son

---

1. J. Robinson, « How Australia Went Down Under », *Financial Times*, 4 avril 2009.
2. J. Robinson, « How Does your Wine Stack Up ? », *Sydney Morning Herald*, 17 avril 2012.
3. Se reporter au chapitre 5 pour une explication de la segmentation du marché.

© Groupe Eyrolles

principal défi reste l'augmentation du prix moyen par bouteille[1]. » Les Chiliens eux-mêmes le reconnaissent, puisque Wines of Chile, l'organisme chilien représentant la filière, soulignait en 2010 dans son « Plan stratégique 2020 », parmi les faiblesses de l'industrie, son « image de producteur de vins de bonne qualité, à bas prix ». Avec beaucoup de lucidité, ce plan stratégique fait le constat que « l'industrie a été positionnée dans de nombreux marchés comme une des principales sources de vin à bon rapport qualité-prix. Le futur du vin chilien dépend de sa capacité à évoluer au-delà de ce concept de qualité-prix, qui a jusqu'à maintenant empêché l'industrie chilienne de développer son potentiel[2] ».

Vers des vins moins techniques : la revanche de l'identité

L'illusion du tout-quantitatif atteint ses limites

Le système de notation sur 100 points, promesse d'objectivité dans l'univers de subjectivité du vin, a connu un formidable succès à la fin du siècle dernier et dans les années 2000[3]. Cette échelle de notation donnait l'impression que des critères traditionnellement subjectifs devenaient objectifs et que tout pouvait donc être quantifié. Les vins les mieux notés atteignant des prix de vente plus élevés, de nombreux producteurs ont cherché à améliorer leurs notes, en collant aux attentes des prescripteurs sur 100 points. Par exemple, les vins concentrés ayant de meilleures notes chez Robert Parker et dans le *Wine Spectator*, beaucoup ont élaboré des vins encore plus concentrés pour améliorer leurs notes. Il en fut ainsi pour tous les critères et le système du tout-quantifiable a naturellement atteint ses limites : de plus en plus de vins sont devenus ultra-concentrés, avec énormément d'alcool et un élevage marqué par le bois, au détriment de l'équilibre et de la qualité globale du vin. À tel point qu'au bout de quelques années, ces vins « bêtes à concours » sont devenus des caricatures, difficiles à boire et le marché a commencé à revenir en arrière.

La revanche de l'équilibre

Une des premières manifestations de ce changement de tendance fut l'arrêt de la croissance des degrés d'alcool dans les vins. En Californie en particulier, un degré d'alcool élevé était la signature des vins bien notés et, à la fin des années 2000, un grand nombre de vins prestigieux tombaient dans la catégorie fiscale des vins de dessert (plus de 14°) et non plus dans celle des vins de table. Ces degrés d'alcool, quantifiables, étaient en croissance au détriment de la qualité globale du vin. Si bien

---

1. E. Brethauer, J. Mathäß, « Chile's Critical Junction », *Wine Business International*, 23 juillet 2008.
2. Wines of Chile, « Strategic Plan 2020 », novembre 2010.
3. Pour une analyse détaillée de l'importance des notes sur 100 points dans les années 1995-2000, se reporter au chapitre 7.

© Groupe Eyrolles

qu'en avril 2011 le magazine britannique *Decanter* et le *San Francisco Chronicle* aux États-Unis ont commencé à indiquer le degré d'alcool des vins dégustés. Leur propos était de dire que l'alcool prenait une telle importance dans la construction des vins qu'il était légitime d'indiquer son niveau. En filigrane, cela indiquait la nécessité de revenir à des degrés d'alcool plus équilibrés.

Le retour en grâce de la fraîcheur et de l'acidité

Une autre impasse des vins cherchant à maximiser leurs critères quantitatifs fut la maturité des raisins et la concentration des vins. La mode était aux vins peu acides et très mûrs. L'acidité diminuant dans le grain de raisin au fur et à mesure de sa maturation, de nombreux producteurs ont cherché à récolter leurs raisins le plus tard possible, afin d'avoir des taux de sucre, et donc d'alcool, importants. Cela a donné des vins très concentrés et à l'acidité faible, qui correspondaient bien à la grille de lecture dominante dans ces années. En effet, Robert Parker, dont les notes construisaient les réputations et définissaient les prix[1], n'apprécie pas les vins acides. Dès le début de sa carrière, sa grille d'analyse et son succès ont été centrés sur la recherche de la maturité et le rejet de l'acidité. Ainsi, dès 1982, il critiquait un vin en indiquant que son « acidité est semblable à une ceinture de chasteté » et il s'opposait aux défenseurs de l'acidité dans les vins en suggérant de « blâmer ces puritains, anti-plaisir, fanatiques égarés des accords mets-vins [2] ».

Mais la recherche de la maturité est allée tellement loin qu'elle a conduit les vins dans une impasse : tellement concentrés et riches qu'ils en devenaient difficilement buvables. Comme pour les degrés d'alcool, les consommateurs et les critiques ont fait marche arrière : ils sont repartis à la recherche de plus d'équilibre et ont cessé de rejeter l'acidité dans les vins.

Par ailleurs, la très faible acidité est adaptée aux palais qui découvrent le vin. Ce fut d'ailleurs un des objectifs et une des clés du succès de la marque australienne Yellow Tail aux États-Unis[3]. Mais ces néo-consommateurs ont aujourd'hui fini leur initiation, ils cherchent des vins plus complexes, ils sont prêts pour apprécier des vins plus acides.

Ainsi, au même moment, les prescripteurs et les amateurs éclairés ont réalisé les limites de la recherche de la maturité à tout prix, et les nouveaux consommateurs ont été prêts à abandonner les vins destinés aux buveurs de *soft drinks* et à passer à autre chose, prêts à accepter plus de fraîcheur.

---

1. *Ibid.*
2. Commentaire de dégustation de la cuvée Reserve Cabernet 1982 de Shafer Vineyards, cité par Jon Bonné, *The New California Wine*, Ten Speed Press, 2013, p. 208.
3. Pour une analyse détaillée du succès de Yellow Tail aux États-Unis, se reporter au chapitre 17.

© Groupe Eyrolles

Or l'acidité est un des marqueurs des vins français ; c'est véritablement ce qui les distingue du style international de la majorité des vins du nouveau monde. Ainsi, une des caractéristiques des vins français, l'acidité, honnie dans les années 2000, est revenue en grâce au début des années 2010.

La perte d'influence de Robert Parker

Les vins ultra-concentrés étant arrivés dans une impasse, le mythe du tout-quantitatif a touché à sa fin, et la période de la domination des notes de Robert Parker est peu à peu passée. En 2012, le supplément du *Financial Times* consacré au vin-produit d'investissement (« Investing in Wine ») le constatait : « Le nez de Parker n'est plus une indication aussi importante qu'elle l'était[1]. » Signe de ce déclin, Robert Parker a choisi de se mettre en retrait en cédant sa lettre « The Wine Advocate », dans laquelle il publiait ses célèbres notes sur 100, à des investisseurs de Singapour en décembre 2012. Il n'en est plus le rédacteur en chef et ne note plus que les vins de Bordeaux et de Californie du Nord.

Une conséquence de ce changement de grille de lecture est que la technologie qui devait permettre de façonner les vins de manière très précise afin d'optimiser leurs compositions chimiques et leurs profils organoleptiques, et donc leurs notes, n'est plus la solution unique. Il était courant au début des années 2000 d'entendre que la qualité du vin se faisait à la cave, que la vinification était plus importante que la qualité du raisin. La vigne prend aujourd'hui sa revanche : la technique atteint ses limites et ce sont les facteurs liés à l'identité du vin qui prennent le dessus.

LES FAIBLESSES SUPPOSÉES DU VIN FRANÇAIS DEVIENNENT DES FORCES

Ces changements ont eu une conséquence : les faiblesses supposées du vin français – le morcellement de son vignoble et le poids de son histoire – sont devenues des forces.

Morcellement du vignoble et classement géographique
L'échec des fusions des années 2000 : pas de prime à la taille

Dans les années 2000, de nombreuses opérations de fusions-acquisitions ont eu lieu dans le vin[2], principalement entre des entreprises états-uniennes et australiennes. À l'époque, le marché pariait sur une prime à la taille : grâce à leurs

1. M. Rosen, « Critics and Pricing : Parker's Nose Is not as Big a Pointer as It Was », *Financial Times Investing in Wine*, 19 juin 2012.
2. Pour une analyse détaillée de la structure du marché et de la vague de consolidation des années 1995-2005, se reporter au chapitre 10.

© Groupe Eyrolles

énormes volumes, ces entreprises devaient diminuer leurs coûts et profiter d'un accès privilégié à la distribution. Or ces fusions, qui ont créé le numéro 1 et le numéro 3 mondial à l'époque, ont généré des gains bien plus faibles que ceux attendus. À tel point que, sous la pression de leurs actionnaires, les deux champions ainsi créés ont décidé de se scinder ou de céder une partie de leurs activités. Ce choix des entreprises de diminuer leur taille porte le principal enseignement de cette vague de consolidation, puis de scissions, des années 2000 : contrairement à d'autres industries, comme la distribution, où une taille plus importante permet de diminuer ses coûts, il n'existe pas de prime à la taille dans la production de vin.

La France, qui semblait hors-jeu dans les années 2000 à cause du morcellement de son industrie, de la petite taille de ses entreprises, n'est donc pas condamnée. Sur le marché d'entrée de gamme, où la baisse des coûts est le principal levier pour améliorer la profitabilité, vendre de gros volumes peut être un atout. Mais ce segment est en décroissance et, sur les segments en croissance – ceux des vins vendus aux consommateurs à plus de 5 euros la bouteille –, les années 2000 ont montré que grossir n'est pas une condition nécessaire pour réussir[1].

La limite intrinsèque des volumes sur les segments haut de gamme

Et plus on monte en gamme, plus les volumes sont intrinsèquement limités. En effet, les vins qui arrivent à se vendre cher, à justifier une forte prime de prix, sont toujours fortement différenciés. Leur différenciation se fonde sur une forte identité, qui provient généralement des raisins utilisés[2]. Or ces raisins, très qualitatifs et différenciants, sont produits en quantité limitée. C'est le cas en France, où la production suit une logique de découpe géographique (appellation, domaine), mais également dans les parties les plus qualitatives du nouveau monde.

Ainsi, il est très difficile de produire des volumes très importants d'un vin ultra-premium[3] ou plus, et si un tel produit rencontre un fort succès, il n'est pas possible de multiplier ses volumes comme on peut le faire dans d'autres industries alimentaires.

L'investisseur Bernard Magrez, qui a construit un portefeuille de vins prestigieux par acquisitions durant les dernières années, illustre très bien cette problématique quand il décrit sa stratégie d'investissement dans un entretien à la revue *Wine Business International* en 2008 : « J'essaye de racheter des cuvées qui produisent

---

1. Pour une analyse des spécificités et des facteurs clés de succès sur les différents segments du marché, se reporter au chapitre 16.
2. Pour plus de détails sur les approvisionnements en raisin par segment, se reporter au chapitre 15.
3. Se reporter au chapitre 5 pour une explication de la segmentation du marché.

© Groupe Eyrolles

4 000 ou 5 000 caisses et qui ont la capacité d'aller jusqu'à 20 000 caisses. Mais il y a un volume maximum pour chaque vin : Château Latour vend 100 000 bouteilles, ils pourraient peut-être en vendre 120 000, mais jamais 500 000[1]. »

Par exemple

QUAND CAUDALIE DÉPASSE SMITH HAUT LAFITTE

Une autre très bonne illustration est donnée par la famille Cathiard, qui a relancé avec beaucoup de succès depuis 1990 le Château Smith Haut Lafitte dans le Bordelais et qui a également créé, en 1995, une marque de cosmétiques fondée sur les propriétés des polyphénols des pépins de raisin, baptisée Caudalie.

Géré avec brio, repositionné et profitant d'une hausse historique des prix de vente des grands vins de Bordeaux, le Château Smith Haut Lafitte a multiplié par plus de 5 son chiffre d'affaires depuis son acquisition. Mais sa surface de production étant définie, ses volumes sont limités et l'augmentation du chiffre ne provient plus depuis quelques années que des augmentations de prix.

À l'inverse, les pots de crème peuvent se multiplier à l'infini et, grâce à la croissance des volumes et au développement de nouvelles gammes, le chiffre d'affaires de Caudalie était en 2013 de plus de 120 millions d'euros, soit douze fois plus que celui de Smith Haut Lafitte. Depuis plusieurs années, en un an, la croissance du chiffre d'affaires de Caudalie est supérieure à la totalité de celui de Smith Haut Lafitte.

Diversité *versus* homogénéité

Les néo-consommateurs ont souvent découvert le vin avec des monocépages du nouveau monde. Après dix ou quinze ans d'initiation, ils ont compris les spécificités variétales des différents cépages et ils cherchent à aller plus loin, à expérimenter, à élargir leur répertoire. Pour cela, ils peuvent tester d'autres cépages ou essayer des assemblages de différents cépages, mais ils vont aussi, naturellement, se tourner vers des vins qui n'affichent pas leur(s) cépage(s) sur l'étiquette. Les consommateurs initiés sont aujourd'hui prêts à tester des vins moins immédiatement compréhensibles, comme le sont en grande partie les vins français. Le côté mystérieux des vins français, qui était vu comme un handicap face aux vins du nouveau monde dans les années 2000, redevient donc un atout, comme l'explique bien le directeur général de la maison bourguignonne Boisset : « Dans beaucoup de pays, la lecture du cépage sur l'étiquette est un facteur de vente. Nous résistons à cette exigence du marché, car nos vins sont mythiques. Mentionner le cépage, ce serait enlever du mystère[2]. »

---

1. Entretien avec Robert Joseph, *Wine Business International*, 9 sept. 2008.
2. « Jean-Louis Berges, directeur général de la maison Boisset décrypte le succès des vins de Bourgogne », *Vitisphère*, 23 novembre 2007.

© Groupe Eyrolles

Focus

Les cépages à la mode… se démodent

Être à la mode comporte un risque principal : devenir démodé. En effet, comme dans l'industrie textile (où cela est le plus marqué), quand une tendance a beaucoup de succès, elle risque fort de suivre une logique de cycle et d'être ensuite repoussée.

C'est ce qui s'est passé avec certains cépages :

▸ Le chardonnay, qui a été la porte d'entrée vers le vin pour de nombreux consommateurs, et particulièrement consommatrices, aux États-Unis et au Royaume-Uni a subi un fort retour de bâton à la fin des années 1990 et au début des années 2000 avec la mode ABC (*Anything But Chardonnay*). En effet, à cette époque, parce qu'ils étaient las des chardonnays archétypaux du nouveau monde et pour montrer qu'ils avaient quelques connaissances, les consommateurs ont pris l'habitude de dire « tout sauf du chardonnay » lorsqu'ils devaient choisir un vin blanc.

▸ De même, le merlot, cépage qui peut être facile d'accès et très adapté à la découverte des vins rouges, a été délaissé au profit du pinot noir par une partie de la clientèle états-unienne, à la suite du succès du film *Sideways*, sorti en 2004. Dans ce film, deux amis de longue date passent plusieurs jours sur la route des vins dans la vallée de Santa Ynez, en Californie. Alors qu'ils visitent des *wineries* tout en faisant le point sur leurs vies, le merlot est stigmatisé comme un cépage simpliste. *I don't want no fucking merlot*, s'exclame un des acteurs, cherchant à affirmer ainsi son statut d'amateur éclairé : il est passé à « autre chose », il boit du pinot noir. Et avec ce film, c'est donc la mode du pinot noir qui a commencé, prenant la suite de celle d'autres cépages…

La diversité des vins français redevient un atout

Chaque vin raconte une histoire. Le succès phénoménal de Yellow Tail aux États-Unis racontait une histoire, celle des grands espaces australiens et d'un vin sans prétentions. Aujourd'hui, le consommateur qui a découvert le vin grâce à Yellow Tail, et qui s'y est intéressé, veut une autre histoire, moins simpliste, plus sophistiquée, qui lui renvoie une autre image de lui-même. Le consommateur qui découvrait le vin en 1995-2000 voulait de la simplicité, de l'accessibilité. Dix ans plus tard, ses attentes ont changé, il recherche plus de complexité et d'identité dans les vins ; pour cela il est prêt à expérimenter. S'il ne veut, par exemple, plus de chardonnay, il n'aura, en revanche, rien contre un vin blanc de Bourgogne ; s'il ne veut plus de merlot, il sera quand même attiré par un Pomerol.

Dans ce contexte, la complexité et le mystère des vins français ne sont plus des handicaps : pour un consommateur qui cherche à expérimenter, la France, avec sa mosaïque de terroirs, offre un terrain de jeu presque unique dans le monde du

© Groupe Eyrolles

vin. C'est ce que constatait la société d'étude de marché britannique IWSR, faisant référence dans le monde du vin, en juin 2013 : « La diversité, qui à une époque a freiné les progrès de l'industrie française, pourrait finalement façonner la clé de son succès dans les années à venir[1]. »

À retenir

Le marché bouge : le monde du vin change peu, il évolue lentement, son tempo étant guidé par le cycle végétatif de la vigne ; mais nous sommes au début d'une nouvelle ère.

Le vin français, industrie symbole de la nation, était la victime désignée de la mondialisation dans les années 2000. Dépassé par les nouveaux concurrents de l'hémisphère sud, pénalisé par la petite taille de ses exploitations et par sa mosaïque de terroirs incompréhensible, incapable de s'adapter aux attentes des nouveaux consommateurs.

Mais, dans le vin aussi, les modes changent. Ces nouveaux consommateurs ont découvert le vin grâce à des bouteilles produites dans le nouveau monde, faciles d'accès, adaptées à leur palais et relativement standardisées. Dix ans plus tard, ils veulent autre chose, et ils rejettent même parfois les vins avec lesquels ils se sont initiés. Ils valorisaient la simplicité, ils recherchent aujourd'hui plus de complexité. Ils plébiscitaient des produits techniques et homogènes, ils sont aujourd'hui intéressés par l'identité des vins et attirés par la diversité. Dans le même temps, les critères de jugement des vins sur le marché ont évolué : la période de la domination des notes de Robert Parker et du succès du « tout-quantitatif » touche à sa fin.

Par ailleurs, contrairement au sentiment dominant il y a dix ans, la taille n'est pas forcément un atout pour produire du vin, comme l'a démontré l'échec des mégafusions des années 1995-2005. D'autant plus que les volumes sont par essence limités sur les segments les plus profitables. Dans le vin, à part sur les segments d'entrée de gamme où les marges sont faibles et qui sont en décroissance, être petit n'est donc pas un handicap.

Le morcellement du vignoble français et la petite taille de ses exploitations permettent de produire un éventail de vins extrêmement variés, tout à fait adaptés aux nouvelles attentes des consommateurs. On en revient donc à *small is beautiful* sur le marché du vin, et la structure atomisée de l'industrie française, vue comme une faiblesse dans les années 2000, n'en est plus une aujourd'hui.

La France revient donc en grâce : la mondialisation du vin entre dans sa seconde phase, qui lui est beaucoup plus favorable.

---

1. G. Gough, « Cautious Optimism », *The IWSR*, juin 2013.

CHAPITRE 2

Un tissu de PME très dynamiques

L'industrie française du vin est principalement constituée d'entreprises de petite taille. En effet, environ 35 000 entreprises commercialisent leur vin en France, contre 4 200 en Espagne et 4 000 en Italie. Dans le nouveau monde, le nombre d'entreprise est encore plus réduit : 2 000 aux États-Unis, 1 900 en Australie, 1 300 en Argentine et 300 au Chili. Il y a donc beaucoup plus de producteurs en France que dans les autres pays.

Ensuite, la division de la production du pays par le nombre d'opérateurs donne le volume moyen commercialisé par entreprise. En France, même si la production totale est toujours dans le trio de tête avec l'Italie et l'Espagne, le volume par entreprise est le plus faible du marché en raison du nombre très important d'acteurs : 15 400 caisses en moyenne, contre 91 800 en Espagne, 111 100 aux États-Unis, 133 300 en Italie et 303 700 au Chili[1].

Le paysage français, avec de très nombreuses entreprises qui commercialisent des volumes limités, est donc totalement atypique par rapport à celui des autres pays (voir graphique page suivante).

Ce tissu très dense de PME, voire de très petites entreprises, est, à l'analyse, bien loin de l'image des exploitations agricoles endormies, perpétuant des traditions centenaires. En effet, même si ces entreprises ne l'affichent pas (et d'ailleurs elles n'en ont pas forcément conscience), elles font preuve d'une très forte dynamique entrepreneuriale qui n'a parfois rien à envier aux start-up de la nouvelle économie : elles innovent et elles prennent des risques pour développer leurs produits.

1. *Source* : A. Heijbroek, « International Competitiveness of the Wine Industry », Rabobank, 5 nov. 2008.

Nombre d'entreprises commercialisant du vin et production moyenne (par pays)

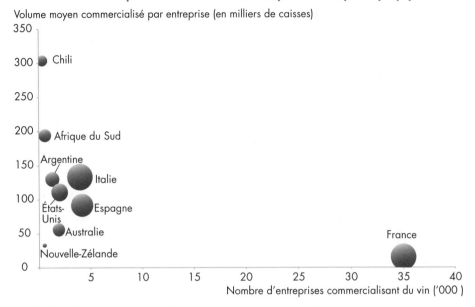

Volume moyen commercialisé par entreprise (en milliers de caisses)

La taille des bulles est proportionnelle à la production du pays en volume

Source: Rabobank 2008.

DES ENTREPRISES QUI INNOVENT

Les traditions millénaires, les savoir-faire développés depuis plusieurs siècles par les vignerons français n'empêchent pas ces PME d'innover. Au contraire, même si cela est peu connu, ce secteur d'activité est très innovant, à tous les stades de la chaîne de production : dans les vignes pour produire des raisins de meilleure qualité, à la cave lors des vinifications et, en parallèle, avec le développement continu de nouveaux matériels.

À la vigne

Au niveau mondial, les viticulteurs français ont été des pionniers dans la recherche d'autres moyens de conduire l'agriculture, après le développement et la généralisation de l'usage des pesticides dans la seconde moitié du XXe siècle.

Agriculture biologique

Dans le monde du vin, la France a aujourd'hui de l'avance dans le développement de la viticulture biologique[1]. En effet, 8 % des surfaces de vignes en production

---

1. Pour une analyse détaillée du développement du vin biologique en France et de l'équation économique de la conversion en bio, se reporter au chapitre 13.

© Groupe Eyrolles

36

étaient labélisées biologiques en 2014 en France, contre une moyenne d'environ 2,5 % en Europe et entre 1,5 % et 2 % au niveau mondial[1].

En agriculture chimique, les vignes sont en partie alimentées par des intrants. Elles font donc moins d'efforts et attendent que les engrais les nourrissent et que les pesticides détruisent leurs rivaux. Elles deviennent en quelque sorte fainéantes et leurs racines restent en surface en attendant d'être ravitaillées. À l'inverse, en agriculture biologique, les vignes sont obligées de plonger plus profond dans le sol pour se nourrir. Les images en coupe de racines de vignes conduites en agriculture chimique ou biologique sont très éclairantes : en agriculture dite « conventionnelle », moins de 10 % des racines descendent au-delà de 40 centimètres de profondeur, alors que pour les vignes conduites en agriculture biologique plus de la moitié des racines atteignent cette profondeur[2].

Le fait que les vignes plongent plus profond pour se nourrir va augmenter leur typicité : elles seront beaucoup plus le reflet de l'endroit où elles poussent. Et, par voie de conséquence, les vins qui en seront issus auront une identité plus forte. Cela pourrait être un inconvénient si l'on souhaitait produire des vins aussi uniformes que possible, homogènes et quasi standardisés mais, dans le contexte actuel, quand les consommateurs cherchent au contraire la diversité et l'identité dans leurs vins, c'est un véritable atout pour la viticulture française. En plus de répondre à la tendance sociétale mondiale d'amélioration de la qualité et de la traçabilité de l'alimentation, cela correspond également aux nouvelles attentes des consommateurs de vin.

Agriculture biodynamique

De même, les Français ont été précurseurs dans le développement de la viticulture biodynamique. Ce mode de conduite de la vigne, qui refuse les intrants chimiques comme l'agriculture biologique, prend en compte tous les échanges entre la vigne et son environnement (terre et air). Pour cela, il utilise notamment des préparations spécifiques pour nourrir la vigne et réalise ses travaux en fonction des cycles des planètes[3].

La biodynamie a connu un fort essor en France ces dix dernières années et, parmi les viticulteurs l'ayant adoptée, se trouvent certains des producteurs les plus renommés de leur région. Dès lors que le vin le plus cher du monde, la Romanée Conti, est produit en biodynamie, cela ne peut plus être considéré comme un épiphénomène. Si, en plus, d'autres grands domaines qui sont les porte-étendards de leurs appellations, ont adopté ce mode de viticulture (domaines Leflaive et Leroy en Bourgogne,

1. *Source* : Agence Bio ; France Agrimer ; B. Lewin, *Wine Myths and Reality*, Vendange Press, 2010.
2. *Source* : N. Joly, *Le Vin du ciel à la terre*, Sang de la terre, 2003, p. 194.
3. Voir pour plus de détails l'ouvrage de référence de N. Joly, *op. cit.*, 2003.

Zind Humbrecht en Alsace, Mellot à Sancerre…) ou sont en train de le tester (comme le Château Latour à Pauillac), alors plus aucun doute n'est permis : ce mode de conduite de la vigne est bien une des nouvelles tendances les plus importantes dans le marché du vin, et la France est à l'avant-garde. Pour finir de s'en convaincre, il faut voir les professionnels du monde entier se presser dès l'ouverture de la dégustation de l'association de vignerons biodynamistes « Renaissance des appellations » qui se tient à Bordeaux dans le programme *off* du plus grand Salon professionnel mondial, Vinexpo, dont elle est sans aucun doute un des événements les plus courus.

À la cave

Quand il s'agit de vinification, les Français sont également à la pointe de l'innovation : ils sont aux avant-postes dans les débats sur la diminution des intrants et ils sont en perpétuelle recherche dans les méthodes de vinification.

Diminution des intrants dans la vinification

Les vignerons français ayant été précurseurs dans la diminution de l'utilisation de produits chimiques dans le vignoble, ils ont logiquement cherché à diminuer également les intrants lors de leurs vinifications.

La fermentation, qui transforme les sucres du raisin en alcool, est déclenchée par des levures. Initialement, ces levures étaient endogènes, présentes sur la peau des grains de raisins. Mais, avec le développement de la chimie, les raisins transportaient de moins en moins de levures et de nombreux viticulteurs se sont mis à utiliser des levures exogènes, qui avaient en plus la particularité de favoriser certains arômes dans le vin. De nombreux vignerons français ont défendu l'utilisation de levures naturelles, endogènes, qui selon eux, participent de la typicité du vin.

Un autre intrant utilisé lors des vinifications est le soufre, qui est utilisé comme antioxydant à différents stades de la vinification. Lors des négociations européennes pour la définition du label « Vin biologique », la question du soufre a été au centre des débats. Les vignerons français ont milité pour des doses très limitées et un compromis a dû être trouvé avec les autres nations. Au final, même si certains vignerons français ont pu être déçus par le manque d'ambition des règles du label, celui-ci comporte bien un niveau de soufre maximal (avec une limite différente selon la couleur et le niveau de sucres résiduels du vin).

Dans ces deux cas, sur deux sujets qui sont au cœur des débats de l'industrie vinicole mondiale, certains vignerons français représentent l'avant-garde, les éléments les plus novateurs de l'industrie et ils ont été en première ligne lors des différents débats ayant animé la filière.

© Groupe Eyrolles

De la niche aux marchés de masse

Ces innovations, qui sont souvent menées par une frange avant-gardiste, voire parfois jusqu'au-boutiste, des vignerons français, n'en ouvrent pas moins des segments pour le reste du marché. Ainsi, les vins bios, à l'image des produits alimentaires biologiques, ont dépassé la niche des consommateurs militants et sont devenus un segment à part entière du marché. De même, le débat sur le soufre, s'il est longtemps resté confiné au petit monde des experts et des amateurs éclairés, a abouti, quelques années plus tard, au lancement de la première gamme de vins sans soufre en grande distribution, la cuvée « Naturae » de Gérard Bertrand.

Les entreprises françaises sont donc loin de se reposer sur leurs lauriers du XXe siècle : elles innovent et se remettent en question, sont l'objet de débats passionnés et créent de nouveaux segments de marché.

Matériel technique

La France est également à la pointe du progrès en ce qui concerne le matériel technique pour la viticulture et la vinification. Comme l'indique l'hebdomadaire britannique *The Economist,* qu'il est difficile de considérer comme aveuglément pro-français, « la France est l'indiscutable leader mondial dans la technologie vinicole[1] ». Les entreprises françaises sont parmi les leaders mondiaux et proposent souvent les produits les plus aboutis pour tous les types d'exploitation, depuis la machine à vendanger pour les vins de volumes jusqu'aux tables de tri les plus perfectionnées pour les cuvées les plus qualitatives. À titre d'illustration, les tables de tri de la société Pellenc permettent de trier avec encore plus de précision les baies, comme le décrit l'article de *The Economist* : « Les raisins tombent sur un plateau de métal vibrant qui les sépare et les conduit vers une forte lumière halogène sous laquelle une photo va être prise, ce qui permettra, en 30 millisecondes de comparer la taille et la couleur de chaque baie avec les standards requis et d'éliminer les non-conformes avec un souffle d'air. » Pellenc a déjà vendu plus de mille unités de cette table, dont le prix peut atteindre 250 000 dollars US[2].

---

1. D. Rosenheck, « Bacchus to the Future », *The Economist*, 30 nov. 2013. Le naturel de l'hebdomadaire reprend d'ailleurs le dessus dès la phrase suivante où il est précisé qu'une des raisons de la capacité d'innovation des Français est que « grâce à la réputation de la France, l'élite de ses vinificateurs, contrairement à ceux des autres pays, n'a pas à se soucier des critiques de l'élite des vinificateurs français ».
2. *Ibid.*

DES ENTREPRISES QUI PRENNENT DES RISQUES

Pour les entreprises, l'innovation va de pair avec la prise de risque. Il n'en est pas autrement dans le monde du vin, et les PME françaises se montrent prêtes à prendre des risques très importants pour améliorer la qualité de leurs produits.

Améliorer la qualité des raisins au risque de perdre tout ou partie d'une récolte

La conversion en agriculture biologique comporte des risques[1] : en effet, durant les premières années, quand la vigne est encore en quelque sorte en phase de désintoxication, ses rendements diminuent et elle peut être plus fragile face aux maladies. Les revenus du vigneron peuvent donc diminuer et il court le risque de perdre une partie, voire la totalité de sa production, ce qui, pour certaines exploitations à la trésorerie tendue, peut provoquer la faillite de l'entreprise.

Malgré cela, le nombre de vignerons qui abandonnent la chimie pour cultiver leurs vignes selon le cahier des charges de l'agriculture biologique est de plus en plus important en France[2]. Ces vignerons ont compris les bénéfices qualitatifs pour leurs raisins qu'ils pouvaient tirer de cette conversion et ils acceptent la prise de risque.

Ces risques sont bien illustrés par l'expérience du Château Pontet-Canet à Pauillac (premier parmi les grands crus classés en 1855 à se lancer, courageusement, dans l'agriculture biologique) contée par son propriétaire, Alfred Tesseron : « Au début, nous avons commencé par 15 hectares de merlot, en 2004. Nous avons vu une vraie différence dans le vin, dès la première année. Ensuite nous avons converti la totalité. C'était risqué car si nous loupions nous aurions pu être emmenés à vendre la propriété. En 2005 nous avons eu de très bons résultats, puis en 2007 nous avons eu du mildiou. J'ai eu peur, je ne dormais plus et j'ai décidé d'avoir recours de nouveau à la chimie. On a sauvé la récolte puis au bout d'une semaine la pression du mildiou s'est arrêtée. On a donc perdu la certification pendant trois ans. Si cela se reproduisait aujourd'hui nous ne le ferions plus, nous ne reviendrons pas en arrière[3]. » Ces risques sont, selon A. Tesseron, plus faciles à prendre dans une structure de type familiale, où les dirigeants sont les propriétaires de l'entreprise, que par des dirigeants salariés qui risqueraient de perdre leur emploi en cas d'échec : « Le passage en bio comporte des risques. Le fait d'être une entreprise familiale a facilité notre prise de décision. Le passage en bio doit être très dur

1. Pour une analyse détaillée de l'équation économique de la conversion en bio, se reporter au chapitre 13.
2. Voir le chapitre 13.
3. Intervention à Sciences-Po Paris le 16 novembre 2011.

pour un directeur qui répond à un conseil d'administration[1]. » Ainsi, la structure de l'industrie française, fondée sur des exploitations familiales de petite taille, serait un gage d'agilité, un atout pour la prise de risque. Premier parmi ses pairs à prendre ce risque, bousculant des réflexes établis, le Château Pontet-Canet a d'abord été regardé de travers, puis ses voisins ont dû se résoudre à constater l'amélioration de la qualité de ses vins et ils lui emboîtent maintenant le pas : « Au début, j'étais le seul grand cru classé en 1855 dans une démarche de certification. Dans la région, tout le monde était triste pour moi, ils pensaient que je faisais une erreur. Mais les gens goûtent, regardent, écoutent ; peu à peu, nous avons fait des adeptes[2]. »

De nombreux vignerons français ont, durant les dernières années, vécu les mêmes nuits blanches et, de la même façon, ont pu être stigmatisés car leurs vignes avaient l'air moins bien tenues que celles de leurs voisins qui avaient recours à la chimie. Leur prise de risque a été très forte dans un milieu agricole parfois traditionaliste, mais elle a payé car ils sont aujourd'hui imités et considérés non plus comme marginaux mais comme avant-gardistes.

Améliorer la qualité du vin au risque de sortir de l'AOC

De la même façon, de nombreux vignerons français ont, surtout depuis vingt ans, conduit des innovations dans leurs vinifications, avec toujours le même objectif : améliorer la qualité de leurs vins. Ces innovations impliquent un risque principal : perdre le droit de porter l'AOC. En effet, pour être agréé, un vin doit provenir de la zone géographique de l'AOC, obéir à un cahier des charges (cépages utilisés, dates des vendanges, rendements…) puis passer par une dégustation d'agrément. Cette dégustation va comparer différents vins de l'AOC de l'année afin de voir s'ils correspondent bien à la « typicité » de l'appellation. Dans ce type de dégustation, le vin innovant, s'il est atypique, court le risque d'être rejeté.

S'il n'obtient pas cet agrément, le vin devra être déclassé et ne pourra être commercialisé que sous la plus basse appellation de la hiérarchie : « vin sans indication géographique » (anciennement « vin de table »). Quand l'appellation est réputée, la perte de l'AOC représente un risque commercial important, car le producteur peut perdre la prime de prix liée à l'appellation et vendre son vin beaucoup moins cher. Malgré cela, de nombreux vignerons ont choisi de courir ce risque, dans l'objectif d'améliorer la qualité de leur production.

---

1. *Ibid.*
2. *Ibid.*

© Groupe Eyrolles

Par exemple

LE ROSÉ SERVI À L'ÉLYSÉE... MAIS REFUSÉ À CAIRANNE

« Le sommelier de l'Élysée aimait bien mon rosé », raconte Marcel Richaud, vigneron à Cairanne. « Il le servait pour la *garden-party* du 14 juillet. Mais l'an dernier, j'ai eu un problème : il n'a pas obtenu l'agrément. À Cairanne, ils ne le trouvaient pas assez typique de l'appellation. Je l'ai représenté, mais il n'a toujours pas été agréé. Le temps commençait à presser, si je l'avais présenté une troisième fois, il ne serait pas arrivé à temps à Paris. J'ai donc choisi de le déclasser en vin de table, j'ai fait une nouvelle étiquette, avec une table dessus et en enlevant l'appellation Cairanne, et il a été servi comme cela à l'Élysée. »[1]

Ainsi, un des vins servis lors d'une des réceptions les plus symboliques de la République française, incarnant le patrimoine national face aux représentants de la nation et à des invités de marque étrangers, n'était donc pas jugé digne de porter le nom de son village : ambassadeur du vin français à l'Élysée, mais banni à Cairanne.

DES ENTREPRISES QUI SAVENT SAISIR LES OPPORTUNITÉS DE MARCHÉ

Les entreprises françaises ne sont donc pas statiques, comme le montre leur capacité à innover et à prendre des risques. Ainsi, même si dans le vin l'adaptation rapide est difficile, à cause du cycle lent de la vigne, elles savent saisir les opportunités offertes par le marché et profiter des évolutions de la demande, quand celles-ci leur sont favorables. Le rebond des vins de Cahors en fournit un bon exemple.

Par exemple

CAHORS : « LA MONDIALISATION PEUT AVOIR DU BON ! »

Le vignoble de Cahors était en crise dans les années 2000, ses vins étaient peu valorisés, leur notoriété était limitée et sa production était trop faible pour combattre les millions de caisses des marques du nouveau monde. Dans le même temps, l'Argentine se développait avec succès sur les marchés export, grâce notamment à son cépage emblématique, le malbec. Les malbecs argentins sont devenus un modèle de développement aux États-Unis, car ils ont réussi à pénétrer le marché directement sur le segment Super-Premium (contrairement aux vins chiliens et australiens, qui sont rentrés sur des segments inférieurs et ont beaucoup de mal aujourd'hui à monter en gamme) et à créer une catégorie à part entière.

Or le vin de Cahors est produit à partir du même cépage, le malbec. Fort habilement, les entreprises de Cahors ont réussi à profiter du succès des vins argentins aux États-Unis pour relancer leur appellation. Pour cela, elles ont expliqué aux consommateurs états-uniens que Cahors était « the French Malbec » : en communiquant dans la presse, en développant un site Internet en anglais baptisé *cahorsmalbec.com*, en ouvrant un centre d'œnotourisme baptisé « Cahors Villa Malbec » et en organisant des rencontres annuelles internationales de producteurs de malbec (les « Malbec Days » de Cahors).

…/…

© Groupe Eyrolles

---

1. Intervention à Sciences-Po Paris le 11 janvier 2007.

.../...

Grâce à tous ces efforts, elles ont réussi à s'imposer comme la « capitale mondiale du malbec[1] ». De leur côté, après avoir découvert le malbec avec les vins argentins, les consommateurs des États-Unis étaient prêts pour essayer d'autres vins issus du cépage malbec. Cahors est tombé à point nommé avec sa promesse de « malbec de terroir ».

Les vins de Cahors ont alors connu un véritable rebond : les prix moyens ont presque doublé depuis 2006 et les exports ont crû de 69 % entre 2009 et 2013 (de 9 millions d'euros à 15 millions d'euros). Cette valorisation s'est accompagnée, logiquement, d'une évolution des canaux de distribution : l'appellation est aujourd'hui moins dépendante de la grande distribution envers qui les ventes ont diminué de 26 % en volume et de 14 % en valeur depuis 2007[2].

Cahors a donc su surfer avec succès sur la vague des malbecs argentins aux États-Unis. C'est un bon exemple du retournement de tendance en cours, de la nouvelle donne de cette « phase 2 » de la mondialisation du marché qui profite aux entreprises françaises. Comme le constate Bertrand-Gabriel Vigouroux, le président de l'Union interprofessionnelle des vins de Cahors : « La visibilité internationale du malbec nous a été offerte par les Argentins, et je les remercie sincèrement pour ce travail de titan. La mondialisation peut avoir du bon[3] ! »

À retenir

La structure de la filière vinicole française est atypique par rapport à celles des autres pays. Elle est en effet constituée d'une multitude de petites entreprises, qui commercialisent des volumes limités et non pas d'un nombre réduit d'opérateurs avec des chiffres d'affaires très importants.

Ce tissu de PME a joué un rôle central dans le retour en grâce de la France ces dernières années : grâce à leurs innovations et leurs prises de risques, les vins français se sont réinventés.

Ils ont tout d'abord modifié en profondeur leur agriculture, avec la remise en cause du tout-chimique et le développement de la viticulture biologique et biodynamique. Ils ont également pris des risques importants à la cave, où les processus sont en perpétuelle évolution. Enfin, ces entreprises se sont montrées très agiles pour saisir les opportunités commerciales offertes par la mondialisation du marché.

Ces PME innovantes et dynamiques constituent aujourd'hui un tissu dense, une véritable armée, qui est un atout unique pour la France.

---

1. Titre d'un publi-reportage de plusieurs pages paru dans le magazine de référence aux États-Unis, *Wine Spectator*, en mars 2014.
2. *Source* : A. Abellan, « Cahors : à un bon millésime de réussir son repositionnement et sa sortie de crise », Vitisphère.com, 30 janv. 2013 ; Cahorsmalbec.com.
3. Cité par A. Abella dans « Cépage multinational : à la croisée de l'Argentine et de Cahors, le futur des vins de malbec », vitisphère.com, 17 juin 2014.

© Groupe Eyrolles

CHAPITRE 3

Les performances rares du vin français

Cette armée de PME fait moins parler d'elle que les entreprises de grande taille présentes sur d'autres secteurs. Pourtant, ses performances n'ont rien à leur envier, bien au contraire. Le travail de fourmi de ces petites entreprises porte de grands fruits : fer de lance de l'agriculture française, elles génèrent de nombreux emplois et elles sont le troisième poste excédentaire de la balance commerciale française, uniquement dépassées par le secteur aéronautique et les cosmétiques, mais devant l'industrie pharmaceutique et la maroquinerie-bagagerie.

LE POIDS IMPORTANT DU VIN DANS L'ÉCONOMIE NATIONALE

Le fer de lance de l'agriculture française

Le vignoble destiné à la production de vin occupe 780 000 hectares en France, soit 3 % de la surface agricole utilisée[1], mais il produit 15 % de la valeur de la production agricole française[2]. Le vignoble produit donc 4,7 fois plus de valeur à l'hectare que la moyenne de la production agricole française.

Au sein de l'agriculture française, c'est également un secteur agricole en avance dans la transition vers l'agriculture biologique. Le vignoble certifié biologique est en forte augmentation et il représentait 65 000 hectares en 2014, soit plus de 8 % de la superficie en production. Grâce au nombre important de conversions à l'agriculture biologique effectuées depuis 2007, les objectifs fixés par le Grenelle de l'environnement (6 % de la surface agricole utile) ont été atteints par la viticulture dès 2010, avec deux ans d'avance[3].

1. *Source* : Recensement agricole 2010 (voir notamment *Agreste Primeur*, n° 271, nov. 2011).
2. *Source* : Insee, rapport des comptes de l'agriculture 2013.
3. *Source* : France Vin Bio. Mais il est vrai que le vignoble était sur-consommateur de produits phytosanitaires (15 % des produits utilisés en France sur uniquement 3 % des surfaces agricoles en 2008). Voir chapitre 13.

© Groupe Eyrolles

En termes de commerce extérieur, le vin est, de loin, le leader de l'agriculture française. En effet, les exportations de vins représentaient 7,9 milliards d'euros en 2013 alors que les importations ne représentaient que 0,7 milliard d'euros. Le solde est donc de 7,2 milliards d'euros d'excédent pour la France. Parmi les autres produits agricoles et les industries agroalimentaires, le deuxième secteur est celui du blé tendre, loin derrière, avec un excédent de 4,2 milliards d'euros. Viennent ensuite les produits laitiers (3,3 milliards d'euros d'excédent) puis les spiritueux (2,6 milliards d'euros d'excédent). Le vin est donc le premier poste d'excédent commercial de l'agriculture française.

Le 3e poste excédentaire de la balance commerciale française

Comme le montre le graphique ci-dessous, l'excédent commercial de l'industrie du vin est en croissance ces dernières années : + 39 % entre 2004 et 2013, de 5,2 milliards d'euros à 7,2 milliards d'euros.

Évolution des exportations, des importations et du solde du commerce extérieur du vin en France (en mds €)

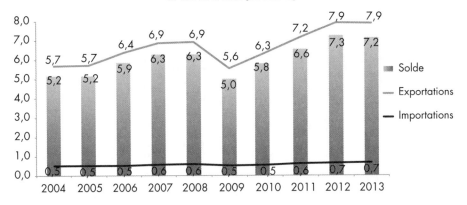

Source : Insee (Rapports des comptes de l'agriculture).

Il ne s'agit donc pas d'un feu de paille ; cet excédent commercial est pérenne. La preuve en est que s'il a diminué en 2009 à la suite de la crise économique mondiale, il a cependant très rapidement – au bout de deux ans – retrouvé son niveau d'avant-crise.

L'excédent commercial est réalisé par deux types de vins : les vins de Champagne, qui représentaient 31 % de l'excédent en 2013, et les autres vins, qui en représentaient 69 %, soit plus des deux tiers.

© Groupe Eyrolles

Ventilation de l'excédent commercial du vin en France 2005-2013 (en % du total)

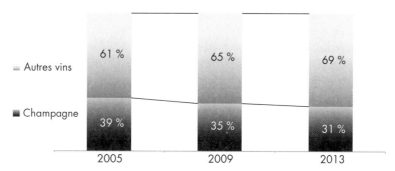

Source : Insee (Rapports des comptes de l'agriculture), Douanes françaises.

Le poids du vin dans la balance commerciale française est tel qu'il dépasse le seul cadre de l'agriculture. En effet, peu d'industries génèrent en France un tel excédent commercial : en 2013, seuls l'aéronautique et les parfums et cosmétiques dépassaient le vin.

Les premiers postes d'excédent commercial en France (2013 – en mds €)

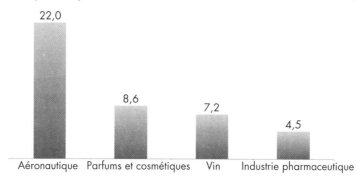

Source : Douanes françaises.

Le vin fait donc partie du trio de tête des industries générant le plus important excédent commercial. Si l'aéronautique est loin devant, il faut noter que les parfums et cosmétiques sont très proches (+ 1,4 milliard d'euros, soit + 19 %), mais qu'ils doivent se regrouper pour dépasser le vin. Les statistiques séparant les deux familles ne sont pas disponibles, mais il est fort probable que, prises séparément, elles laisseraient au vin la deuxième place[1]. Quant à l'industrie pharmaceutique, une des forces historique de l'économie française, elle apporte 2,7 milliards d'euros de moins aux comptes de la nation (− 38 %).

---

1. La Fédération des exportateurs de vins et spiritueux (FEVS) regroupe d'ailleurs l'excédent commercial des deux industries [soit 7,2 milliards d'euros (vin) + 2,6 milliards d'euros (spiritueux) = 9,8 milliards d'euros en 2013] et revendique ainsi cette deuxième place, devant les parfums et cosmétiques.

© Groupe Eyrolles

Par ailleurs, il faut noter que la performance de l'industrie aéronautique repose sur des entreprises de grande taille (Airbus, Snecma). Il en va de même pour les parfums et cosmétiques, qui comptent dans leurs rangs L'Oréal, un des leaders mondiaux du secteur ou, pour les industries pharmaceutiques avec les laboratoires Sanofi ou Servier. Le secteur vinicole français, quant à lui, compte des acteurs de taille importante dans le champagne (en premier lieu le groupe LVMH), mais très peu d'entreprises de grande taille dans les vins tranquilles (la part de marché cumulée des trois leaders est inférieure à 15 %). Pour les vins tranquilles, qui représentent les deux tiers de l'excédent, la grande performance des vins français repose donc sur une multitude de PME. Ainsi, si l'on regarde les entreprises qui fournissent à la France ses principaux postes d'excédent commercial, on va trouver les groupes Airbus, L'Oréal, Sanofi, LVMH et, au même niveau, une armée de PME vinicoles.

Un secteur qui génère de nombreux emplois

Le secteur du vin génère de nombreux emplois en France : des emplois directs, à la vigne et dans les caves, mais également des emplois indirects, chez les multiples fournisseurs de la filière.

La viticulture recouvre 780 000 hectares en France et la vigne est une culture qui demande beaucoup de main-d'œuvre. Il y a ainsi 142 000 viticulteurs en France et 115 000 autres emplois directement liés au vin : les négociants, les emplois saisonniers, les salariés des organismes dont l'objet est le vin (coopératives viticoles, syndicats, interprofessions, lycées viticoles…), les cavistes, les salariés de la grande distribution ou encore les sommeliers. Cela représente donc au total plus de 255 000 emplois directement liés au vin.

Mais il faut également y ajouter les nombreux emplois chez les fournisseurs de l'industrie viti-vinicole. En effet, le vin génère de l'activité pour de nombreux secteurs : sans lui, par exemple, les entreprises de tonnellerie, de chaudronnerie, de logistique, de bouchons, de verre ou les imprimeries généreraient beaucoup moins d'emplois. Le nombre total d'emplois indirects liés à la production et à la commercialisation du vin en France est généralement estimé entre 250 000 et 350 000.

Au total, le nombre total d'emplois directs et indirects qui dépendent du vin est donc compris entre 500 000 et 600 000 en France[1], soit environ 2 % des emplois (salariés et non salariés) du pays.

Ces emplois ont d'autant plus de valeur qu'il est, pour les emplois directs et pour une partie des emplois indirects, impossible de les délocaliser. En effet, l'entretien

---

1. *Sources* : *Vin & Société* ; France Agrimer, *Plan stratégique sur les perspectives de la filière vitivinicole à l'horizon 2025*, 14 mai 2014.

© Groupe Eyrolles

des vignes, par exemple, doit par définition s'effectuer sur le lieu de production des raisins. De même ces emplois ne peuvent pas, pour leur grande majorité, être industrialisés : l'entretien de la vigne, la vinification (et même, dans certaines AOC, la récolte des raisins) nécessitent une intervention humaine.

Enfin, comme la viticulture biologique est en croissance en France et qu'elle nécessite plus de main-d'œuvre que la viticulture ayant recours aux pesticides[1], le nombre d'emplois directs générés par le secteur du vin devrait probablement augmenter dans les années à venir.

LA FRANCE : UN POSITIONNEMENT FORT ET PÉRENNE

La France, un leader mondial positionné sur les segments du marché en croissance

La France n'est peut-être plus tous les ans le leader du marché en volume, mais elle reste le leader du marché en valeur, ce qui est bien plus important. En effet, la part de marché de la France dans les échanges mondiaux de vin était en 2013 de 15 % pour les volumes, derrière l'Italie (21 %) et l'Espagne (18 %). Mais en valeur, la France reste, et de loin, le leader du marché, avec 30 % de part de marché, contre 19 % pour l'Italie, 10 % pour l'Espagne et seulement 5 % pour le Chili, l'Australie et les États-Unis (voir tableau ci-après).

Part de marché dans les exports mondiaux de vin en 2013

	Volume		Valeur (m€)		Prix moyen par bouteille
	Millions de litres	Part de marché	Millions d'€	Part de marché	€ Par bt
France	1 453	15 %	7 812	30 %	4,0
Italie	2 032	21 %	5 005	19 %	1,8
Espagne	1 769	18 %	2 467	10 %	1,0
Chili	884	9 %	1 409	5 %	1,2
Australie	711	7 %	1 337	5 %	1,4
États-Unis	414	4 %	1 174	5 %	2,1
Allemagne	403	4 %	999	4 %	1,9
Nouvelle-Zélande	176	2 %	773	3 %	3,3
Portugal	306	3 %	724	3 %	1,8
Argentine	316	3 %	658	3 %	1,6
Afrique du Sud	554	6 %	619	2 %	0,8

Source : OIV.

---

1. Voir le chapitre 13.

© Groupe Eyrolles

Le prix moyen par bouteille vendue de la France est plus élevé que celui de ses concurrents. Seule la Nouvelle-Zélande s'en approche (3,30 €/bt *versus* 4 pour la France, soit − 18 %) ainsi que, dans une moindre mesure, les États-Unis (2,10 €/bt, soit − 47 % *versus* la France).

La France est donc bel et bien leader mondial et elle est positionnée sur la partie haute du marché. Elle a peut-être été dépassée dans les nouveaux bassins de consommation sur les segments d'entrée de gamme et sur le bas du milieu de gamme. Mais ces segments du marché sont en décroissance (en valeur) et les marges y sont limitées, tirées vers le bas par l'excédent d'offre disponible sur le marché mondial[1]. Sur les segments les mieux valorisés, là où se trouve la croissance du marché et où il est possible de dégager des rentabilités supérieures, la France reste le premier acteur du marché, avec une avance importante.

Le Chili et l'Australie fournissent une très bonne illustration, en négatif, du leadership de la France : ces pays nous ont certes pris des parts de marché aux États-Unis, au Royaume-Uni ou en Europe du Nord, mais ils sont aujourd'hui véritablement englués dans le marché d'entrée de gamme. Ils déploient tous leurs efforts pour monter en gamme : ils rêvent de se positionner sur les segments où la France est leader.

La France, à l'avant-garde des nouvelles tendances

Grâce à leurs innovations et à leurs prises de risques, les vins français se sont réinventés. Ils ont été les premiers à initier ce nouveau mouvement valorisant la fraîcheur, l'équilibre et la buvabilité des vins. Comme ils bénéficient en plus, grâce à leurs traditions centenaires, d'une grande diversité de vins aux identités très fortes, ils se sont naturellement positionnés à l'avant-garde de cette nouvelle tendance mondiale.

Partout dans le monde aujourd'hui, ces nouveaux vins français sont érigés en modèle : dans les restaurants les plus novateurs, chez les cavistes les plus pointus et, peut-être le plus important, parmi les vignerons innovants de très nombreuses régions de production.

---

1. Pour une analyse de l'excédent de l'offre sur le marché, se reporter au chapitre 5.

© Groupe Eyrolles

Par exemple

LA CARTE DU RESTAURANT NOMA À COPENHAGUE

Aucun restaurant au monde n'incarne mieux les nouvelles tendances de la haute gastronomie que le restaurant Noma à Copenhague (Danemark) au début des années 2010. En effet, la table du chef René Redzepi, qui se spécialise sur les produits de saison et locaux, deux macarons au guide Michelin, a été nommée 4 fois meilleur restaurant du monde par le magazine *Restaurant* (2010, 2011, 2012, 2014). Les clients y viennent du monde entier et il est extrêmement difficile d'y réserver une table.

Sa carte des vins donne une excellente illustration de l'importance retrouvée du vin français à l'avant-garde du monde du vin. En effet, dans ce restaurant réputé pour son caractère innovant, on trouve les meilleurs représentants de la nouvelle génération du vin français. La carte des vins[1] compte trente-sept pages et les vins français représentent plus de vingt-six pages (soit 72 % de l'offre). Les régions françaises les plus innovantes (comme la Loire ou le Roussillon) y sont surreprésentées, avec une mention spéciale pour le Jura, qui monopolise cinq pages. Pour ce vignoble à l'identité très forte (cépages locaux et vinifications spécifiques), totalement ignoré par les consommateurs lors de la phase 1 de la mondialisation car il ne rentrait dans aucune case, la revanche est magnifique. Elle montre bien à quel point les consommateurs cherchent aujourd'hui la diversité, valorisent l'identité et comment la France est parfaitement placée pour en profiter.

Focus

Le Salon « La Dive Bouteille »

Chaque année, en plein hiver, des milliers de professionnels du vin (acheteurs, cavistes, sommeliers, journalistes…), venus du monde entier convergent dans la vallée de la Loire. Ils se retrouvent dans des caves souterraines, peu ou mal chauffées et parfois sombres. Les conditions n'y sont peut-être pas idéales, mais ils sont tous là. Ils sont même de plus en plus nombreux, si bien que le salon a dû déménager. On y entend de l'anglais, du suédois, du japonais ou du français avec l'accent québécois. On y croise des Chinois, des Danois, des Japonais, des Anglais. Tous les cavistes ou restaurateurs à la pointe de l'innovation dans leur pays viennent y chercher les dernières tendances, les vins dont on parlera demain, y dénicher les futures stars du vignoble. Ces vins, souvent typés « nature », qui excitent la curiosité de l'avant-garde du monde entier, sont à plus de 80 % français.

La France, de nouveau, modèle mondial

De même, dans les pays du nouveau monde, il est étonnant de voir à quel point les vignerons novateurs prennent exemple sur la nouvelle vague française.

---

1. Consultable en ligne : *www.noma.dk*.

© Groupe Eyrolles

Le Chili s'inspire du style des vins français et aussi de leur modèle économique

Depuis le début des années 2010, une avant-garde de producteurs de vin chiliens (notamment les membres de l'association Movi[1]) va à contre-pied de ce qui a fait le succès du Chili dans la phase I de la mondialisation du vin des années 1990 et 2000. Ils cherchent à produire des vins avec plus de fraîcheur, moins de maturité et d'alcool, ils rejettent le style standardisé international et, à l'inverse, se lancent dans une quête pour l'individualité et la buvabilité. Pour cela, ils se dirigent vers des terroirs plus frais (plus au sud ou plus en altitude), remettent au goût du jour des cépages historiques qui avaient été éclipsés au profit des grands cépages internationaux, diminuent les rendements, densifient les plantations, se tournent vers l'agriculture biologique et essayent de se passer d'irrigation. Comme le constatait le magazine britannique *Decanter* en octobre 2013, « après s'être développé en misant sur le paradigme de la maturité et de la puissance, le nouveau Chili cherche aujourd'hui à mettre un frein aux excès des deux dernières décennies. *Less is more* est maintenant le mantra de la nouvelle génération[2] ».

Cela aurait pu rester une tendance relativement marginale, mais le succès de ces vins a été tel auprès de la critique et des consommateurs qu'ils ont réussi à vendre leurs produits avec une prime de prix importante par rapport à la production traditionnelle chilienne (au moins 30 %, parfois jusqu'à 100 %). Les grandes entreprises chiliennes qui dominent le marché et qui essayent depuis des années, sans grand succès, de monter en gamme et de dépasser leur image de bon vin pas cher, ont rapidement saisi le potentiel de cette nouvelle tendance et ont cherché à emboîter le pas des petits producteurs innovants. Elles ont ainsi développé de nouvelles gammes qui produisent de petites quantités (elles les appellent parfois les *boutique wines*) et reprennent les codes et les méthodes de l'avant-garde. Nombre d'entre elles ont également engagé certains des vinificateurs les plus talentueux de la nouvelle école afin de s'approprier leur savoir-faire.

Par exemple

LE DÉVELOPPEMENT DES *BOUTIQUE WINES* DES GRANDS OPÉRATEURS CHILIENS

Parmi les exemples les plus emblématiques de boutique wines des grands opérateurs chiliens, commercialisés en petites quantités et qui reprennent les codes de l'avant-garde, on trouve la gamme « Wild Ferment » (levures naturelles) de la maison Errazuriz, la gamme « Viu 1 unfiltered » (non filtré) de Viu Manent et les marques « Outer Limits » de Montes et « Terroir Hunter » d'Undurraga (recherche de nouveaux terroirs). Toutes ces cuvées sont produites à moins de mille caisses et sont vendues à plus de 9 livres, prix consommateur au Royaume-Uni.

---

1. Movimiento de viñateros independientes.
2. P. Richards, « Old Dogs, New Tricks », *Decanter*, oct. 2013.

© Groupe Eyrolles

Au Chili, la France est donc redevenue le modèle, d'un point de vue stylistique mais également d'un point de vue économique. En effet, si au niveau des styles de vins produits, l'avant-garde chilienne suit clairement le cap fixé par les vins français, d'un point de vue économique également, les vins chiliens cherchent à se rapprocher du modèle français. En essayant de produire en plus petites quantités pour offrir plus de typicité, ils rejettent tout ce qui était perçu comme les grands avantages concurrentiels du Chili dans les années 1990 (les vignobles en plaine, irrigués, produisant des rendements élevés) et qui a permis au pays de produire en quantité des vins d'entrée de gamme à l'excellent rapport qualité-prix. Mais aujourd'hui ces avantages de coûts ne sont plus suffisants : ils ne permettent pas au Chili de valoriser ses vins, d'augmenter le prix de vente moyen de ses bouteilles pour suivre le consommateur qui monte en gamme. Au contraire, pour vendre leurs vins plus chers, les entreprises chiliennes diminuent le volume de production de leurs cuvées et cherchent à développer l'identité de leurs produits. Aujourd'hui, au Chili, c'est donc non seulement le style des vins d'avant-garde français qui sert de modèle, mais également leur modèle économique.

« The New California Wine »

Il y a également un débat profond sur l'identité des vins californiens. Après des années où l'unique grille de lecture était celle de la maturité extrême, de la puissance et de l'alcool qui permettait d'obtenir les notes les plus élevées de Robert Parker et du *Wine Spectator*, une nouvelle école se développe. Lassée de cette course à la maturité et des vins tellement riches qu'ils en sont difficiles à boire, une nouvelle vague de producteurs recherche, ici aussi, des vins plus équilibrés, avec plus de fraîcheur et une identité plus forte. On voit apparaître des bouteilles moins boisées et moins alcoolisées depuis plusieurs années et elles commencent à prendre une vraie place dans le marché. Un livre très commenté, écrit par le critique vinicole du *San Francisco Chronicle*[1], est également venu les mettre en avant. Il défend la thèse selon laquelle ces vins représentent la véritable identité de la Californie, plus que les bêtes à concours en vogue dans les années 2000 qui, finalement, bridaient le potentiel de la région.

Cette nouvelle dynamique anime le débat en Californie et, lorsque les nouveaux vignerons emblématiques citent leurs références, leurs modèles, ce vers quoi ils cherchent à aller, les vins de l'avant-garde française sont très souvent cités. C'est ce qu'illustre très bien Jon Bonné, qui passe une grande partie de son temps dans le vignoble californien : « Vers 2010, on trouvait souvent les nouveaux vinificateurs californiens en train d'ouvrir des bouteilles de Jacques Puffeney, Michel

1. J. Bonné, *The New California Wine*, Ten Speed Press, 2013.

Gahier, ou Jean-François Ganevat. De la même manière que leurs prédécesseurs des années 1970 vénéraient Lafite Rothschild, les vinificateurs californiens sont devenus obsédés par les vins français du Jura[1]. » C'est donc la France, et un de ses vignobles à l'identité la plus marquée, qui sert de cap à suivre pour ces vignerons de la nouvelle école californienne.

Au-delà des exemples du Chili et de la Californie, cette tendance vers des vins moins puissants, avec plus de fraîcheur, d'équilibre et une identité plus marquée se retrouve dans les principales zones de production. L'Argentine, par exemple, cherche à mettre en avant ses différentes zones de production. C'est ce que souli-gnait une des principales productrices de Mendoza en avril 2013 dans le magazine anglais *Decanter* : « Le temps est venu pour les amateurs d'apprendre les différentes sous régions et appellations de Mendoza[2]. » En Australie, il existe aussi, comme l'indique Jancis Robinson, une « nouvelle vague admirable de jeunes vinificateurs déterminée à produire des vins très différents des syrahs avec des indices d'octanes élevés qui représentaient jusqu'à maintenant le courant dominant dans le pays[3] ».

À retenir

Les entreprises françaises sont donc très performantes : elles sont le fer de lance de l'agri-culture française, produisant 15 % de la valeur agricole sur uniquement 3 % des surfaces. Ce succès dépasse les frontières de l'agriculture car le vin est le troisième poste excédentaire de la balance commerciale française (+ 7,2 milliards d'euros en 2013).

Par ailleurs, le secteur génère plus de 500 000 emplois (environ 250 000 emplois directs et entre 250 000 et 350 000 emplois indirects) qui, pour une grande partie d'entre eux, ne peuvent être délocalisés.

Et ces performances sont pérennes, car les entreprises françaises sont positionnées sur les segments du marché en croissance et sont à l'avant-garde des nouvelles tendances.

Ce panorama rare devient unique si l'on prend en compte la taille moyenne des entreprises du secteur. En effet, il existe d'autres industries où la France est leader mondial, mais parmi celles qui pèsent si lourd dans les comptes de la nation, aucune n'est constituée par un nombre si important de PME.

Même si l'univers du vin, agricole et plusieurs fois centenaire, renvoie plutôt à des images du passé, ces PME sont dirigées par des entrepreneurs totalement ancrés dans leur époque, qui n'ont rien à envier en termes de compréhension de leur marché, de prise de risque et de dynamisme commercial aux start-up de la nouvelle économie : ce tissu atypique de petites entreprises est donc une vraie chance pour la France.

---

1. *Ibid.*
2. Laura Catena, citée par Christelle Guibert, « Mapping Mendoza », Decanter, avril 2013.
3. J. Robinson, « When More Is Less », *Financial Times*, 6 sept. 2013.

© Groupe Eyrolles

CHAPITRE 4

Malgré peu d'encouragements de la part des pouvoirs publics

Ces performances font des entreprises vinicoles françaises un véritable fleuron de l'économie nationale. Il est intéressant de noter que ce succès a été obtenu par le bas, c'est-à-dire grâce au travail d'une multitude de petites entreprises (à leurs prises de risque, leur capacité d'innovation et leur dynamisme à l'export) et ne sont pas le fruit d'une stratégie industrielle décidée et pilotée par l'État, par le haut. En effet, malgré le poids important du secteur, ses entreprises ne recueillent que peu d'encouragements de la part des pouvoirs publics.

LE CADRE LÉGAL LE « PLUS STRICT À L'OUEST DU GOLFE PERSIQUE »

La célèbre critique Jancis Robinson qui passe une grande partie de son temps à voyager dans les différents pays producteurs de vin, livre un verdict sans appel. Selon elle, « le plus important pays producteur de vin au monde a mis au point l'une des politiques anti-alcool les plus strictes à l'ouest du golfe Persique[1] ».

La loi Évin, inadaptée pour favoriser le développement d'une industrie performante

La loi Évin de 1991 relative à la lutte contre le tabagisme et l'alcoolisme définit le cadre légal régissant la communication sur le vin en France. Cette loi a la particularité de ne pas détailler les interdictions, mais uniquement de donner une liste limitée d'autorisations. Ceci implique que le champ d'interdiction est extrêmement large car ce qui n'est pas autorisé est *a priori* interdit[2]. La loi Évin

---

1. J. Robinson, « Fraternité, égalité, sobriété », *Financial Times*, 14 mars 2009.
2. Se reporter au chapitre 11 pour une analyse détaillée de la loi Évin et de son impact sur la communication sur le vin en France.

crée donc un environnement d'insécurité juridique pour les entreprises de nature à freiner leurs innovations et leur dynamisme.

À titre d'illustration, cette loi, écrite en 1991, n'a pas intégré dans son périmètre la communication sur Internet. Ainsi, quand, dans les années 2000, les entreprises françaises ont dû affirmer leur présence sur ce nouveau média, comme le faisaient leurs concurrents internationaux, elles ont dû faire face à ce flou juridique et attendre que le cadre soit défini (et il en va de même pour chaque évolution technologique depuis).

La loi Évin empêche également aux entreprises de développer leur politique de communication de manière sereine. En effet, la loi impose de donner une information « objective », afin de ne pas pousser à la consommation, mais il est par définition difficile de définir les frontières de cette objectivité[1]. Ainsi, en décembre 2005, quand le quotidien *Le Parisien* publiait un article sur « le triomphe du champagne », mêlant des conseils sur les achats de bouteilles à faire pour les fêtes et des données sur le succès économique de la filière à l'export, le juge a considéré que l'article incitait à la consommation et a condamné le journal à payer 5 000 euros d'amende pour non-respect de la loi[2].

Une situation incompréhensible pour les observateurs internationaux

Vue de l'étranger, cette situation, qui met des bâtons dans les roues d'une industrie performante, semble incompréhensible. Le critique vinicole du *New York Times* en a fait le thème de l'une de ses chroniques en 2009 (après une énième controverse, portant cette fois sur la légalité des dégustations professionnelles de vin), qu'il concluait de la façon suivante : « Je trouve ahurissant que la France, centre de la culture moderne du vin, dotée d'une industrie touristique qui dépend pour une large part du vin et du plaisir de marier gastronomie et vin, en arrive au point de faire du vin un vice »[3]. De la même manière, dans son livre de référence *Wine Myths and Reality* paru en 2010, Benjamin Lewin compare les industries vinicoles de différents pays et il met en relief l'inadaptation du système français en soulignant que « seul Kafka pourrait, peut-être, comprendre l'extrême irrationalité de la loi française » sur le vin, et que « l'éventualité très réelle que les producteurs de vins ne puissent pas du tout communiquer sur Internet en France […] glace leur liberté d'expression : il y a à peu près autant de *Liberté, Égalité, Fraternité* [NDA : en français dans le texte] sur l'Internet en France pour le vin que sur la place Tiananmen en Chine[4] ».

---

1. *Ibid.*
2. Tribunal de grande instance de Paris, 4e chambre, 2e section, 20 déc. 2007.
3. E. Asimov, « No joie de vin », *New York Times*, 4 mars 2009.
4. B. Lewin, *op. cit.*

© Groupe Eyrolles

Le vin a un statut beaucoup plus favorable dans les autres pays producteurs, concurrents de la France

Ces obstacles semblent d'autant plus étonnants lorsque l'on compare le cadre légal français à celui d'autres pays producteurs de vin, concurrents directs de la France.

L'Espagne a adopté en 2003 une loi spécifique pour « la vigne et le vin » qui précise dès sa première phrase que « le vin et la vigne sont inséparables de notre culture[1] ». Ce cadre étant fixé, la loi délivre au vin un statut spécifique parmi les alcools : « produit naturel de la fermentation du raisin ou de moût de raisin ». Grâce à cela, le vin est différencié de la bière et des spiritueux, et il peut bénéficier de financements publics pour développer ses campagnes de publicité à l'export. Ainsi, en Espagne, où l'industrie du vin a également une grande importance dans l'économie de la nation, le vin jouit d'un statut particulier, qui permet à l'État de favoriser le développement économique de ses entreprises tout en poursuivant ses objectifs de santé publique.

L'Allemagne elle aussi semble avoir moins de mal à défendre ses entreprises vinicoles. Dans un discours prononcé en 2010[2], Angela Merkel affirmait ainsi que « la viticulture n'est pas seulement de tradition millénaire, elle forge aujourd'hui encore les paysages, l'économie et la culture de régions entières » et que « nous allons tout mettre en œuvre pour être un partenaire fiable à la disposition du secteur viticole ». Il ne s'agit, certes, que d'un discours devant une assemblée de professionnels du secteur, mais il serait difficile à tenir en France. En effet, dans le cadre légal français actuel, la chancelière serait probablement sanctionnée pour incitation à la consommation lorsque dans le même discours elle affirme que « le vin n'est pas seulement un aliment [...] il est lié à la conscience de vivre et surtout à la joie de vivre. Il a toujours inspiré les créations culturelles ».

Dans le même état d'esprit, afin d'aider ses entreprises dans la compétition mondiale, l'Argentine a voté un décret en 2010 déclarant le vin « boisson nationale[3] ». À cette occasion, la présidente Cristina Kirchner affirmait que « le vin argentin fait partie de l'identité et de la culture de la nation ». Parmi les objectifs fixés dans ce décret figure en bonne place la promotion de l'image du vin argentin dans le pays et à l'étranger.

---

1. « Ley 24/2003, de 10 de julio, De la viña y del vino », disponible sur le site *www.boe.es*.
2. Discours donné lors du 60ᵉ congrès de la viticulture à Stuttgart le 24 mars 2010.
3. Decreto Nacional 1800, 24 novembre 2010 ; voir *www.vinoargentinobebidanacional.com*.

Un cadre légal déconnecté du poids économique et du dynamisme de la filière

Les entreprises françaises ne se battent donc pas avec les mêmes armes que nombre de leurs concurrents internationaux et leur réussite n'en est que plus admirable.

Le cadre légal français, dont l'objectif tout à fait légitime est de faire diminuer l'alcoolisme dans le pays, n'est pas adapté pour favoriser la croissance d'une industrie si performante. Très répressif, il crée un environnement d'insécurité juridique pour les entreprises et leur fait perdre une partie de leur précieuse énergie. En cela, il est totalement déconnecté du poids de ces entreprises dans l'économie du pays, et du dynamisme dont elles font preuve. Il faudrait le retoucher, afin de conserver les objectifs de santé publique sans créer dans le même temps de handicaps concurrentiels pour les entreprises françaises face à leurs concurrentes internationales. Une piste pourrait être, comme en Espagne, de distinguer le vin de la bière et des spiritueux.

LES AOC EN PERTE DE SENS, FREINS À LA QUALITÉ ET À L'INNOVATION

L'inflation des AOC

L'Institut national des appellations d'origine (Inao) a été créé en France en 1935 avec pour objectif principal de protéger le consommateur. En effet, après la destruction du vignoble français à la fin du XIXᵉ siècle par le phylloxéra, les fraudes se sont multipliées. Le marché a été inondé de « vins de sucre » (produits à partir de raisins secs ou de marc, d'eau, de sucre et de colorants) et de mélanges de vins nationaux et importés (notamment d'Algérie). Pour répondre aux problèmes de santé publique et au mécontentement des producteurs français, il a été décidé de créer un cadre légal permettant de certifier la provenance des vins. Les premières AOC ont ainsi été créées en 1936 (Arbois, Château-Chalon, Cassis, Châteauneuf-du-Pape, Tavel, Muscat de Frontignan, Monbazillac).

Ces AOC sont dans un premier temps venues couronner des zones de production renommées (elles portaient d'ailleurs le nom d'« appellation d'origine de vins fins » dans la « genèse des appellations contrôlées » de Joseph Capus[1]). Elles ont ainsi pendant un certain temps formé l'élite de la viticulture française. Mais à partir des années 1970, elles se sont multipliées : si elles ne représentaient que 12 % des surfaces vitivinicoles en 1950 et 20 % en 1970, leur croissance a ensuite été exponentielle pour atteindre 66 % en 2010.

1. J. Capus, *La Genèse des appellations contrôlées*, ouvrage publié par l'Inao en 1947 (disponible sur le site Internet de l'Inao).

Évolution du poids des surfaces AOC dans les surfaces totales vitivinicoles en France 1950-2010

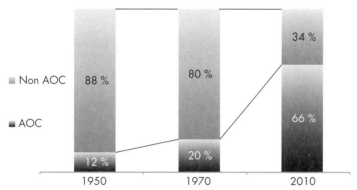

Source: Inao, Tyler Colman

Il y a environ quatre cents AOC de vin en France[1] qui représentent les deux tiers de la surface du vignoble français, environ la moitié de sa production en volume et plus de 80 % de son chiffre d'affaires[2].

Les AOC en perte de sens

Aujourd'hui, les AOC sont devenues tellement communes qu'elles n'apportent plus de réelle différentiation : ni prime de prix, ni avantage d'image vis-à-vis des consommateurs.

L'AOC n'est en effet plus un gage de prix de vente élevé : on trouve en France des vins AOC à moins de 2 euros en grande distribution. L'AOC n'est pas non plus une assurance contre les méventes : en 2002, pour la première fois, des vins AOC du Beaujolais n'ayant pas trouvé acheteur ont été distillés. En 2005, ce sont des vins AOC de Bordeaux, où 99 % du vignoble est classé AOC (contre 75 % en 1983) qui ont été distillés, la prime offerte pour la distillation étant supérieure au cours de marché pour ces vins. Ainsi, l'AOC s'est totalement déconnectée de la qualité du vin, elle s'est peu à peu vidée de son sens et a, par voie de conséquence, perdu la plus grande partie de sa légitimité auprès des consommateurs.

Certes, certaines AOC restent prestigieuses et confèrent encore une prime de prix (par exemple Pomerol, Saint-Émilion ou, bien sûr, Champagne), mais beaucoup d'autres ont une très faible notoriété et n'apportent aucun avantage. Elles peuvent même devenir un handicap si elles véhiculent une image peu qualitative. En effet,

---

1. Ce chiffre change régulièrement, du fait de l'évolution des réglementations et de l'intégration de nouvelles AOC (se reporter aux publications de l'Inao pour plus de détails).
2. *Source*: Inao, *Midi Libre*.

comme le souligne le célèbre dégustateur français Michel Bettane, « il est très difficile de vendre un vin cher dans une AOC peu cotée. Il est alors plus facile de sortir de l'AOC, de commercialiser son vin en vin de pays [NDA : aujourd'hui IGP], car dans ce cas il ne sera plus prisonnier de la qualité moyenne de l'appellation[1] ».

L'AOC, frein à la qualité et à l'innovation

Quand un vin est produit dans une zone AOC, pour avoir le droit de porter l'appellation, il doit obéir à de nombreux critères objectifs (encépagement, rendements…) mais également être validé par une dégustation d'agrément[2]. Cette dégustation est la plupart du temps une simple formalité, la quasi-totalité des volumes présentés obtenant l'agrément[3].

Mais, malheureusement, si les syndicats d'AOC n'ont pas jugé utile de déclasser des vins d'une qualité si faible qu'ils étaient, de fait, invendables et devaient être distillés, ils ont en revanche souvent rejeté les vins les plus innovants de leurs appellations.

En effet, les vignerons qui cherchent à innover, soit à travers les cépages utilisés, soit par leur mode de culture, de vinification ou d'élevage, produisent logiquement des vins qui sont différents du reste de l'appellation. En suivant leur grille de lecture, les comités de dégustation constatent qu'ils ne sont pas « typiques » et leur refusent l'agrément. Or ces innovations sont très souvent couronnées de succès : en améliorant la qualité, en accentuant l'identité de leurs vins, ces vignerons sont totalement en phase avec tout ce qui fait actuellement le succès des vins français à l'étranger. Dans la grande majorité des cas, ils vendent leur production avec une prime de prix par rapport à la moyenne des vins de leur appellation et en grande partie à l'export. On arrive donc à la situation paradoxale où les représentants les plus innovants de l'appellation, qui souvent redéfinissent son potentiel, n'ont pas le droit de porter le nom de l'AOC.

Souvent, ces producteurs ont dans un premier temps cherché à conserver leur AOC, car ils estiment en être une juste expression, mais ils l'ont ensuite quittée (volontairement ou contraints par la non-obtention de l'agrément) afin de rester libres de poursuivre leurs objectifs qualitatifs.

Une bonne illustration est donnée par Jean-Charles Abbatucci, un des vignerons corses les plus renommés : « J'ai oublié l'AOC ; ou c'est l'AOC qui m'a oublié. Mais j'ai tout fait pour la défendre, j'ai été responsable syndical pendant dix ans. Je me suis battu pour faire accepter d'autres cépages, pourtant autochtones. Ils ont

---

1. Intervention à Sciences-Po Paris le 17 janvier 2008.
2. Effectuée historiquement par des membres du syndicat de l'AOC et aujourd'hui par des organismes certificateurs indépendants.
3. À titre d'illustration : 98 % en 2004 et 99 % en 2005 selon le magazine *Que choisir* (« Réforme des AOC viticoles, comment restaurer le lien avec le terroir », 7 sept. 2007).

finalement été acceptés, mais uniquement à hauteur de 10 % dans les assemblages, alors je suis sorti de l'AOC. Aujourd'hui mes vins ont une reconnaissance internationale, je vends mes haut de gamme dans les restaurants étoilés du monde entier. Si l'AOC ne peut pas se remettre en question, tant pis pour eux[1]. »

Ainsi, les AOC n'ont pas su se redéfinir et sont devenues des freins à l'innovation et à la recherche de la qualité ; plutôt que de stigmatiser leurs membres les plus innovants, il aurait été plus judicieux de leur ménager un espace en leur sein afin de profiter de leur potentiel de création de valeur.

Vue de l'étranger, une nouvelle fois, la situation semble ubuesque. En février 2014, Guy Bossard, un des vignerons les plus renommés du Muscadet, parmi ceux qui ont fait évoluer l'image de leur appellation et qui arrivent à vendre leurs vins avec une réelle prime de prix, a vu une de ses cuvées se faire refuser l'agrément. Aux États-Unis, où ses vins ont beaucoup de succès, les réactions ont été amères. Elles sont bien résumées par l'indignation du blogueur Tyler Colman : « Avec cette décision, le système des AOC devient plus une obstruction à la qualité qu'une institution dont l'objectif est de la protéger, car elle renforce les vins médiocres ou insipides[2]. »

L'AOC devient, même dans certains, cas un handicap concurrentiel

L'inflation des AOC et la croissance incontrôlée des surfaces en AOC ont eu une autre conséquence : elles ont fait diminuer la compétitivité d'une partie du vignoble français.

Depuis les années 1970, de nombreuses zones qui étaient auparavant classées à un niveau inférieur dans la hiérarchie (IGP, ex-vins de pays ou vins sans IGP, ex-vins de table) ont accédé au rang d'AOC. Cela devait théoriquement leur permettre de vendre plus cher leur production, en contrepartie de quoi elles devaient se plier à des règles plus rigoureuses, principalement des rendements moins élevés.

Pour un grand nombre d'entre elles, l'inflation des AOC et leur perte de légitimité pour le consommateur ne leur ont pas permis de véritablement augmenter leurs prix de vente ; mais en revanche elles ont bien dû baisser leurs rendements, et leur volume de production a diminué.

Certains vignobles sont ainsi aujourd'hui dans une situation intenable : ils n'arrivent pas à valoriser leurs vins et combattent sur le marché d'entrée de gamme, où le seul moyen d'améliorer des marges est de diminuer ses coûts de production grâce

---

1. Entretien avec l'auteur, 2 février 2014.
2. Tyler Colman, « AOC Committee Rejects a Top Muscadet », Drvino.com, 28 février 2014.

à une augmentation des volumes ; mais ils ne peuvent pas augmenter leurs volumes car leurs rendements doivent rester dans les limites fixées par l'AOC. Michel Issaly, alors président des Vignerons indépendants de France, l'illustrait parfaitement dans un entretien avec le site Vitisphère en 2010 : « On a étendu deux ou trois fois les zones d'AOC, en allant sur des terres qui donnent naturellement du 100 hl/ha et en leur fixant des cahiers des charges où on leur impose de faire du 50 hl/ha. Ce qui est une aberration totale : en termes de compétitivité, les cahiers des charges empêchent des vignerons qui pourraient être à 120 hl/ha, et qui vivraient largement en IGP, de faire le rendement naturel[1]. »

Le passage en AOC peut donc, dans certains cas, être contre-productif : sur les marchés d'entrée de gamme où il est nécessaire d'avoir des volumes, il fait perdre de la compétitivité aux entreprises.

UN SUCCÈS QUI S'EST CONSTRUIT PAR LE BAS

En Australie, la stratégie de l'industrie vitivinicole a été définie par le haut : le plan « Strategy 2025 », qui définissait en 1996 des objectifs prioritaires et un plan d'action, a été la source du succès du pays au début des années 2000 (mais aussi de sa stagnation aujourd'hui)[2].

Les entreprises françaises, quant à elles, n'ont pas suivi un tel plan de bataille, défini par le haut. Il y a bien eu des tentatives, de nombreux rapports ont été élaborés au sommet de l'État : *Comment mieux positionner les vins français sur les marchés d'exportation ?*, par Jacques Berthomeau en 2001, le *Livre blanc de la viticulture française* signé par quatre députés et un sénateur de régions viticoles en 2004, *Réussir l'avenir de la viticulture en France* par Bernard Pomel en 2006, le rapport *Vin sur vin 2020* par Michel Roumegoux en 2008 ou encore le *Plan stratégique sur les perspectives de la filière vitivinicole à l'horizon 2025* de France Agrimer en 2014. Mais ces différents rapports n'ont jamais donné lieu à des plans d'action d'envergure, fédérant l'ensemble de la filière[3].

Au contraire, comme le montrent les exemples de producteurs qui ont perdu le droit de porter leur AOC à cause de leurs innovations et qui sont auréolés de succès à l'étranger, le renouveau du vin en France est venu par le bas, par des initiatives entrepreneuriales courageuses, des prises de risque importantes, hors de l'influence

---

1. « Le monde viticole a besoin d'un leader charismatique », entretien avec Michel Issaly, Vitisphere.com, 28 mai 2010.
2. Se reporter au chapitre 9 pour plus de détails
3. À l'exception du rapport Berthomeau, qui portait un regard pertinent sur le marché en 2001, la plupart de ces documents ont été vite oubliés.

des organismes publics. C'est également par le bas que le succès à l'export des PME françaises s'est dessiné : grâce au travail de fourmi de centaines de petites exploitations, grâce à l'organisation de salons professionnels dynamiques. C'est par le bas, grâce à une multitude de PME, parfois même de très petites entreprises, que la France a réaffirmé sa place de leader mondial sur le marché du vin, chahutée il y a dix ans.

À retenir

Le succès colossal des entreprises vinicoles françaises est donc assez atypique dans le paysage économique français : il s'est construit par le bas, grâce au travail continu de milliers d'entreprises de petite taille, très dynamiques et concentrées sur l'innovation et l'export. La filière n'a pas bénéficié d'encouragements de la part des pouvoirs publics ; au contraire, elle évolue dans un cadre légal extrêmement strict, qui crée un environnement d'insécurité juridique pour tous les aspects de la gestion liés à la communication et à la promotion, et qui représente un handicap concurrentiel face aux autres nations productrices. Par ailleurs, le système des AOC est aujourd'hui à bout de souffle et, plutôt que d'aider les entrepreneurs talentueux et motivés, il bride les innovations et devient même parfois un frein à la qualité.

Il est étonnant qu'au vu du poids économique du secteur et du nombre d'emplois qui lui sont liés, les pouvoirs publics n'aient jusqu'à maintenant envisagé les politiques liées au vin que sous le prisme de la lutte contre l'alcoolisme. En effet, eu égard à la création de valeur que la filière génère pour les comptes de la nation, il serait tout à fait légitime de se pencher de façon approfondie sur les liens réels entre alcoolisme et industrie du vin aujourd'hui. Du fait de l'évolution des modes de consommation du vin, ces liens sont beaucoup plus faibles qu'ils ne l'étaient pendant la Première Guerre mondiale et jusqu'aux années 1960[1].

Une redéfinition du cadre légal dans lequel évoluent les entreprises du secteur du vin est donc nécessaire. Ce nouveau cadre légal devrait être tourné, comme les entrepreneurs du secteur, vers l'avenir et plus uniquement focalisé sur le passé. Il permettrait de maintenir des objectifs de santé publique très ambitieux, tout en renforçant la compétitivité des entreprises à l'export ; ce qui permettrait de pérenniser, voire d'augmenter, l'excédent commercial de la filière.

---

1. Pour une analyse détaillée des modes de consommation en France et de leurs évolutions, se reporter au chapitre 6.

Partie 1

UN MARCHÉ EN MUTATION, QUI OUVRE DES OPPORTUNITÉS

CHAPITRE 5

Un marché? Non, deux marchés avec des dynamiques très différentes

UN MARCHÉ TOTAL SANS CROISSANCE, LESTÉ PAR UN EXCÉDENT STRUCTUREL

Lorsqu'on analyse le marché mondial du vin, les premières données disponibles sont celles de la production mondiale, exprimée en volume (hectolitres, caisses[1] ou bouteilles) et, le plus souvent, sur des périodes de 5 ans, afin de lisser l'impact d'une récolte atypique (très quantitative ou, au contraire, anormalement faible) due à des conditions climatiques exceptionnelles.

Cependant, la véritable donnée à prendre en compte n'est pas la production mais la consommation. En effet, c'est elle qui va illustrer le niveau de la demande et permettre de comprendre l'équilibre, ou le déséquilibre, entre l'offre disponible (la production) et la demande des consommateurs.

Plus encore que la consommation en volume, l'indicateur le plus important est la consommation en valeur, c'est-à-dire exprimée en euros (ou en dollars…) ; c'est elle qui détermine la taille réelle du marché.

Au niveau mondial, la production de vin est supérieure à la demande

La production mondiale de vin était en croissance jusqu'au début des années 1980, période à laquelle elle a atteint 334 millions d'hectolitres (mhl), soit près de 46 milliards de bouteilles, puis elle a diminué de 20 % entre 1980 et 1995 (principalement à cause d'arrachages de vignes dans l'Union européenne[2]) et elle est depuis quinze ans relativement stable, autour de 270 millions d'hectolitres, soit 36 milliards de bouteilles.

1. Une caisse = 12 bouteilles de 75 centilitres = 9 litres.
2. Se reporter au chapitre 9 pour l'analyse des déterminants de la production mondiale (évolution des surfaces plantées et des rendements).

La consommation mondiale, quant à elle, a suivi les mêmes tendances, mais avec un décalage vers le bas : elle a été, durant les quarante dernières années, systématiquement inférieure à la production. La différence était de 33 millions d'hectolitres (4,4 milliards de bouteilles) au début des années 1970, elle était de l'ordre de 25 millions d'hectolitres (3,3 milliards de bouteilles) au début des années 2010 après être montée jusqu'à 64 millions d'hectolitres (8,5 milliards de bouteilles) dans la seconde moitié des années 1980[1].

La première spécificité de ce marché est donc qu'il est dans une situation d'excédent : l'offre est structurellement plus importante que la demande, comme l'indique le graphique ci-dessous.

Production *versus* consommation mondiale de vin durant les quarante dernières années

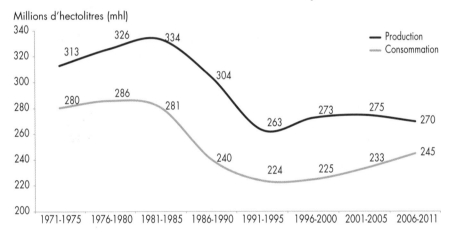

Source : OIV.

Cet excédent provoque une tension sur les prix : les surplus de vin disponibles font baisser les prix de vente.

Il est à noter que durant ces dernières années la tendance est à la diminution de cet excédent, grâce à une légère baisse de la production et à l'augmentation régulière de la consommation mondiale.

---

1. Se reporter au chapitre 6 pour l'analyse des déterminants de la consommation mondiale (évolution du nombre de consommateurs et des modes de consommation).

Focus

Le mythe de la fin de l'excédent

Des récoltes historiquement faibles en France, en Italie et en Espagne en 2012 ont poussé certains analystes à évoquer la fin des excédents, voire une possible pénurie sur le marché. En octobre 2013, une publication de Morgan Stanley (« The Global Wine Industry : Slowly Moving from Balance to Shortage ») allumait la mèche. De nombreuses analyses furent publiées en réponse, parmi lesquelles on peut retenir celle de JP Morgan (« The Great Wine Shortage and Other Myths »), qui, à juste titre, montre que « l'utilisation de données se terminant en 2012 donne une indication extrêmement trompeuse de l'état structurel du marché ».

Cette controverse a animé le monde du vin à la fin de l'année 2013. Elle a eu le mérite de confirmer qu'au-delà des effets climatiques liés au millésime, la production du vin évolue lentement, au gré des plantations et des arrachages de vignes ainsi que des évolutions des rendements, et qu'il serait prématuré de proclamer la fin de l'excédent sur l'unique fondement de petites récoltes conjoncturelles[1].

Ces excédents de vins connaissent deux principaux destins :

▸ Ils peuvent être utilisés pour un usage industriel : pour la fabrication de brandy (par distillation) ou de vermouth (par assemblage), ainsi que de sous-produits industriels très faiblement valorisés (alcool pharmaceutique, vinaigre ou éthanol utilisé pour enrichir les carburants)[2].

▸ Ils sont parfois détruits.

TREASURY WINE ESTATE DÉTRUIT 7 MILLIONS DE BOUTEILLES AUX ÉTATS-UNIS EN 2013

Le dernier exemple d'envergure en date est celui de l'australien Treasury Wine Estate (5e acteur mondial en volumes) qui a annoncé en juillet 2013, la destruction de plus de 7 millions de bouteilles de vins « obsolètes » aux États-Unis (valorisées 22 millions d'euros dans ses comptes), pour lesquelles le coût de stockage était supérieur à la valeur marchande[3].

---

1. T. Kierath et C. Wang, « The Global Wine Industry : Slowly Moving from Balance to Shortage », Morgan Stanley, 22 octobre 2013 ; S. Jackson et R. Szabo, « The Great Wine Shortage and Other Myths », JP Morgan, 22 novembre 2013.
2. Selon l'OIV, ces sous-produits industriels nécessiteraient environ 30 mhl de vin par an, ce qui conduirait à relativiser l'état d'excédent structurel. Mais ces chiffres, qui manquent de fiabilité selon de nombreux acteurs de l'industrie, font l'objet d'un débat.
3. Voir « Treasury to Destroy Large Amounts of "Old and Aged" Wine in the US », Decanter. com, 16 juillet 2013 et « Treasury Wine Estates 2014 Half Year Results Presentation » (20 février 2014), Tweglobal.com.

Production et consommation sont relativement concentrées dans le monde

La production de vin est assez concentrée géographiquement : les trois principaux producteurs européens (France, Italie et Espagne) représentaient, en 2014, 47 % de la production mondiale et les dix premiers producteurs 82 %.

De même, la consommation est concentrée puisque les dix premiers pays représentent 69 % du marché en volume. Les États-Unis ont récemment dépassé la France et ils sont maintenant le premier marché mondial.

Les 10 principaux pays de production et de consommation de vin dans le monde

Production (2014)				Consommation (2013)			
Classement	Pays	Millions hl	% production mondiale	Classement	Pays	Millions hl	% consommation mondiale
1	France	46	17 %	1	États-Unis	29	12 %
2	Italie	44	16 %	2	France	28	12 %
3	Espagne	37	14 %	3	Italie	22	9 %
4	États-Unis	23	8 %	4	Allemagne	20	9 %
5	Argentine	15	6 %	5	Chine	17	7 %
6	Australie	13	5 %	6	Royaume-Uni	13	5 %
7	Chine	12	4 %	7	Russie	11	4 %
8	Afrique du Sud	11	4 %	8	Argentine	10	4 %
9	Chili	10	4 %	9	Espagne	9	4 %
10	Allemagne	10	4 %	10	Australie	5	2 %
Top 10		221	82 %	Top 10		164	69 %

Source : OIV.

Un marché de 120 milliards d'euros en très faible croissance

Si l'on se penche maintenant sur la consommation en valeur, les 245 millions d'hectolitres consommés (33 milliards de bouteilles) correspondent à un marché d'environ 120 milliards d'euros en 2011, soit un prix moyen de 3,60 euros par bouteille[1].

Durant les dernières années, la croissance annuelle moyenne en valeur de ce marché a été très faible : 0,5 % en moyenne en euros constants sur la période

---

1. Marché quantifié au niveau du consommateur final. Données Vinexpo-IWSR (2013 et historiques) retraitées par l'auteur.

70

2000-2011. Cette quasi-stagnation s'explique par une faible augmentation des volumes (+ 0,8 % par an)[1] combinée à une légère érosion des prix (– 0,3 % par an).

Il est important de noter qu'en euros courants (c'est-à-dire non retraités de l'inflation), la croissance annuelle moyenne est de 2,6 % sur la même période. C'est ce qui conduit certains analystes à considérer que le marché est en croissance. Cependant, en valeur réelle, le marché est bel et bien atone, tiré vers le bas par une érosion des prix qui trouve sa source dans l'excédent structurel disponible sur le marché.

UN MARCHÉ QUI DOIT ÊTRE SEGMENTÉ POUR ÊTRE BIEN COMPRIS

Mais ce marché de 33 milliards de bouteilles et de 120 milliards d'euros regroupe différentes réalités. En effet, est-il possible de traiter dans le même groupe des vins comme Château Lafite, dont les prix de vente ont récemment dépassé les 1 000 euros la bouteille, et les vins destinés à une consommation immédiate vendus en grande distribution, dont le prix moyen était de 2,80 euros par bouteille en 2011[2] ?

Il est donc nécessaire de segmenter ce marché, de le diviser en sous-groupes cohérents, afin de mieux le comprendre. Mais sur quels critères une telle segmentation doit-elle se fonder ?

Des segmentations fondées sur la couleur du vin (rouge/blanc/rosé) ou bien la zone de production (pays et/ou région) pourraient être envisagées. Mais cela manquerait de précision : tous les vins de la même couleur ou de la même zone de production n'ont ni la même qualité ni le même prix de vente. Par ailleurs, comment analyser dans ce cas la concurrence entre les vins français et, par exemple, les vins australiens ?

Une autre solution pourrait être une segmentation fondée sur les niveaux de qualité. Mais il n'existe pas de critères homogènes internationalement, et les critères nationaux ne sont pas toujours légitimes (les AOC, qui représentent 66 % des surfaces viticoles en France, devraient-elles être toutes dans la même catégorie ?).

Faut-il classer les vins par type d'élaboration : vin industriel *versus* vin artisanal ? Agriculture conventionnelle *versus* agriculture biologique ?... Cela semble trop simpliste pour comprendre la complexité du marché car ces typologies ne sont pas hermétiquement cloisonnées : les produits de deux segments (un vin bio et un vin non bio par exemple) peuvent tout à fait être en concurrence auprès d'un même consommateur.

---

1. Données OIV.
2. Moyenne 2011 pour les vins tranquilles. *Source* : Symphony IRI/France Agrimer.

Pour toutes ces raisons, la segmentation adoptée par les acteurs du marché mondial du vin est fondée sur les prix de vente consommateur. Cela permet en effet de comparer les produits selon un critère objectif et international.

Les six segments généralement utilisés sont, en partant du moins cher vers le plus cher : Basic, Popular Premium, Premium, Super Premium, Ultra Premium et Icon.

Les segments tarifaires peuvent varier d'un pays à l'autre, en fonction principalement des taxes appliquées localement[1] ainsi que de la structure et des marges de la distribution.

Sur trois marchés clés, les segments tarifaires sont définis de la façon suivante :

Segmentation du marché par prix de vente consommateur

Prix de vente consommateur TTC	France et Europe continentale (en €)	États-Unis (en $)	Royaume-Uni (en £)
Icon	> 150	> 150	> 150
Ultra Premium	15-150	20-150	20-150
Super Premium	7-15	10-20	10-20
Premium	5-7	7-10	5-10
Popular Premium	3-5	3-7	3-5
Basic	< 3	< 3	< 3

IL N'Y A PAS UN MARCHÉ DU VIN, MAIS DEUX MARCHÉS

Si l'on applique cette segmentation par tranches de prix au marché total en volume et en valeur :

- les segments d'entrée de gamme, à moins de 5 euros par bouteille (segments Basic et Popular Premium), représentent 66 % du marché en volume mais uniquement 31 % en valeur ;
- les vins de milieu de gamme (segments Premium et Super Premium) 29 % du marché en volume et 52 % en valeur ;
- et les vins haut de gamme (segments Ultra Premium et Icon) moins de 5 % en volume mais 17 % en valeur[2].

---

1. Les taxes d'accises, fixes en valeur absolue et non calculées en pourcentage du prix de vente, font mécaniquement augmenter le prix moyen des segments d'entrée de gamme. C'est le cas au Royaume-Uni, par exemple.
2. Données OIV et Vinexpo-IWSR (2013 et historiques) retraitées par l'auteur.

© Groupe Eyrolles

De même, quand on observe l'évolution du marché, en volume tout d'abord, durant les dix dernières années, il apparaît que les dynamiques ne sont pas les mêmes pour les vins d'entrée de gamme, les vins de milieu de gamme et les vins haut de gamme[1] :

◗ Les vins d'entrée de gamme (segments Basic et Popular Premium) représentaient 75 % du marché en volume en 2001 mais plus que 66 % du marché en 2011 ; leur croissance annuelle moyenne a été de − 0,5 % sur cette période de dix ans.

◗ Les vins de moyenne gamme (segments Premium et Super Premium) représentaient 22 % du marché en volume en 2001 et leur part de marché est passée à 29 % en 2011 ; leur croissance annuelle moyenne a été de + 3,5 % sur la période.

◗ Les vins haut de gamme (segments Ultra Premium et Icon) : de 3 % du marché en volume en 2001 ils sont passés, grâce à une croissance annuelle moyenne de + 5,7 %, à 4 % du marché en 2011.

Ainsi, la consommation en volume augmente sur les segments les plus chers, alors qu'elle diminue sur les segments les moins chers.

Les vins d'entrée de gamme en décroissance *versus* les vins moyenne et haut de gamme en croissance

En valeur, cette tendance va mécaniquement être accentuée par les différentiels de prix de vente[2] :

◗ Les vins d'entrée de gamme (segments Basic et Popular Premium) sont passés d'une part de marché valeur de 40 % en 2005 à 31 % en 2011 (croissance moyenne de − 3,5 % par an).

◗ Les vins de moyenne gamme (segments Premium et Super Premium) ont, quant à eux, légèrement augmenté, de 50 % à 52 % de part de marché entre 2005 et 2011 (croissance moyenne de + 1,6 % par an).

◗ Les vins haut de gamme (segments Ultra Premium et Icon), qui représentaient 10 % du marché en valeur en 2005 ont vu leur poids augmenter jusqu'à 17 % en 2011 (croissance moyenne de + 9,2 % par an).

---

1. *Ibid.*
2. *Ibid.*

Deux marchés avec des tendances contrastées : sur lequel se positionner ?

Il y a donc deux dynamiques différentes selon que l'on se trouve sur les segments des vins vendus à moins de 5 euros prix consommateur (en décroissance) ou sur ceux des vins vendus à plus de 5 euros (en croissance) :

Ventilation du marché : le poids et la dynamique des principaux segments

	Segments tarifaires	Part de marché Volume 2011	Part de marché Valeur 2011	Taux moyen de croissance annuelle 2005-2011 (valeur)
Entrée de gamme	Basic Popular Premium	66 %	31 %	− 4 %
Moyen et haut de gamme		34 %	69 %	+ 3 %
dont moyen de gamme	Premium Super Premium	29 %	52 %	+ 2 %
dont haut de gamme	Ultra Premium Icon	4 %	17 %	+ 9 %
Total marché		244 mhl (33 md bt)	120 Mds €	+ 1 %

Sources : données OIV et Vinexpo-IWSR et analyses de l'auteur.

Ainsi, il n'y a pas un marché mondial du vin, mais en réalité deux marchés différents, avec des tendances contrastées :

▷ Le premier marché est celui des vins vendus à moins de 5 euros la bouteille (segments Basic et Popular Premium), qui, même s'il représente 66 % des volumes, ne représente que 31 % du marché en valeur, et son poids diminue car c'est un marché décroissant, en moyenne de − 4 % par an entre 2005 et 2011.

▷ Le second marché est celui des vins vendus à plus de 5 euros la bouteille (segments Premium, Super Premium, Ultra Premium et Icon), qui, même s'il ne représente que 34 % des volumes totaux, représente 69 % du marché en valeur. Son poids dans le marché total augmente car c'est un marché en croissance, en moyenne de 3 % par an entre 2005 et 2011. Au sein de ce second marché, les vins haut de gamme (segments Super Premium et Icon) connaissent la croissance la plus marquée (+ 9 % par an en moyenne de 2005 à 2011). Leurs volumes sont limités (4 % du marché), mais en valeur ils représentent déjà un sixième du marché total.

© Groupe Eyrolles

En pratique

Il n'y a donc pas un marché du vin, mais deux marchés, en dessous et au-dessus de 5 euros par bouteille prix consommateur, avec des dynamiques très différentes.

Il est nécessaire de prendre en compte ces deux réalités au moment de construire un projet sur le marché du vin : les facteurs clés de succès, et les stratégies à adopter qui en découlent, ne seront pas les mêmes si l'on se positionne sur le marché des vins à moins de 5 euros ou sur le marché des vins à plus de 5 euros, ou éventuellement sur les deux.

Certains opérateurs pourraient également être tentés d'augmenter leurs prix, afin de passer du premier au second marché, pour profiter de sa croissance. Mais cela n'assurera pas mécaniquement leur prospérité car, comme le montreront les prochains chapitres, le positionnement marketing, l'accès à la distribution, la structure de coûts ainsi que les investissements à réaliser ne sont pas les mêmes sur les différents segments.

UNE PARTIE DU MARCHÉ DU VIN PÉNÈTRE L'UNIVERS DU LUXE

Depuis la fin des années 1990, le segment des vins les plus haut de gamme a changé de statut, pour pénétrer dans l'univers du luxe. Une bonne illustration est donnée par l'évolution des prix de vente des cinq premiers crus bordelais du classement de 1855 durant les vingt-cinq dernières années, qui ont été multipliés par vingt.

Le prix des plus grands bordeaux multiplié par 20 en 25 ans

Évolution des prix de vente des premiers crus classés (1855) de Bordeaux 1986-2013

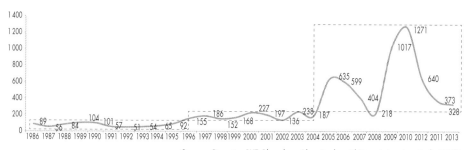

Sources : Decanter, RVF, Bloomberg (données hors Château Latour à partir de 2012).

Prix de vente des cinq premiers crus classés en 1855 (prix consommateur TTC chez les négociants lors de la mise en vente du millésime ; en euros constants 2013).

© Groupe Eyrolles

Comme le montre le graphique ci-dessus, jusqu'à la fin des années 1990, ces vins pouvaient être achetés auprès des négociants de la place de Bordeaux[1] entre 50 et 100 euros la bouteille (en euros constants 2013). Durant cette période, ces vins étaient la plupart du temps achetés pour être consommés ; le vin avait encore un statut de produit alimentaire.

Dans les dix années qui ont suivi, de fortes augmentations ont été enregistrées, notamment avec des millésimes exceptionnels comme 2000 (effet millénaire) et 2003 (canicule et faibles volumes). Les bouteilles se sont vendues entre 130 et 230 euros selon les millésimes, et la clientèle historique des amateurs consommateurs a peu à peu laissé sa place à une nouvelle clientèle, plus fortunée, friande du statut véhiculé par ces bouteilles si rares et chères, et dont l'objectif n'était pas forcément de consommer le vin mais également de le revendre.

Depuis le millésime 2005, ces cinq crus ont encore franchi un nouveau palier. En 2005, premier « millésime du siècle » de la décennie, le prix de vente des vins a été multiplié par plus de trois. Les millésimes 2009 et 2010 ont ensuite été encensés par la critique et sont arrivés sur le marché au moment où la demande venant de Chine était en pleine explosion, ce qui a conduit à de nouvelles augmentations de prix, franchissant pour la première fois le seuil des 1 000 euros par bouteille.

Certes, les diminutions de prix peuvent être conséquentes en cas de millésime de qualité moyenne (comme 2008 ou 2013) et de baisse de la demande, mais elles n'ont historiquement jamais eu la même ampleur que les augmentations qui les ont précédées.

Des augmentations sur un seul segment, qui n'ont pas profité à tout le marché

Ces très fortes augmentations sont celles de certains des plus prestigieux vins de Bordeaux, mais elles n'ont pas profité à tout le marché. En effet, pour reprendre l'exemple de Bordeaux, le différentiel de prix de vente entre les vins les plus chers et les vins d'entrée de gamme s'est creusé de façon exponentielle, comme l'indique un négociant bordelais : « À l'époque les plus grands crus coûtaient de 5 à 7 fois plus cher que les vins de base. On est aujourd'hui de 1 à 1 000 dans certains cas[2]. »

Ces deux segments sont donc aujourd'hui déconnectés, ils sont déterminés par des facteurs indépendants et suivent des tendances différentes.

---

1. Pour plus de détails sur le fonctionnement de la distribution des vins de Bordeaux voir B. Lewin, *What Price Bordeaux*, Vendange Press, 2009.
2. A. Sichel, négociant à Bordeaux, *Les Échos*, 28 mars 2013.

© Groupe Eyrolles

Seuls les vins les plus haut de gamme (segment Icon principalement) ont changé de statut et pénétré dans l'univers international des produits de luxe.

Le vin produit financier

Durant cette époque de forte augmentation des prix des vins les plus recherchés, le *Financial Times*, quotidien de référence des affaires en Angleterre, a développé un supplément annuel intitulé « Buying and Investing in Wine ».

Des fonds d'investissement dans les grands crus se sont également développés : constatant que l'augmentation de la cote de certains vins a été plus importante que celle des indices boursiers moyens durant les dernières années, ils proposent d'acheter des vins prestigieux plutôt que des actions ou d'autres produits financiers. Certains offrent en plus la possibilité aux investisseurs de boire une partie de leur investissement. Le vin n'est donc plus traité uniquement comme un produit alimentaire, mais également comme un produit financier.

Le développement de ces fonds, même s'il est resté relativement limité, a accentué la demande pour les vins les plus recherchés, et donc participé à l'augmentation de leur prix.

Le développement de la contrefaçon

Le changement de statut de certains vins icônes s'est logiquement accompagné d'une nouvelle problématique, propre à l'univers du luxe : le développement de la contrefaçon.

Cela s'est tout d'abord développé sur des vins mythiques, les meilleurs millésimes des plus grands vins. À titre d'exemple, comme l'indique Serena Sutcliffe, directrice du département vin chez Sotheby's, le nombre de bouteilles de Château Mouton Rothschild 1945 consommées pour le cinquantième anniversaire du millésime, en 1995, dépasserait la production du château en 1945[1].

Ce phénomène de contrefaçon a ensuite touché tous les millésimes des vins les plus réputés, puis d'autres vins et il impacte aujourd'hui l'ensemble des vins pour lesquels la demande est la plus forte. Ainsi, un vigneron encore confidentiel il y a dix ans comme le champenois Anselme Selosse s'est vu dérober en mars 2013 outre 3 900 bouteilles de vin, 16 000 étiquettes et 12 000 collerettes, permettant de réaliser des faux de ses bouteilles.

---

1. Cité par P. Radden Keefe, « The Jefferson Bottles », *The New Yorker*, 3 septembre 2007.

© Groupe Eyrolles

Le marché des contrefaçons se serait particulièrement développé aux États-Unis et, surtout, en Asie, où des amateurs fortunés ont assemblé très rapidement des caves prestigieuses.

Par exemple

340 EUROS POUR UNE BOUTEILLE VIDE DE CHÂTEAU LAFITE

En Chine, où Château Lafite est le vin le plus recherché, un marché pour les bouteilles vides de ce cru s'est développé. Ainsi, en 2010 une bouteille en bon état d'un bon millésime se vendait 2 900 yuans[1], l'équivalent de 340 euros.

---

1. M. Moore, « Empty Wine Bottles Sell for £300 in China », *The Telegraph*, 7 janvier 2011.

CHAPITRE 6

Un nouveau consommateur : occasionnel, qui fait augmenter le prix moyen

Historiquement, les habitudes de consommation étaient fort différentes entre les pays producteurs de vins, où la consommation par habitant était élevée (entre 60 litres et 125 litres par habitant par an au début des années 1960) et les pays non producteurs, où elle était marginale (moins de 5 litres par habitant par an).

Durant les cinquante dernières années, ces habitudes de consommation ont été profondément modifiées : comme le montre le graphique ci-dessous, la consommation de vin a chuté dans les pays historiquement producteurs (divisée par 2,6 en France, par 2,9 en Italie et par 3,1 en Espagne), alors qu'elle a fortement augmenté dans les autres pays (multipliée par 3 aux États-Unis et par 10 au Royaume-Uni).

Évolution de la consommation de vin dans les principaux pays consommateurs 1961-2012

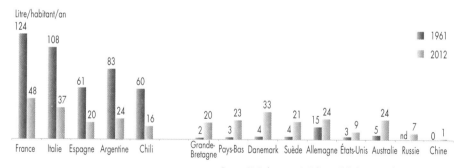

Source : K. Anderson et S. Nelgen, Global Wine Markets, 1961 to 2009 : A Statistical Compendium, University of Adelaide Press ; OIV.

79

Aujourd'hui, la consommation de vin par habitant dans les pays historiquement producteurs (France, Italie, Espagne en premier lieu, mais aussi Argentine et Chili) varie entre 16 et 40 litres par habitant par an[1]. Dans les autres pays consommateurs, qu'ils soient producteurs ou non, la consommation est le plus souvent comprise entre 10 et 30 litres par habitant et par an. Il semble donc qu'il y ait une convergence des modèles de consommation entre les différents pays, vers une quantité de l'ordre de 20 à 30 litres par an, soit en moyenne de 2 à 3 bouteilles par mois, ce qui peut être qualifié de « consommation occasionnelle ».

DANS LES PAYS HISTORIQUEMENT PRODUCTEURS, LE VIN N'EST PLUS UN ALIMENT QUOTIDIEN MAIS UN PLAISIR OCCASIONNEL : L'EXEMPLE DE LA FRANCE

Des modes de consommation profondément modifiés depuis 50 ans

Le rôle du vin dans la société française et son mode de consommation ont profondément changé durant les cinquante dernières années.

La consommation de vin pendant les repas en donne une première illustration : le vin était consommé lors d'un repas sur deux en 1980 mais uniquement durant un repas sur quatre en 2010, remplacé par l'eau sur la table des Français[2].

Mais les statistiques montrent que les boissons consommées durant les repas sont très différentes selon l'âge des Français : le poids du vin augmente avec l'âge, jusqu'à environ 60 ans, puis il se stabilise, à peu près au niveau de 1980 justement[3]. Ces habitudes ne seraient-elles donc que le reflet des cycles de vie, la consommation augmentant mécaniquement avec l'âge ?

La réalité est en fait plus complexe et elle est très bien illustrée par une étude réalisée tous les cinq ans depuis 1980 par France Agrimer[4] qui compare le poids de la consommation régulière (deux fois par semaine et plus) et de la consommation occasionnelle (une fois par semaine ou moins) pour chaque tranche d'âge. La consommation occasionnelle domine chez les plus jeunes, puis elle laisse sa

---

1. Il est important de noter que le chiffre concernant la France est la division du volume de vin consommé sur le territoire national par la population française. Or la France étant la première destination touristique mondiale, une partie de ce vin est consommée par des touristes. La consommation des Français, déduction faite des achats touristiques, est estimée à environ 40 litres par habitants.
2. *Source* : Onivins.
3. *Source* : Onivins.
4. « Étude quinquennale sur la consommation de vin en France », France Agrimer, dernière livraison 27 novembre 2012.

© Groupe Eyrolles

place à une consommation régulière. Ce changement avait lieu à 25 ans en 1980, à 40 ans en 1990, 55 ans en 2000 et 65 ans en 2010. Ce n'est donc ni l'âge ni l'avancement dans le cycle de vie qui déterminent le type de consommation, mais l'appartenance à une génération. En France, seules les personnes nées avant la Seconde Guerre mondiale consomment du vin de façon régulière. À l'inverse, depuis la génération des baby-boomers, les consommateurs occasionnels sont dominants.

Le mode de consommation de vin en France a ainsi lentement évolué et le poids des consommateurs réguliers (deux fois par semaine et plus) a depuis 1980 régulièrement diminué au profit des consommateurs occasionnels (une fois par semaine ou moins) et des non-consommateurs (moins d'une fois par mois[1]).

Évolution de la ventilation des consommateurs français en fonction de leur mode de consommation 1980-2010

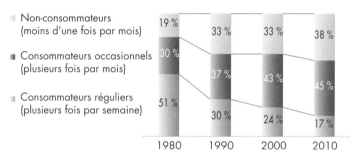

Sources : France Agrimer/INRA-UM2.

En 2010, les consommateurs réguliers ne représentaient donc plus que 17 % des Français, alors qu'ils étaient dominants en 1980 (soit une chute de 34 points). À l'inverse, le poids des consommateurs occasionnels a crû de 15 points (de 30 % à 45 % de la population) et celui des très faibles consommateurs a également augmenté de 19 points (de 19 % à 38 %). La France est donc devenue un pays de consommateurs occasionnels.

Le vin a changé de statut

Ce changement de mode de consommation est allé de pair avec un changement du statut du vin dans la société française.

---

1. Les non-consommateurs absolus représentaient environ 15 % de la population en 2010.

En France, le vin a très longtemps été considéré comme un aliment. Après la Seconde Guerre mondiale, des publicités étaient ainsi distribuées dans les écoles qui comparaient les apports en calories du vin avec ceux d'autres aliments.

Buvard publicitaire distribué dans les écoles (*circa* 1950)[1]

Un Litre de **VIN** de 10 degrés correspond comme **Nourriture à**

900 grammes de Lait
ou
370 grammes de Pain
ou
585 grammes de Viande
ou
5 Œufs.

L'ALCOOLISME EST TENU EN ÉCHEC PAR LA CONSOMMATION DU VIN
Docteur BERTILLON

Le slogan qui figure en bas de cette publicité (« L'alcoolisme est tenu en échec par la consommation de vin »), qui fait sourire aujourd'hui, montre le statut spécifique que revêtait le vin à cette époque.

Focus

Le vin « boisson-totem » dans la France de 1957

Dans son célèbre ouvrage *Mythologies*[2], qui offre une plongée passionnante dans l'inconscient collectif français du milieu des années 1950, Roland Barthes inclut un chapitre sur le vin qui illustre l'importance de celui-ci dans la société à cette époque : « Le vin est senti par la nation française comme un bien qui lui est propre, au même titre que ses trois cent soixante espèces de fromages et sa culture. C'est une boisson-totem, correspondant au lait de la vache hollandaise ou au thé absorbé cérémonieusement par la famille royale anglaise. »

Le vin revêt, selon R. Barthes, une telle importance que « le Français qui prendrait quelque distance à l'égard du mythe s'exposerait à des problèmes menus mais précis d'intégration, dont le premier serait justement d'avoir à s'expliquer. [...] La société nomme malade, infirme ou vicieux, quiconque ne croit pas au vin : elle ne le comprend pas (aux deux sens, intellectuel et spatial, du terme). [...] L'absence de vin choque comme un exotisme ».

...*/*...

---

1. *Source* : « 1907-2007, un siècle rouge ardent », *Midi Libre*, hors-série, mars 2007.
2. R. Barthes, *Mythologies*, Paris, Le Seuil, 1957 ; chapitre intitulé « Le vin et le lait ».

© Groupe Eyrolles

.../...

> Le vin pourrait même remettre en cause la légitimité du président de la République :
> « M. Coty, au début de son septennat, s'étant laissé photographier devant une table intime
> où la bouteille Dumesnil semblait remplacer par extraordinaire le litron de rouge, la nation
> entière entra en émoi ; c'était aussi intolérable qu'un roi célibataire. Le vin fait ici partie
> de la raison d'État. » La société française a évolué depuis, ainsi que le statut du vin : nous
> avons eu deux présidents célibataires, dont l'un ne buvait pas de vin.

Cela a changé à partir des années 1960 : le vin a été assimilé aux autres boissons alcoolisées et son rôle d'aliment a été remis en cause. Ainsi, dans les carnets de santé du début des années 1970 le vin est regroupé dans la famille des « boissons alcoolisées » qui « ne constituent jamais un élément de ration alimentaire ».

Extrait de carnet de santé (1972)

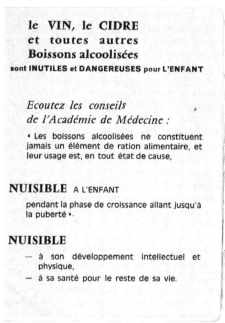

Enfin, depuis 2007, les bouteilles de vin vendues en France doivent porter un logo préconisant la non-consommation d'alcool par les femmes enceintes[1].

Ainsi, le statut du vin a profondément changé en France durant les cinquante dernières années : le vin-aliment, boisson indissociable du repas, a laissé sa place au vin-occasion, moment de plaisir.

---

1. Ce logo peut être remplacé par le message suivant : « La consommation de boissons alcoolisées pendant la grossesse, même en faible quantité, peut avoir des conséquences graves sur la santé de l'enfant. »

© Groupe Eyrolles

DANS LES PAYS NON PRODUCTEURS : LA NAISSANCE DE NOUVEAUX CONSOMMATEURS OCCASIONNELS

Dans les pays non producteurs, le vin ne fait pas partie de la tradition et il n'est donc pas systématiquement lié aux repas. Les consommateurs n'ont donc pas connu le vin « aliment » ; ils ont découvert le vin, la plupart du temps comme un substitut des spiritueux et de la bière, lors de moments de consommation divers (apéritifs, soirée…). La consommation occasionnelle s'est alors imposée dès l'origine comme le mode dominant.

L'exemple des États-Unis

La consommation de vin en forte croissance

Aux États-Unis, l'augmentation de la consommation de vin repose sur deux facteurs : la croissance de la population d'une part et la croissance de la consommation moyenne par habitant d'autre part.

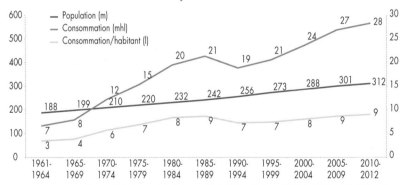

La consommation de vin aux Etats-Unis et ses déterminants durant les cinquante dernières années

Source : K. Anderson et S. Nelgen, « Global Wine Markets, 1961 to 2009 : A Statistical Compendium », University of Adelaide Press ; OIV ; Banque mondiale.

Taux moyen de croissance annuelle

	1961-2012	1990-2012
Consommation	2,9 %	1,8 %
Population	1,0 %	0,9 %
Consommation/habitant	1,9 %	1,0 %

La consommation de vin par habitant a fortement augmenté aux États-Unis durant les cinquante dernières années (2,9 % par an en moyenne), avec un rebond au début des années 1990 (voir encadré ci-dessous).

Focus

Le rebond de la consommation au début des années 1990 grâce à une émission de télévision sur le « French Paradox »

L'émission « 60 minutes » sur CBS News le 17 novembre 1991[1] aura eu un fort impact sur la consommation de vin aux États-Unis. Ce programme décrivait le « paradoxe français » selon lequel, malgré une alimentation très riche en graisses, les Français souffrent moins de maladies cardio-vasculaires que les habitants des États-Unis. Le présentateur décrivait, amusé, le menu d'un bouchon lyonnais (salade lyonnaise, gras-double...) puis rendait visite au docteur Serge Renaud de l'université de Bordeaux, pour comprendre les raisons de ce « paradoxe ». Celui-ci lui expliquait l'action bénéfique du vin sur les artères et le présentateur concluait en levant un verre de vin rouge : « L'explication du paradoxe réside donc peut-être dans ce verre appétissant. » La consommation de vin rouge aux États-Unis a augmenté de plus d'un tiers dans les mois qui ont suivi l'émission.

Cette croissance de la consommation de vin s'est tout d'abord développée grâce à la génération des baby-boomers, pour qui le vin était symbole de nouveauté, de découverte et également de statut, comme l'illustre bien Jay McInerney, romancier new-yorkais et chroniqueur de vins pour le *Wall Street Journal* : « Mes parents étaient de la génération des cocktails, qui se préparait un verre avant de passer à table. Je pense que l'une des choses qui m'a attiré dans le vin, c'est que mes parents n'en buvaient pas. Je voulais être plus sophistiqué qu'eux[2]. »

Avec le temps le vin s'est imposé dans le mode de vie des États-Unis et sa consommation est devenue majoritaire parmi ses habitants : en 2013, 62 % de la population en âge de consommer buvait du vin[3].

La consommation occasionnelle domine

Aux États-Unis, le vin est le plus souvent consommé de façon « occasionnelle » : 38 % de la population ne consomme pas de vin, 44 % sont des consommateurs occasionnels (moins de deux fois par semaine) et seuls 18 % sont des consommateurs réguliers (deux fois par semaine ou plus).

---

1. *http://www.cbs.com/shows/60_minutes/video/1011321985/the-french-paradox.*
2. Interview dans *Le Monde*, 29-20 septembre 2013.
3. *Source* : Wine Intelligence, « US Wine Market Landscape report », juin 2013.

La consommation occasionnelle est donc le mode de consommation dominant : sur le seul périmètre des consommateurs de vin, 71 % en boivent moins de deux fois par semaine, et seulement 29 % plus souvent[1].

Des modes de consommation différents selon les tranches d'âge

La consommation de vin s'étant développée assez récemment aux États-Unis, les buveurs de vin sont plutôt jeunes (69 % ont moins de 55 ans[2]), et les comportements peuvent être différents selon les tranches d'âge.

Ainsi, les consommateurs de moins de 45 ans[3] :

- dépensent en moyenne 15 % de plus par bouteille que ceux qui sont plus âgés ;
- consomment plus de vin hors de chez eux ;
- boivent des vins beaucoup plus variés que les consommateurs de plus de 45 ans.

Focus

La génération des Millennials aux États-Unis

Parmi les différentes générations, il en est une qui intéresse tout particulièrement les professionnels du vin : les Millennials, nés dans les années 1980 et au début des années 1990, aussi appelée génération Y[4], qui ont entre 20 et 35 ans aujourd'hui.

Ces Millennials se tournent plus tôt vers le vin que leurs prédécesseurs : le vin représente 20 % de leur consommation de boissons alcoolisées, alors qu'au même âge il ne représentait que 13 % de la « part d'estomac » de la génération X[5]. Cette différence se fait principalement au détriment de la bière.

L'exemple du Royaume-Uni

De même, la consommation de vin au Royaume-Uni a connu une forte croissance

Le Royaume-Uni s'est véritablement ouvert au vin durant les cinquante dernières années, avec un marché dont la taille (en volume) a été multipliée par douze !

---

1. *Ibid.*
2. *Ibid.*
3. « Style Trends in the American Wine Market : A Future of Diversity », Wine Intelligence, mai 2011.
4. Car elle vient après la génération X (naissance entre mi-1960 et 1980), qui elle-même prenait la suite de celle des baby-boomers (naissance entre 1945 et mi-1960).
5. *Source* : Nielsen cité par Treasury Wine Estates (« Investor Day Presentation », 22 oct. 2010).

La consommation de vin est très ancienne dans les îles britanniques, mais elle a longtemps été réservée à une élite qui appréciait les vins de très haute qualité. C'est uniquement depuis la fin des années 1980 que le marché s'est démocratisé. Cette démocratisation a été initiée par l'intérêt des femmes pour le vin et elle s'est imposée grâce au canal de la grande distribution.

**La consommation de vin aux Royaume-Uni et ses déterminants
durant les cinquante dernières années**

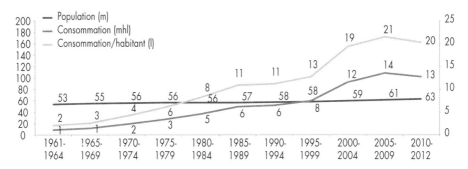

Source : K. Anderson et S. Nelgen, « Global Wine Markets, 1961 to 2009 :
A Statistical Compendium », University of Adelaide Press ; OIV ; Banque mondiale.

La consommation par habitant a été multipliée par 10 : de 2 litres par an au début des années 1960 à 11 litres dans les années 1990, pour s'établir à plus de 20 litres aujourd'hui, soit 2,2 bouteilles par mois.

Taux moyen de croissance annuelle

	1961-2012	1990-2012
Consommation	5,0 %	3,2 %
Population	0,3 %	0,4 %
Consommation/habitant	4,6 %	2,7 %

Grâce à cette forte croissance, la consommation de vin est devenue majoritaire au Royaume-Uni : en 2011, 81 % de la population en âge de consommer buvait du vin[1].

Et la consommation est surtout occasionnelle

Au Royaume-Uni, comme aux États-Unis, le vin est le plus souvent consommé de façon « occasionnelle » : 19 % de la population ne consomme pas de vin, 51 % sont des consommateurs occasionnels (moins de deux fois par semaine) et 30 % sont des consommateurs réguliers (deux fois par semaine ou plus).

---

1. *Source* : Wine Intelligence, « UK Wine Market Landscape Report », sept. 2011.

Parmi les seuls consommateurs de vin, 63 % en boivent donc de façon occasion-nelle et 37 % de façon régulière.

Ainsi, les pays historiquement producteurs et les pays qui ont découvert le vin récemment convergent vers un même mode de consommation : la consommation occasionnelle, c'est-à-dire moins de deux fois par semaine.

BOIRE MOINS, MAIS MIEUX : LA CONSOMMATION OCCASIONNELLE TIRE LES PRIX VERS LE HAUT

Alors que la consommation occasionnelle s'imposait dans le monde, les statis-tiques montraient une augmentation de la consommation de vin de qualité (vins de qualité *versus* vins de table en Europe et *premium wines versus generic wines* aux États-Unis). Il existe en effet une corrélation entre le poids de la consomma-tion occasionnelle et le prix moyen des bouteilles de vin consommées. Comme le montre le graphique ci-dessous, dans les pays où la consommation occasionnelle est dominante (les plus à droite sur le graphique) le prix moyen par bouteille est plus élevé :

Prix moyen par bouteille et ratio consommateur occasionnels/consommateurs réguliers par pays (2000[1])

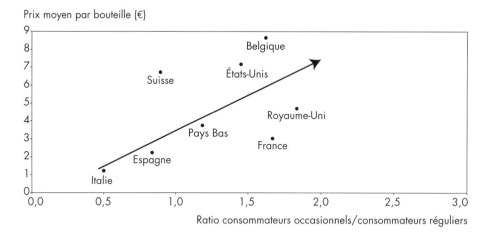

Sources : OIV, Euromonitor.

---

1. Données malheureusement non mises à jour depuis.

En France, l'entrée dans les mœurs des vins haut de gamme

Le statut du vin a donc changé en France : il n'est plus uniquement une boisson, mais il devient de plus en plus une occasion ; il perd sa fonction d'aliment et s'affirme de plus en plus comme un plaisir.

La part des Français pour lesquels le vin doit être consommé pour les grandes occasions est ainsi très élevée (62 % en 2012), et en augmentation durant les dernières années (+ 8 points *versus* 2005)[1].

Par ailleurs, le vin a souvent changé de catégorie dans les discussions, aidé par le développement des foires aux vins dans les hypermarchés et par les nombreux suppléments des magazines qui les accompagnent. Les vins à plus de 10 euros ne sont plus un tabou ou un luxe réservés à une élite initiée.

Ainsi, comme l'indique le sociologue Claude Fischler[2], « les usages du vin changent avec les évolutions de la société […] le vin devient aujourd'hui un objet légitime et légitimant de culture ».

Dans les nouveaux pays, des consommateurs qui montent plus facilement en gamme

Aux États-Unis, la dernière génération à avoir découvert le vin, les « Millennials », dépense un montant moyen plus élevé par bouteille que leurs aînés, ils achètent notamment beaucoup plus facilement des bouteilles à plus de 20 dollars. Ils se montrent par ailleurs plus ouverts dans leurs choix (ils ont le « répertoire » de cépages et d'origines géographiques le plus large de tous les consommateurs des États-Unis) et dans les canaux de distribution qu'ils fréquentent (consommation importante au restaurant et intérêt marqué pour le circuit caviste).

Au Royaume-Uni également, les consommateurs sont prêts à payer plus pour une bouteille de vin : en 2008, ils étaient 65 % à déclarer dépenser moins de 5 livres par bouteille ; en 2012, ils n'étaient plus que 45 % à le faire. Dans le même temps le poids de ceux qui sont prêts à dépenser plus de 7 livres a doublé, passant de 8 % à 16 %[3].

---

1. *Source* : France Agrimer, « Étude quinquennale sur la consommation de vin en France », 27 nov. 2012.
2. Dans « 1907-2007, un siècle rouge ardent », *Midi Libre*, hors-série mars 2007.
3. *Source* : Wine Intelligence, « UK Wine Market Trends », août 2012.

En pratique

« **Boire moins mais boire mieux** », la premiumisation pour accompagner le consommateur

Les comportements des consommateurs sont donc en train d'évoluer : ils boivent moins de vins, mais avec un prix moyen plus élevé.

Il faut donc aujourd'hui chercher à se positionner en priorité sur les segments les mieux valorisés du marché, car les consommateurs sont prêts à payer plus pour une bouteille, et notamment les nouvelles générations qui n'ont jamais réellement connu le vin boisson et n'ont donc pas de référentiels les empêchant de monter en gamme.

C'est d'ailleurs la stratégie affichée de grands opérateurs du marché, qui cherchent à « premiumiser » leur portefeuille de produits, afin de mieux répondre à ces nouvelles attentes des consommateurs. Cette stratégie est notamment celle du groupe Pernod Ricard, qui a vu dans la baisse de consommation en volume des vins non pas une menace mais une opportunité, comme l'indique Alexandre Ricard, directeur général du groupe : « Notre *business model*, c'est boire moins pour boire mieux, car il faut vendre plus de mille bouteilles de vin bas de gamme pour avoir le même résultat qu'avec une bouteille de vin haut de gamme[1]. »

---

1. Intervention à Sciences-Po Paris le 25 novembre 2013.

CHAPITRE 7

Un marché où les prescripteurs jouent un rôle central

Le vin est un des produits les plus difficiles à choisir pour les consommateurs. Quand ils se trouvent dans le rayon « vin » d'un magasin, ils sont perdus face à cette offre très large (différentes couleurs, régions, appellations, cépages… et peu de marques pour se rassurer) : ils passent ainsi en moyenne 3 minutes 30 pour acheter une bouteille de vin, alors qu'il ne leur faut que 10 secondes pour acheter des yaourts[1]. Plus que pour d'autres produits, le consommateur a donc besoin de conseil.

Ce conseil peut être apporté par un vendeur dans un magasin ou par un serveur ou un sommelier dans un restaurant, mais aussi par un magazine, un guide et, de plus en plus, par les réseaux sociaux. Ces différentes sources de conseil, intermédiaires entre les producteurs et les consommateurs, sont appelées les « prescripteurs » et représentent une spécificité du marché du vin.

LES PRESCRIPTEURS AU CŒUR DU MARCHÉ DU VIN

Ces prescripteurs jouent un rôle clé dans le choix du vin par le consommateur : en effet, l'opinion, le jugement ou éventuellement la note qu'ils auront émise sur un vin pourra faire basculer le choix de l'acheteur.

Les prescripteurs sur le lieu de vente

Il y a différents types de prescripteurs : tout d'abord ceux qui sont présents sur le lieu de vente ou de consommation. Dans les points de vente, ce sont les cavistes : ils vont guider le choix du consommateur, le plus souvent en partant du prix qu'il

---

1. D'après Pascal Renaudat, à l'époque président de Chamarré (intervention à Sciences-Po Paris, 24 janvier 2008).

souhaite dépenser, du moment de consommation (apéritif, repas) ou du plat que le vin devra accompagner ; viendront ensuite des critères plus subjectifs liés au style du vin. Au restaurant, ce rôle est rempli le plus souvent par un serveur ou, dans les établissements les plus prestigieux, par un sommelier.

Les prescripteurs leaders d'opinion

Il y a ensuite des prescripteurs qui ne sont pas présents sur le lieu de vente, mais dont l'importance peut être capitale car elle va être relayée à tous les stades de la chaîne de distribution.

Il existe tout d'abord de nombreux magazines dédiés au vin, parmi lesquels les plus réputés sont *Decanter* au Royaume-Uni, *Wine Spectator* aux États-Unis et en France *La Revue du vin de France*. Ces magazines consacrent la plus grande partie de leur contenu à des dégustations de vins, qui sont notés et hiérarchisés. Ces notes et ces classements sont ensuite utilisés par les opérateurs du marché (producteurs, importateurs, grossistes, détaillants) pour mettre en avant leurs vins.

Certains dégustateurs ont acquis une notoriété telle qu'ils n'ont pas besoin de passer obligatoirement par un de ces magazines et que leur signature se suffit à elle-même. C'est le cas notamment de l'Américain Robert Parker (voir plus bas), de l'Anglaise Jancis Robinson et du Français Michel Bettane. Ces dégustateurs leaders d'opinion publient leurs appréciations et leurs notes sur leur propre site Internet (Jancisrobinson.com), leur propre magazine (*Wine Advocate* pour Robert Parker[1]) ainsi que dans des tribunes et des encarts dédiés au vin dans la presse généraliste ou économique (Michel Bettane dans *Le Monde* et *Les Échos*, Jancis Robinson dans le *Financial Times*).

Viennent ensuite les guides, qui regroupent des notes de dégustations et des commentaires sur les vins des millésimes à la vente et, parfois, des millésimes plus anciens, ainsi que des classements des producteurs par appellation. En France, les guides les plus vendus sont le *Guide Hachette des vins*, le *Guide Bettane & Desseauve des vins de France* et le *Guide des meilleurs vins de France* de *La Revue du vin de France*.

Les nouveaux prescripteurs

Enfin, au-delà de ces prescripteurs traditionnels, d'autres médias apparaissent qui peuvent avoir une forte influence sur les ventes. C'est le cas des différentes possibilités offertes par Internet, qui permettent à chacun d'exposer ses opinions et de

---

1. Jusqu'à la cession de son magazine (sans publicité et uniquement sur abonnement) en 2013.

les partager, dans des blogs, des forums ou différents réseaux sociaux. Cela peut également prendre des formes plus étonnantes : ainsi un manga ayant connu un fort succès au Japon a permis de développer les ventes de certains vins qui y étaient dégustés et commentés[1].

L'ÂGE D'OR DES NOTES SUR 100 POINTS (1995-2010)

Une nouvelle vague de prescripteurs, guidés par une volonté de simplification, a capitalisé sur cette difficulté des consommateurs à choisir un vin et a connu un grand succès dans les années 1990 et au début des années 2000.

Le succès de Robert Parker et des notes sur une échelle de 100 points

Le plus connu de ces nouveaux prescripteurs a été Robert Parker. Il s'est singularisé par l'utilisation d'une échelle de notation des vins sur 100 points, promesse d'objectivité dans un univers totalement subjectif.

En effet, les commentaires de dégustation des vins, s'ils donnaient parfois des notes au vin, mettaient traditionnellement en avant la description du produit : les particularités de son aspect, de son odeur et de son goût. Or il n'est pas toujours facile de savoir quel vin sera le meilleur entre celui qui a des « notes évoluées » et celui qui est « sur le fruit », entre « les délicats arômes de rose » de l'un et les saveurs « corsées » de l'autre[2] ; alors qu'il est élémentaire de dire qu'un vin noté 93 sur 100 est meilleur que celui qui est noté 87 sur 100.

Une volonté de simplification

Le système de notation sur 100 points de Robert Parker est architecturé de la façon suivante : chaque vin part d'un score de base de 50 points. L'aspect visuel (« couleur et apparence générale ») est noté sur 5 points, le nez (« arôme et bouquet ») sur 15 points, la bouche (« intensité du goût, équilibre, profondeur et longueur de la finale ») sur 20 points et le « niveau général de qualité » (qui inclus le « potentiel d'évolution ») sur 10 points[3].

---

1. *Les gouttes de Dieu*, plus de 40 tomes et 3,5 millions d'exemplaires vendus au Japon. Les vins du Château Mont-Pérat (premières côtes de Bordeaux ; dans le tome I) ou du Domaine Saint-Cosme (côtes-du-rhône ; dans les tomes III et IV) ont fortement développé leurs ventes à la suite de leur apparition dans la série.
2. Pour une approche approfondie du vocabulaire de dégustation dans la langue française, voir le *Dictionnaire de la langue du vin*, M. Coutier, CNRS Éditions, 2007.
3. *Source* : « The Wine Advocate Rating System », Erobertparker.com.

Il faut noter que ce système de notation sur 100 n'est finalement pas si révolutionnaire que cela. En premier lieu, il s'agit en réalité d'une échelle sur 50 et non sur 100, car les notes partent d'une base de 50 points, et un vin ne peut donc par avoir une note inférieure à 50. Ensuite, au vu du nombre de points attribués à chaque critère, il est difficile à un vin élaboré dans de bonnes conditions d'hygiène et avec les savoir-faire et les technologies actuelles d'obtenir moins de 30 points sur 50. Ainsi, la quasi-totalité des vins obtiennent entre 80 et 100 points. D'autre part, le système sur 100 points n'est que la transposition dans le monde du vin de l'échelle de notation utilisée dans les lycées aux États-Unis.

Focus

Les différents systèmes de notation du vin

Les échelles de notations utilisées pour le vin correspondent le plus souvent à des modèles bien connus hors du monde du vin. L'échelle sur 100 utilisée par Robert Parker, les magazines *Wine Spectator* et *Wine Enthusiast* est donc celle des lycées aux États-Unis. Robert Parker lui-même revendique cette filiation quand il illustre son échelle en donnant des équivalents scolaires (une note entre 90 et 100 correspond à un A, 80-89 est l'équivalent d'un B...)[1]. L'échelle sur 20 points, utilisée par *La Revue des vins de France*, *Decanter* et Jancis Robinson est celle utilisée dans le système éducatif français. L'échelle de notation sur 5 étoiles, utilisée également par *Decanter* et par le *Wall Street Journal*, est celle traditionnellement utilisée pour les hôtels.

Pour chacune de ces grilles de notation, il existe un seuil au-delà duquel les vins sont jugés acceptables. Ce seuil est de 80/100 dans l'échelle sur 100 points, de 10/20 dans l'échelle sur 20 points et de 2 étoiles dans l'échelle sur 5 étoiles. Le système sur 100 points permet donc de disposer de 20 niveaux différents (de 80 à 100) pour différencier les vins, alors que celui sur 20 points n'en offre que dix et celui sur 5 étoiles uniquement trois.[2]

La promesse d'une démocratisation de l'expertise du vin

Quoi qu'il en soit, ces notes sur 100 points ont eu un formidable succès : en simplifiant l'approche et la compréhension du vin, en donnant l'impression d'être beaucoup plus objective, elles font la promesse d'une démocratisation de l'expertise du vin. C'est d'ailleurs là une intention affichée de Robert Parker, telle qu'il l'énonce dans le film *Mondovino* : « Dans ce monde si stratifié, ce système de castes, soumis à des élitistes et des réactionnaires, [j'ai] apporté un point de vue américain et démocratique. [...] J'ai mis tout le monde au même niveau[3]. » Au-delà de la

---

1. *Ibid.*
2. Pour plus de détails sur les différents systèmes de notation, voir « How We Rate Wines (and Other Things) » par De Long Wine (disponible sur Delongwine.com).
3. Cité par R. Schirmer et H. Velasco-Graciet, *Atlas mondial des vins*, Autrement, 2010.

seule échelle sur 100 points, la démarche de Robert Parker est ainsi consumériste. Comme l'indique le critique français Michel Bettane, par opposition à la vision européenne traditionnelle du métier de dégustateur, « qui fait l'interface entre le producteur et le consommateur, dans une sorte de compagnonnage », Robert Parker a une « approche consumériste, selon laquelle le critique n'a de devoirs qu'envers le consommateur[1] ».

UN FORT IMPACT SUR LES PRIX DE VENTE

Aux États-Unis, il est très fréquent de trouver dans un point de vente, sur les linéaires de vin, à côté de l'étiquette indiquant le nom et le prix de la bouteille, inscrit (souvent en grosses lettres) « RP 91 » et « WS 92 », afin d'indiquer que ce vin a été noté 91 sur 100 par Robert Parker et 92 sur 100 par le magazine *Wine Spectator*.

Il est à parier que, particulièrement s'il n'y a pas de vendeur, cette bouteille aura plus de chance d'être vendue que celle qui n'a pas été notée. Mais sera-t-elle vendue plus cher ?

L'analyse du cas des primeurs 2002 à Bordeaux

Une étude réalisée par des économistes français a permis de quantifier l'impact des notes de Robert Parker sur les prix des vins de Bordeaux vendus en primeur[2].

Ces économistes de l'Inra ont saisi une opportunité statistique pour évaluer l'impact des notes du célèbre critique américain sur les prix de vente des crus de Bordeaux vendus en primeur : Robert Parker a participé chaque année aux dégustations de vins primeurs (ayant lieu au printemps suivant la récolte) entre 1994 et 2002. Or, en 2003, il ne s'est pas rendu à Bordeaux pour déguster le millésime 2002 et, pour la première fois depuis huit ans, les prix ont été fixés avant que ses notes soient publiées.

D'après leurs analyses, la présence de notes de Parker fait augmenter le prix de vente en moyenne de 2,80 euros par bouteille pour ces vins (soit environ 15 % du prix de sortie moyen de l'échantillon considéré). L'impact de la note de Parker est encore plus élevé pour certaines appellations qu'il apprécie particulièrement, comme pauillac (+ 6,20 euros par bouteille) et pomerol (+ 9 euros par bouteille). Enfin, cet impact augmente logiquement avec les notes attribuées : les 2,80 euros

1. Intervention à Sciences-Po Paris le 17 janvier 2008.
2. H. Hadj Ali, S. Lecocq, M. Visser : « The Impact of Gurus : Parker Grades and *en Primeur* Wine Prices », *The Economic Journal*, vol. 118, n° 529, juin 2008.

par bouteille correspondent à la note moyenne de l'échantillon (89,4 points sur 100) ; pour une note de 91/100 l'augmentation est de 6,80 euros, et de 12,50 euros pour une note de 93/100.

Les notes de Parker jusque dans les contrats de distribution

L'impact de Parker était effectivement tellement important au début des années 2000 que certains contrats de distribution prenaient en compte ses notes pour définir les prix de vente d'un vin, comme le montre l'exemple ci-dessous.

Par exemple

LE PRIX DE VENTE D'UN CRU CLASSÉ DE BORDEAUX CALCULÉ EN FONCTION DE LA NOTE ATTRIBUÉE PAR ROBERT PARKER

À titre d'illustration, voici les principaux termes du contrat liant un second cru classé du Médoc avec son importateur aux États-Unis entre 2003 et 2007.

En échange de l'exclusivité de la distribution de ce cru (noté par Robert Parker entre 91/100 et 95/100 sur les quatre millésimes précédents) aux États-Unis, le distributeur s'engageait à acheter environ 100 000 bouteilles par an à un prix $P = [C \times m]$, où :

• C est le taux de croissance moyen des prix de sortie des seconds crus classés du Médoc.

• m est un multiple défini selon la note attribuée par Parker : si la note est inférieure à 90/100, alors $m = 1$; si la note est comprise entre 90 et 94, alors $m = 2$, et si elle est supérieure à 95, alors $m = 3$.

Ainsi, par exemple :

• Si la croissance moyenne des prix des seconds crus classée (C) était de +18 %[1], et si la note attribuée par Robert Parker (m) était de 89/100 ; alors le prix d'achat par l'importateur américain augmentait de [18 % × 1] = 18 %.

• En revanche, si la note de Parker était de 91/100, alors la croissance du prix était de [18 % × 2] = 36 %.

• Et si elle était de 95/100, alors le prix augmentait de [18 % × 3] = 54 %.

Si le prix de vente 2003 était de 50 euros, alors le prix de vente 2004 était de 59 euros dans le premier cas, de 68 euros dans le second et de 77 euros dans le dernier. Une note de 95/100 donnait donc un prix supérieur de 18 euros, soit + 31 %, par rapport à une note de 89/100.

Au bout de trois ans, avec les mêmes hypothèses, la bouteille mal notée se vendait 82 euros et celle bien notée plus du double : 183 euros !

---

1. Taux moyen de croissance annuelle des prix de sortie des seconds crus entre 2001 et 2003.

Cet exemple, même s'il est volontairement simpliste (l'écart entre 89/100 et 95/100 est grand), illustre bien l'impact que pouvaient avoir les notes de Robert Parker, à la hausse comme à la baisse, sur les prix de vente et sur le compte de résultat de l'exploitation. Il est donc logique que les producteurs, dont les revenus dépendaient directement de ces notes, aient cherché à produire les vins les plus à même de plaire au palais de Parker. Pour cela, ils essayaient d'élaborer des vins dont le style correspondait aux critères de jugement du célèbre critique (forte maturité des raisins, couleur et arômes très intenses, faible acidité et souvent boisé flatteur), en faisant notamment appel à des œnologues-conseils dont les vins étaient généralement bien notés par Parker. Une société s'est même développée avec pour unique promesse d'améliorer les notes des vins, grâce à un logiciel qui, sur la base d'analyses chimiques en laboratoire de vins très bien notés par Parker, préconisait des choix œnologiques permettant d'optimiser la composition chimique de leurs vins[1].

L'ÉMERGENCE D'UN NOUVEAU POUVOIR : INTERNET ET LES RÉSEAUX SOCIAUX

Les nouveaux prescripteurs de l'Internet

Depuis le milieu des années 2000, un nouveau type de prescripteurs est né sur Internet. Si vous souhaitez des informations sur un vin, vous pouvez maintenant très probablement les obtenir sur des blogs tenus par des amateurs éclairés ou des semi-professionnels, ou sur des forums où les internautes échangent leurs expériences, leurs avis, leurs notes.

Ces nouveaux prescripteurs se sont même affranchis de l'écrit pour décrire les vins, en utilisant la vidéo, qui permet de donner une dimension encore plus accessible et beaucoup plus ludique à leurs dégustations[2].

Enfin, de nombreuses applications sont disponibles sur les téléphones intelligents, qui permettent d'avoir accès à des notes de dégustation, des conseils d'accords mets-vins, le prix de la bouteille chez différents marchands ou des commentaires d'autres consommateurs. Certaines applications permettent même d'avoir accès aux données sur les vins à partir d'une photo prise avec un téléphone, d'autres vont vous proposer des vins à partir d'algorithmes prenant en compte vos goûts culinaires…

---

1. D. Darlington, « The Chemistery of a 90 + Wine », *New York Times*, 7 août 2005, cité par B. Lewin dans *Wine Myths and Reality*, Vendange Press, 2010.
2. Cf. le succès des vidéo-blogs Tv.winelibrary.com de G. Vaynerchuk entre 2006 et 2011 aux États-Unis ou de Busurleweb.com d'A. Filion au Canada entre 2009 et 2012.

Des modes de prescription particulièrement adaptés aux nouvelles générations de consommateurs

Ces différents modes d'information, et donc de prescription, sur Internet présentent l'avantage d'être accessibles partout et tout le temps. En effet, grâce à son téléphone mobile, le consommateur peut consulter les critiques d'un vin quand il se trouve dans une boutique et comparer son prix chez différents vendeurs.

Ces nouveaux médias sont particulièrement utilisés par les nouvelles générations de consommateurs, comme les « Millennials » aux États-Unis. Selon une étude de la Sonoma State University[1], ces fameux consommateurs qui ont entre 20 et 35 ans seraient plus enclins à suivre les conseils de leurs amis (réels ou virtuels) que ceux des vendeurs et ils seraient beaucoup moins sensibles que leurs aînés aux critiques de la presse écrite.

Everyone a critic : une étape de plus vers la démocratisation de l'expertise du vin

Grâce aux nouvelles possibilités offertes par Internet, chacun peut donner son avis et chercher à obtenir une légitimité en tant que critique de vin. En ce sens, les blogs et les forums représentent une étape de plus vers la démocratisation de la critique prônée par Robert Parker : comme l'indique le rédacteur en chef de *La Revue du vin de France*, Denis Saverot, « l'audience cherche à prendre le pouvoir, elle conteste les experts, l'autorité[2] ».

Mais le modèle économique n'est pas encore pérenne

Le talon d'Achille de ces nouveaux médias reste leur absence de modèle économique pérenne.

Il est en effet très difficile aujourd'hui de monétiser l'audience des blogs et leurs auteurs ont besoin d'une autre activité pour vivre. La conséquence en est que la plupart des blogs ont une durée de vie limitée : il arrive souvent qu'ils arrêtent leur activité (et cela arrive même parmi les blogs les plus renommés) ou qu'ils cessent d'être alimentés aussi régulièrement et perdent peu à peu leur audience. Pour cette raison économique, ces nouveaux médias sont encore dans une phase de définition, et il est difficile de prévoir quel sera leur avenir.

---

1. T. Atkin, L. Thach, « Millennial Wine Consumers : Risk Perception and Information Search », *Wine Economics and Policy*, vol. 1, n° 1, déc. 2012.
2. Intervention à Sciences-Po Paris, le 24 octobre 2012.

Un mode de prescription en plus, une nouvelle opportunité de toucher les consommateurs

Il n'en reste pas moins qu'ils offrent des opportunités pour faire parler de ses vins. Ainsi, des voyages de presse sont aujourd'hui organisés pour des blogueurs. L'avantage pour ceux qui veulent faire connaître leurs produits (producteurs, marques, appellations, interprofessions…) est qu'ils ont la quasi-certitude d'avoir autant d'articles que d'invités et que, sur les blogs, l'information reste disponible pendant de très longues périodes, ce qui n'est pas le cas dans les médias traditionnels, comme les magazines, dont la durée de vie est plus courte.

Ces nouveaux prescripteurs Internet ne vont donc pas remplacer les prescripteurs historiques (magazines, guides, vendeurs…) ; ils doivent plutôt être considérés comme un pôle de prescription supplémentaire.

En pratique

Le rôle clé des prescripteurs dans l'acte d'achat est une des spécificités du marché du vin. Cette particularité doit être vue comme une opportunité et non comme une contrainte impénétrable et incontrôlable : il faut chercher à en tirer parti en capitalisant sur ces prescripteurs pour faire connaître son produit aux consommateurs.

Il est donc essentiel de faire déguster ses vins (échantillons envoyés à la presse spécialisée, participation aux Salons professionnels), afin qu'ils apparaissent sur les radars des critiques.

Il est également important de coopérer avec les cavistes et les restaurateurs (sous forme de formation sur les spécificités du produit et de conseils pour la vente) qui sont souvent le dernier relais entre le producteur et le consommateur final.

CHAPITRE 8

L'accès à la distribution, enjeu clé trop souvent négligé

La distribution de vin est traditionnellement segmentée en deux parties, la consommation sur place et la consommation à emporter :

- La consommation sur place, aussi appelée *on trade* ou CHR (pour café-hôtel-restaurant) représente en moyenne entre 15 % et 25 % des différents marchés.
- La consommation à emporter, appelée *off trade* ou *off premise*, représente de son côté de 75 % à 85 % des différents marchés et représente la plus grande partie des enjeux pour les producteurs de vins.

LES DIFFÉRENTS MODÈLES JURIDICO-ÉCONOMIQUES DE CONSOMMATION *OFF TRADE* : MONOPOLE, TROIS TIERS ET MARCHÉ LIBRE

Si l'on se penche sur la distribution *off trade*, tous les marchés n'obéissent pas à la même organisation et trois principaux systèmes juridico-économiques existent.

Il y a tout d'abord les marchés libres, où la vente de vin s'apparente à celle des autres produits alimentaires, comme c'est le cas en France, en Allemagne ou au Royaume-Uni par exemple.

Mais il existe également deux autres modèles pour la distribution de vin : les monopoles d'État (pays nordiques, Québec) et les systèmes dits des « trois tiers » (États-Unis, Japon). Ces différents systèmes trouvent leurs racines dans l'histoire et l'organisation sociétale de ces différents pays, et ils ont pour objectif de protéger les consommateurs face à un produit alcoolisé, le vin, ainsi que d'optimiser la collecte de taxe.

Les monopoles d'État : un seul client, Graal pour pénétrer sur le marché

Dans certains pays, la distribution de vin à emporter (*off trade*) est réservée à des sociétés appartenant à l'État. On trouve ce modèle de monopole dans des pays de tradition protestante d'Europe du Nord (Norvège, Finlande, Suède) ainsi que dans la province canadienne du Québec.

L'objectif affiché de ces monopoles est de ne pas laisser la distribution d'un produit alcoolique aux seules lois du marché. Comme l'indique Systembolaget (le monopole suédois) sur la page d'accès de son site Internet[1] : « Systembolaget existe pour une raison : minimiser les problèmes liés à l'alcool, par la vente d'alcool de façon responsable, sans objectif de profit. » Le principe est que si les distributeurs ne sont pas motivés par le profit, alors ils n'auront aucune raison d'essayer d'augmenter leurs volumes de vente ni de démarcher des clients qui n'ont pas atteint l'âge légal de consommation.

Dans ces systèmes de monopole, le producteur de vin n'a donc qu'un seul client possible (pour la vente à emporter), et il est donc clé d'y avoir accès. En effet, le Systembolaget suédois réalise 99 % de ses achats auprès d'une centaine de fournisseurs[2] : le référencement est difficile, mais une fois acquis, il est la promesse de volumes conséquents et potentiellement récurrents.

Le système des trois tiers aux États-Unis, héritage de la prohibition

Aux États-Unis, le système des trois tiers a été mis en œuvre avec le 21e amendement de 1933, signant la fin de la prohibition. Son objectif est de séparer la vente au détail de la production par un niveau intermédiaire (le deuxième tiers) afin que les producteurs ne puissent pas faire pression sur les détaillants pour augmenter leurs volumes de vente. Dans ce modèle, le producteur (premier tiers) va donc vendre à un grossiste (deuxième tiers) qui vendra ensuite à un détaillant (troisième tiers), auquel le consommateur final aura accès. Comme dans le système de monopole, l'objectif de ce modèle de trois tiers est de limiter et de contrôler l'accès des consommateurs (notamment les mineurs) aux produits alcooliques et, dans le même temps, d'augmenter la collecte de taxes.

Ce système des trois tiers, coûteux et rigide, qui est l'héritage de la prohibition, s'apparente, selon le politologue Tyler Colman, beaucoup plus « à l'ancienne Union soviétique qu'à la vision d'Adam Smith. [...] Mais le système perdure, principalement grâce aux recettes fiscales qu'il génère[3] ». Dans le monde du vin, la France a donc un système de distribution beaucoup plus libéral que celui des États-Unis.

1. Systembolaget.se.
2. S. Norell, responsable des achats du Systembolaget ; entretien dans *Wine Business International*, juillet 2013.
3. T. Colman, *Wine Politics*, University of California Press, 2008 ; voir le chapitre sur les « Baptists and Bootleggers ».

Dans la pratique, chaque État est autonome pour fixer ses règles de distribution et deux principaux systèmes existent : les « Open States » (32 États) dans lesquels une licence est accordée à des grossistes indépendants et les « Control States » (18 États) dans lesquels l'État joue lui-même le rôle de grossiste et de détaillant[1]. Ainsi, les États-Unis doivent être considérés comme cinquante marchés différents plutôt que comme un seul grand marché.

Focus

Le goulot d'étranglement des grossistes (tiers 2) aux États-Unis

Aux États-Unis, l'organisation de la distribution est marquée depuis quinze ans par une forte concentration au niveau du deuxième tiers (celui des grossistes). En effet, les cinq grossistes les plus importants ont une part de marché proche de 50 %, alors qu'elle n'était que de 25 % en 1990. Parmi eux, le leader du marché, Southern Wine & Spirits, a porté, grâce à de nombreuses acquisitions, sa part de marché à environ 25 % (et à plus de 35 % dans les États où la société est présente)[2].

Les grossistes sont donc le goulot d'étranglement de la distribution aux États-Unis : moins de trois cents opérateurs, parmi lesquels cinq sont ultra-dominants, conditionnent l'accès aux plus de quatre cent mille détaillants du pays. Si un producteur ou un exportateur n'a pas accès à ces cinq grossistes, il ne pourra donc théoriquement être présent que dans la moitié des détaillants dans le pays ; en revanche, si ce top 5 référence un de ses produits, alors les portes d'une multitude de *liquor stores* et de *wine shops* s'ouvrent à lui.

LE POIDS DES DIFFÉRENTS CANAUX ET LE RÔLE CENTRAL DE LA GRANDE DISTRIBUTION

Les différents canaux de distribution

Il y a quatre principaux canaux dans la distribution pour la consommation à emporter (*off trade*) : la grande distribution, les vendeurs spécialisés (cavistes), la vente par correspondance et la vente directe.

En France, la grande distribution représente 84 % du marché en volume (38 % pour les hypermarchés, 26 % pour les supermarchés, 20 % pour le *hard discount* et les supérettes), les cavistes 6 %, la vente directe 4 % et la vente par correspondance (y compris par Internet) 4 % également[3].

---

1. L. Thach, T. Matz, *Wine: A Global Business*, Miranda Press, 2008.
2. *Source* : Pernod Ricard, « Stepping up the Pace in the Americas », *Capital Market Day*, mai 2011 ; *Wine Business International*, n° 5, 2008.
3. *Source* : Kantar/France Agrimer 2010 ; le solde (2 %) est effectué par les supérettes et les autres commerces de bouche.

Le poids de la grande distribution est également très important sur les autres marchés libres : il représente par exemple plus de 75 % des volumes au Royaume-Uni et aux Pays-Bas. Et même s'il est légèrement moins important en Allemagne (où le canal de vente par correspondance est très implanté) et en Italie (où les ventes directes ont un poids historiquement très important), il y reste le premier canal pour les ventes de vin[1].

Le rôle central de la grande distribution dans les marchés libres

En France, le poids de la grande distribution a fortement augmenté durant les dernières années : il est passé de 58 % à 84 %, soit + 26 points, entre 1989 et 2010. Cette croissance s'est faite au détriment des ventes directe et par correspondance, dont le poids est passé de 24 % à 8 % (– 16 points) et des cavistes qui ont eux aussi perdu 12 points (de 18 % à 6 %)[2].

Dans d'autres pays, dans lesquels la consommation de vin augmente, la grande distribution a été un des moteurs de la croissance du marché. Au Royaume-Uni, par exemple, la croissance des volumes vendus dans les hypermarchés et les supermarchés ne s'est pas faite au détriment des autres canaux, qui ont vu leurs ventes stagner durant la période, mais elles ont été incrémentales. Toute la croissance du marché est ainsi venue de la grande distribution, qui a emmené de nouveaux consommateurs vers le vin.

Focus

Les foires aux vins, temps fort du calendrier de la grande distribution

Spécificité française, les foires aux vins (FAV) ont été créées en 1973 par des adhérents Leclerc de Bretagne, à l'origine pour dynamiser leur chiffre d'affaires dans une période commerciale creuse[3]. Elles sont depuis devenues l'un des temps forts du calendrier de la grande distribution. Elles ont généré en 2013 un chiffre d'affaires de 455 millions d'euros, soit 12 % du chiffre d'affaires annuel du rayon vins des enseignes proposant des FAV (et 9 % de leurs volumes)[4].

…/…

---

1. *Source* : Wine Intelligence, Rabobank, Mediobanca.
2. *Source* : Viniflhor/France Agrimer.
3. Comme l'indique R. Berthy : « J'avais ouvert mon Leclerc à Vannes en 1968, et j'avais remarqué que nous avions un creux de chiffre d'affaires en octobre. D'autant que les commerçants du centre-ville faisaient leur quinzaine commerciale ce mois-là. Il fallait faire venir la clientèle dans mon magasin » (*Rayon Boissons*, n° 219, juin, 2013).
4. *Sources* : *Rayon Boissons* et Symphony IRI/CIVB.

┌─ .../... ───

Leur principe est de proposer à l'automne, durant une période de temps limitée, une offre de vins beaucoup plus large[1], notamment sur les vins haut de gamme, avec des marges plus faibles. Les enseignes cherchent ainsi à faire monter leurs clients en gamme (le prix moyen dépensé par bouteille est plus élevé durant les FAV) et, surtout, à développer le trafic dans leurs magasins et à recruter de nouveaux clients.

Les FAV se sont développées avec une offre principalement centrée sur les vins de Bordeaux et, notamment, les crus prestigieux. Elles ont, durant les dernières années, élargi leur offre aux autres régions françaises, mais les vins de Bordeaux représentent encore environ 60 % des références proposées.

La grande distribution : un univers très concentré

La grande distribution est très concentrée dans la plupart des pays : les cinq premiers opérateurs représentent souvent plus de 70 % de part de marché[2] et ils ont donc un poids considérable dans les ventes de vin.

Si l'on prend l'exemple de la France : la grande distribution réalise 84 % des volumes du marché *off trade*, soit 61 % des volumes du marché total, et les cinq leaders ont une part de marché de 77 %. Ainsi, ces cinq opérateurs (Carrefour, Leclerc, Intermarché, Casino, Auchan) représentent 47 % des ventes de vin en volume dans le pays.

Pour un producteur de vin, cela signifie que s'il n'est pas référencé chez ces cinq distributeurs, alors il ne s'adressera qu'à la moitié du marché. Plus encore, si un producteur choisit de ne pas passer par la grande distribution pour commercialiser ses vins, la taille de son marché potentiel ne sera plus que de deux cinquièmes du marché total français.

Focus

En France, une offre pléthorique et atomisée dans les hypermarchés et les supermarchés

Les hypermarchés offrent en moyenne 713 références de vin sur un linéaire de 189 mètres linéaires. Chaque bouteille a donc en moyenne 27 centimètres de linéaire, soit trois *facings*.

De leur côté, les supermarchés proposent en moyenne 374 références sur 75 mètres linéaires, soit 20 centimètres par bouteille.[3]

.../...

───────────────

1. Environ 2 500 références chez Leclerc, 1 200 chez Auchan plus de 700 chez Carrefour ; *source* : *LSA,* n° 2142 (juin 2010) et n° 2235 (juin 2012).
2. La part de marché des cinq premiers opérateurs est de 84 % au Danemark, 77 % en France, 70 % en Belgique, 63 % en Espagne, 61 % en Allemagne, 57 % en Grande-Bretagne (*source* : Planet Retail, Metro Group, Kantar).
3. *Source* : Symphony IRI/France Agrimer ; données 2010.

...../....

C'est donc un univers très atomisé, avec un très grand nombre de références disposant chacune de très peu d'espace sur les linéaires, très peu lisible pour le consommateur. Tout le contraire des autres rayons liquides, comme les boissons rafraîchissantes sans alcool ou les bières, où les présentations sont très massifiées, chaque référence disposant de nombreux *facings*.

En pratique

L'enjeu vital du référencement

La distribution est ainsi très concentrée, et ce quel que soit le modèle juridico-économique en place :

- Il n'y a par définition qu'un seul client dans les monopoles.
- Dans le système des trois tiers aux États-Unis le faible nombre de grossistes (tiers 2) forme un goulot d'étranglement.
- Dans les systèmes ouverts, le poids dominant de la grande distribution et le degré de concentration de ses acteurs font qu'un petit nombre d'opérateurs ont un poids clé sur le marché.

Dans tous les cas, un petit nombre de clients représente une partie importante du marché : le référencement chez ces distributeurs est donc un enjeu vital pour vendre son vin.

LE CANAL INTERNET

Attendu comme une révolution sur le marché, le canal Internet peine à décoller et pèse au niveau mondial moins de 5 % des ventes de vin. En France, le chiffre d'affaires total de la vente de vin en ligne serait de l'ordre de 700 millions d'euros[1], mais peu d'acteurs de poids émergent : le leader (vente-privee.fr) a un chiffre d'affaires de 31 millions d'euros en 2013 et le numéro deux (cdiscount.com) de 26 millions d'euros[2] ; le marché reste composé d'une multitude d'acteurs de petite taille.

La faible pénétration des ventes de vin sur Internet est principalement due à la difficulté de trouver un modèle économique pérenne.

---

1. D'après « e-performance Barometer » (Kedge Business School, 2013) qui quantifie le marché à 534 millions d'euros en 2012 et 705 millions d'euros en 2013.
2. *Source : La Revue des vins de France*, n° 582, juin 2014.

La logistique et les stocks, freins au développement de la vente de vin sur Internet

La structure de coûts d'un distributeur est composée de trois principaux postes : les achats de marchandises (destinées à être revendues) et les dépenses liées au point de vente : les coûts d'occupation et les frais de personnel. Chez un distributeur Internet, ces deux derniers coûts seront remplacés par des coûts logistiques qui correspondent à l'entreposage et à l'expédition des produits chez le client.

Sur Internet, les distributeurs de vin ont un handicap par rapport à des distributeurs de produits dématérialisés (billets d'avion, places de concert…) ou de produits culturels (DVD, CD, livres…) : les bouteilles de vin sont lourdes et volumineuses et leur coût d'expédition est plus élevé.

Ensuite, une des caractéristiques de la distribution de vin est liée aux stocks : d'une part il est nécessaire d'avoir de nombreuses références en stock, car l'offre est très variée ; d'autre part, les vins n'ayant pas de durée de vie courte (certains, à l'inverse, se bonifient même avec le temps), la rotation des stocks est plus lente que pour la plupart des autres produits alimentaires.

Ainsi, l'équilibre économique de la vente de vin sur Internet dépendra en grande partie de la problématique logistique et de la gestion des stocks. À cause des coûts de livraison non négligeables, les vendeurs Internet vont chercher à développer leurs ventes sur les segments haut de gamme du marché, afin que les frais de livraison ne représentent qu'une faible part de la valeur totale de la commande. Mais en se focalisant sur la partie du marché la mieux valorisée, ils s'obligent à une qualité de service élevée : ils doivent être capables d'expédier rapidement les produits et, donc, d'avoir les vins en stock.

C'est cette double équation qui rend très difficile l'exercice de la vente de vin sur Internet : de nombreux sites de vente ont vu le jour, mais il en reste peu, et aucun n'a acquis une taille réellement importante. La grande majorité des vendeurs uniquement présents sur Internet (*pure players*) ont fait faillite ou ont dû être recapitalisés à de nombreuses reprises[1] et les acteurs qui perdurent ont plutôt un modèle dual (*click & mortar*), avec un bras physique (boutiques, structure de négoce) et un bras Internet. C'est pourquoi le marché de la vente de vin sur Internet s'est peu développé durant les années 2000.

---

1. Voir les cas emblématiques de Wine.com aux États-Unis et de 1855.com en France.

> **Focus**
>
> ## L'essor des ventes flash, ou le succès d'un modèle économique sans stock
>
> Un nouveau modèle a vu le jour à la fin des années 2000 et il a contribué à dynamiser ce canal de distribution : les ventes flash. Dans ce modèle, qui est celui des ventes dites « privées », des quantités limitées de produits sont proposées pendant une courte durée, afin de développer les achats d'impulsion. La vente doit être attrayante, soit parce qu'elle offre des prix attractifs, soit parce qu'elle propose des produits peu disponibles sur le marché.
>
> Ici, le vendeur n'a pas à porter de stock puisque son offre porte sur un nombre de références très restreint. Mieux encore, il négocie avec un producteur la possibilité d'acheter un certain nombre de bouteilles, il vend ensuite les produits sur Internet, et c'est seulement une fois qu'il a vendu les produits et a été payé, qu'il va passer commande auprès du producteur. Ainsi, il n'a aucune contrainte de stock ni de trésorerie ; c'est en quelque sorte la martingale du distributeur.
>
> Ce modèle économique étant, contrairement à celui de distributeur généraliste sur Internet, pérenne, il s'est développé et a permis aux ventes de vin sur Internet de se développer. Ainsi, le premier site vendeur de vin en France est un site de ventes flash : Vente-privee.fr[1].

L'omni-canal, réconciliation de l'Internet et du magasin

Mais l'avenir des ventes de vin sur Internet est plus probablement à chercher du côté de la distribution omni-canal. En effet, si les vendeurs sur Internet ont, dans les années 2000, été opposés aux magasins physiques, cette distinction basique n'est plus d'actualité : les frontières entre Internet et les magasins sont en train de s'abolir, ces deux formes de distribution cohabitent aujourd'hui et se nourrissent mutuellement.

Au début du commerce sur Internet, les *pure players*, uniquement sur Internet, sont venus concurrencer les magasins physiques (*brick & mortar*). En réaction, de nombreux distributeurs physiques ont développé des sites Internet, avec une offre quasi identique à celle de leurs points de vente (le modèle *click & mortar*). Internet était alors considéré comme un magasin supplémentaire au sein d'un réseau. Les distributeurs ont ensuite commencé à mieux appréhender et à profiter des spécificités de chaque canal : le magasin physique permet aux consommateurs de voir, d'essayer et d'emporter immédiatement le produit (et éventuellement, si le magasin est attrayant, de vivre une « expérience shopping ») ; le canal Internet leur permet de comparer les prix, d'échanger des avis (sur les réseaux sociaux), et ceci dans le lieu (sur leur canapé, dans les transports en commun…) et au moment (le soir après la fermeture des magasins par exemple) de leur choix.

---

1. Parmi les sites les plus importants de ventes flash on trouve en France, outre Vente-privee.fr, 1jour1vin.com et ventealapropriete.com ; aux États-Unis, les leaders sont Lot18.com, Invino.com et Winestilsoldout.com

Plutôt que d'opposer les deux canaux, les distributeurs ont développé des stratégies omni-canal, ou cross-canal, centrées sur le consommateur et non plus sur le seul magasin : le consommateur peut à sa convenance effectuer chaque étape de l'achat (découvrir et choisir le produit, le payer, en prendre possession) soit en ligne, soit dans un magasin[1].

Par exemple

MORRISONS CELLAR AU ROYAUME-UNI

Dans le vin, le distributeur alimentaire Morrisons a développé en 2013 au Royaume-Uni une stratégie omni-canal : ses magasins proposent une sélection limitée de vin, pour satisfaire un besoin d'achat immédiat, et son site Internet (Morrisons Cellar) offre un nombre de références beaucoup plus important, à destination d'une cible d'amateurs.

Cette déclinaison de l'offre lui permet de satisfaire deux segments de clientèle différents, tout en optimisant son modèle économique : les rotations de stocks en magasin sont améliorées grâce à une offre resserrée et dans le même temps les attentes des clients les plus exigeants sont satisfaites avec l'offre très large du site Internet.

LES NIVEAUX DE MARGE DES DIFFÉRENTS CANAUX EN FRANCE

Les différents canaux de distribution du vin appliquent des marges différentes, autant dans leur montant que dans leur mode de calcul.

Des multiples de 3 ou 4 dans les restaurants (et 7 pour la vente au verre)

Les restaurants appliquent en France des multiples élevés sur les vins : ils calculent généralement leur prix de vente en multipliant le prix d'achat hors taxe par 3 ou 4 (et parfois 5 pour les bouteilles les moins chères) pour arriver au prix sur table TTC. Ceci correspond à une marge brute comprise entre 60 % et 76 % du chiffre d'affaires HT.

Quand ils vendent du vin au verre, la pratique habituelle est de facturer le verre (TTC) au prix d'achat de la bouteille (HT). Ceci correspond à un multiple implicite de 7 (soit le nombre de verres servis à partir d'une bouteille) et à une marge brute de 83 %. Il est donc facile de comprendre l'intérêt des restaurateurs à développer la vente de vin au verre.

---

1. À titre d'illustration, l'enseigne de rangement The Container Store aux États-Unis a pour slogan *Go shop the way you like* et propose d'acheter son produit en magasin (avec un lecteur de code-barres), par Internet ou par téléphone ; puis de le récupérer en magasin (immédiatement) ou de se le faire livrer à domicile le jour même. Les combinaisons sont donc multiples (*scan & deliver*, *click & pick-up*, *call & deliver*…) et permettent de répondre aux différents comportements des consommateurs.

Les niveaux de marge de la vente à emporter : hyper-super, cavistes, VPC et Internet

Dans la distribution *off trade*, les niveaux de marge sont moins élevés, ce qui est intuitivement logique, puisque la consommation n'a pas lieu sur place (pas de service, pas de vaisselle ni de remplacement des bouteilles bouchonnées).

Les grandes surfaces alimentaires (hypermarchés et supermarchés) pratiquent des marges brutes[1] généralement comprises entre 15 % et 35 % du chiffre d'affaires HT. Durant les foires aux vins, les niveaux de marge peuvent descendre jusqu'à 10 %.

Les cavistes calculent le plus souvent leur prix de vente, comme les restaurateurs, à partir d'un multiple du prix d'achat HT. Ils multiplient ce prix d'achat HT par 2 à 2,2 pour définir leur prix de vente TTC, ce qui correspond à des niveaux de marge brute compris entre 40 % et 45 % du chiffre d'affaires HT.

Les vendeurs par correspondance et les vendeurs sur Internet cherchent en général à être légèrement moins chers que les cavistes. Un certain nombre d'entre eux se place ainsi de 10 % à 15 % en dessous du prix des cavistes, ce qui correspond à une marge brute implicite de 30 % à 35 % du chiffre d'affaires HT, soit le haut de la fourchette des marges pratiquées par la grande distribution.

Le cas particulier de la vente directe du producteur au consommateur

Le cas de la vente directe est assez contre-intuitif : de nombreux consommateurs s'attendent à payer moins cher au domaine, car il n'y a pas d'intermédiaire à rémunérer entre le producteur et le consommateur. Cependant, ce n'est, la plupart du temps, pas le cas, pour deux principales raisons :

- ▶ Tout d'abord, vendre du vin génère des coûts : il faut du personnel pour le faire déguster et réaliser la vente, il faut ouvrir des bouteilles (qui ne seront donc pas vendues) et il faut même parfois investir dans des locaux permettant de recevoir le public.

- ▶ Ensuite, les producteurs avisés, soucieux de leur image de marque, ne souhaitent généralement pas faire une concurrence forte à leurs distributeurs, dont leur chiffre d'affaires dépend en majeure partie.

Pour ces deux raisons, la plupart des producteurs vont aligner leurs prix de vente au caveau sur les prix de vente dans le réseau caviste (où se positionner légèrement

---

1. Marge brute = [Prix de vente HT – Coûts des marchandises vendues]/Prix de vente HT.

en dessous). Ceci leur permet de protéger leurs distributeurs et également de réaliser des marges plus élevées sur les ventes de vin à la propriété.

Au-delà de ce cadre général, il existe une multitude de configurations diffé-rentes pour la vente directe : certains producteurs vendent leurs produits moins cher que chez les cavistes, afin de développer leur clientèle particulière, d'autres, à l'inverse, vendent leurs vins plus cher que chez les cavistes, car ils n'ont pas le temps ni l'infrastructure pour recevoir et souhaitent décourager les potentiels clients directs.

Le prix de vente d'une même bouteille dans les différents canaux de distribution en France

Pour une bouteille vendue 3 euros par le producteur, le prix d'achat pour le consommateur final sera le suivant dans les différents canaux de distribution :

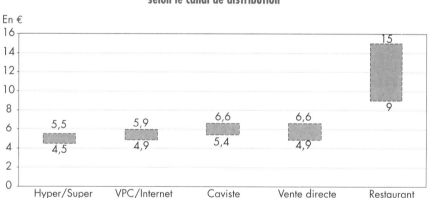

Prix de vente consommateur en France d'une bouteille à 3,0 € HT départ cave selon le canal de distribution

Source : analyses de l'auteur.

LES NIVEAUX DE MARGE DANS LE SYSTÈME DES TROIS TIERS AUX ÉTATS-UNIS

Aux États-Unis, le système des trois tiers rajoute un niveau de marge dans la distribution :

▶ Les grossistes (tiers 2) se rémunèrent avec une marge représentant de 30 % à 50 % de leur prix d'achat.

▶ Les détaillants (tiers 3, qui vendent aux particuliers) avec une marge de 40 % à 50 % de leur prix d'achat auprès du grossiste.

Par ailleurs, les producteurs étrangers qui souhaitent exporter aux États-Unis ne peuvent vendre directement à un grossiste. Ils ont l'obligation de passer par un troisième intermédiaire : un importateur, dont la marge est de 25 % à 30 % du prix de départ cave[1].

Ainsi, un producteur de vin français a, outre les coûts de transport, un handicap concurrentiel par rapport à un producteur local : il doit rémunérer une strate de distribution additionnelle.

Comme l'illustre le tableau ci-dessous, le prix de vente consommateur pour une bouteille dont le prix de départ est de 1,70 dollar serait donc de 4,30 dollars pour un vin produit aux États-Unis et de 6,70 dollars (soit + 54 %) pour un vin produit en France[2].

Impact pour un exportateur français versus un producteur local aux États-Unis

en US$ (1 € = 1,35 US$)		Départ France		Production États-Unis
Prix départ cave	1,2 € /bt	**1,7** 20	par bouteille par caisse	**1,7** 20
Transport		9,5		1,5
Droits de douane		0,9		
Taxe d'accise fédérale		2,5		2,5
Taxe d'accise de l'État (NY)		1,7		1,7
Prix d'une caisse pour l'importateur		34,5		
Marge de l'importateur : 25 % à 30 % du prix départ cave		5,0		
Prix d'une caisse pour le grossiste		39,5		25,7
Marge du grossiste : 30 % à 50 % du prix payé		15,8		10,3
Prix d'une caisse pour le détaillant		55,3		36,0
Marge du détaillant : 40 % à 50 % du prix payé		24,9		16,2
Prix de vente pour le consommateur		80,2 **6,7**	par bouteille	52,2 **4,3**
			+ 54 %	

---

1. *Source* : Centre français du commerce extérieur.
2. *Ibid.*

L'ACCÈS À LA DISTRIBUTION : ENJEU CLÉ POUR LA PÉRENNITÉ DE L'ENTREPRISE

La distribution est donc un enjeu clé pour les producteurs de vin, même si elle est beaucoup moins mise en avant que les problématiques de production ou de marketing. Son impact est immédiat et important sur le compte de résultat, et la pérennité des entreprises est directement liée à leur capacité à avoir accès à la distribution.

La pérennité des entreprises directement liée à leur accès à la distribution

Comme le montre une étude de la Silicon Valley Bank, les sociétés vinicoles ayant une distribution établie, leur assurant une présence sur les marchés clés, sont dans une situation financière bien meilleure que celles qui luttent pour pénétrer la distribution[1].

Santé financière et accès à la distribution des wineries aux États-Unis

Parmi les sociétés dont la santé financière est jugée faible, 65 % ont des difficultés à accéder à la distribution. À l'inverse, seules 20 % des sociétés les plus solides ont des problèmes de distribution, ce qui signifie que 80 % d'entre elles ont sécurisé leur accès à la distribution.

Le contrôle de la distribution au cœur de la stratégie des groupes internationaux

L'enjeu est tel que les groupes internationaux cherchent systématiquement à contrôler la gestion de leur distribution sur leurs marchés les plus importants.

---

1. Silicon Valley Bank, « State of the Wine Industry 2013 ».

Ainsi, par exemple, le champenois Bollinger dispose de ses propres équipes sur ses deux marchés les plus importants (France et Royaume-Uni) et, dès que le poids d'un marché croît, la société cherche à acquérir des participations minoritaires chez ses distributeurs. Comme l'indique Clément Ganier, directeur marketing : « Nous nous sommes rendu compte que c'était le meilleur moyen de se faire entendre : si nous sommes associés, le distributeur ne raisonne pas uniquement en marge. Cela permet de maîtriser les éléments de la négociation avec la distribution (prix de vente, promotions…) et donc de protéger la marque[1]. »

De la même façon, la société Gérard Bertrand a dû créer sa propre structure d'importation pour réussir à pénétrer le marché aux États-Unis. Comme l'indique Gérard Bertrand : « Si peu de marques françaises ont du succès aux États-Unis, c'est que peu prennent en main leur distribution : avec l'entonnoir des trois tiers, où dix distributeurs font le marché, c'est le distributeur qui commande[2]. »

Le producteur de vin chilien Concha y Toro montre de la même façon l'importance clé de la distribution quand, dans ses présentations aux analystes financiers, il positionne sur une même carte du monde ses centres de production et ses filiales de distribution, puis quand il détaille, pays par pays, son réseau de distribution[3]. Pour ce producteur chilien, n° 6 mondial du secteur, la distribution a la même importance que les unités de production et que les marques.

De même, Pernod Ricard est organisé autour de deux pôles : les sociétés de marques d'une part et les sociétés de marché d'autre part, qui sont décrites dans le rapport annuel de la société comme les deux piliers du succès : « un portefeuille complet de marques internationales premium » et « un réseau de distribution détenu en propre[4] ». Pour le n° 2 mondial des spiritueux, un portefeuille de marques prestigieuses et différenciées n'est pas suffisant, il est également nécessaire de contrôler sa distribution.

Importance de l'accès à la distribution pour les petits producteurs

L'accès à la distribution, qui est donc identifié comme un facteur clé de succès par ces grands groupes, n'est pas important seulement pour les entreprises de grande taille. Pour les petits producteurs également, il est la condition nécessaire pour vendre ses produits, et donc espérer réaliser un bénéfice.

---

1. Intervention à Sciences-Po Paris le 28 novembre 2012.
2. Intervention à Sciences-Po Paris, 2 décembre 2013.
3. Concha y Toro, « Investor Presentation », Santander's 17th Annual Latin American Conference, janvier 2013.
4. *Source*: Pernod Ricard, rapport annuel 2012.

Ainsi, un petit domaine limité dans ses volumes de production mais désireux d'être présent sur des marchés étrangers porteurs et valorisants en termes d'image aura intérêt à rechercher une collaboration régulière et pérenne avec un importateur local qui comprenne ses besoins, soit capable de placer ses vins dans les meilleurs lieux de vente, de construire sa notoriété et de jouer pour lui un rôle d'ambassadeur.

En pratique

Il est nécessaire d'accorder la plus grande importance aux canaux de distribution qui vont permettre d'accéder aux consommateurs. Même avec un produit de qualité et un positionnement correspondant aux attentes des consommateurs, il sera très difficile de vendre son vin, et donc d'avoir un compte de résultat bénéficiaire, sans accès à la distribution.

Dès la construction du plan d'affaires, la stratégie de distribution doit être définie :

▶ Quels sont les canaux de distribution cible pour chaque produit ?

▶ Quel serait le prix de vente cible pour le consommateur final dans ce canal ?

▶ Comment intéresser les distributeurs : qu'apporte le produit pour le canal de distribution cible (prix, rapport qualité/prix, exotisme, innovation, prestige…) ?

Partie 2

UN ENVIRONNEMENT CONCURRENTIEL EN REDÉFINITION

CHAPITRE 9

Un échiquier mondial recomposé durant les trente dernières années

ARRIVÉE DE NOUVEAUX CONCURRENTS : LES PAYS DU NOUVEAU MONDE

Durant les trente-cinq dernières années, le panorama des pays producteurs de vin a été profondément modifié :

▶ Le centre de gravité du vignoble mondial s'est déplacé, avec des plantations importantes dans l'hémisphère Sud et aux États-Unis tandis que les pays européens cherchaient à diminuer leurs capacités de production en arrachant une partie de leurs vignes.

▶ Ces pays ayant par ailleurs des rendements plus élevés que ceux des pays européens, l'impact de leurs plantations sur la production de vin a été amplifié.

▶ Par voie de conséquence, ces nouveaux pays ont développé leurs exportations et le marché de vin est entré dans une ère de globalisation.

Un vignoble mondial dont la superficie est apparemment stable depuis 20 ans

La superficie du vignoble mondial a fortement diminué durant les années 1980 et la première partie des années 1990 : elle est passée de 10,3 à 7,7 millions d'hectares, soit une baisse de 25 %. En revanche, depuis 1994 la surface plantée de vignes est stable, autour de 7,5 millions d'hectares.

Évolution de la surface mondiale du vignoble 1979-2012

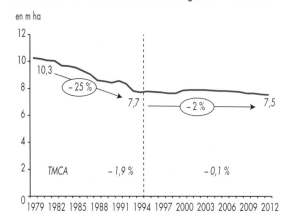

Sources: OIV.

Arrachages de vignes en Europe, plantations dans le « nouveau monde »

Mais cette stabilité apparente depuis le milieu des années 1990 reflète en réalité deux dynamiques opposées : une réduction volontariste du vignoble en Europe d'une part et une forte vague de plantations dans les pays du « nouveau monde » d'autre part.

En Europe, pour répondre à l'excédent structurel sur le marché et aux invendus, l'Union européenne, à travers la Politique agricole commune a, tout d'abord, retiré du marché les invendus à travers des distillations de crise, puis a cherché à supprimer la source de ces invendus, à savoir les vignes *a priori* les moins qualitatives, grâce à des primes à l'arrachage. L'idée de ces programmes était de diminuer la superficie du vignoble en proposant une prime aux viticulteurs souhaitant arracher leurs vignes et changer d'activité.

Ainsi le vignoble européen a diminué d'un tiers : de 7,3 millions d'hectares à la fin des années 1970 il est passé à 4,9 millions en 2000, soit 2,4 millions d'hectares en moins.

Ces arrachages volontaristes ont provoqué une diminution du vignoble mondial jusqu'au milieu des années 1990. Mais cette dynamique a ensuite été interrompue car les principaux pays producteurs de vin de l'hémisphère Sud (Argentine, Afrique du Sud, Australie, Chili et Nouvelle-Zélande) et les États-Unis, qui sont communément appelés les pays du « nouveau monde » du vin, ont planté massivement de la vigne entre 1995 et 2005. En effet, durant cette période charnière de dix ans, le vignoble de ces six pays a augmenté de 40 %, passant de 0,8 à 1,1 million d'hectares.

Évolution de la superficie du vignoble : Espagne, France et Italie *versus* pays du nouveau monde 1990-2012 (en milliers d'hectares)

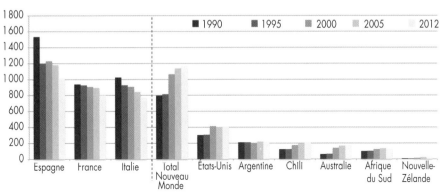

Source : OIV.

Des rendements beaucoup plus élevés dans le nouveau monde

L'augmentation de la surface du vignoble des pays du nouveau monde reste somme toute modérée par rapport aux arrachages effectués en Europe : 375 000 hectares supplémentaires entre 1990 et 2012 contre plus de 1 million d'hectares en moins sur la même période en Europe. Cependant, ces hectares vont peser presque le double dans la production mondiale car les rendements sont beaucoup plus élevés dans ces pays.

Les rendements représentent le volume de la récolte rapporté à la surface cultivée ; ils sont exprimés soit en hectolitres de vin par hectare (en Europe) soit en tonnes de raisin, par acre (aux États-Unis par exemple) ou par hectare (en Champagne)[1].

Quand les vignes plantées dans les pays du nouveau monde à partir de 1995 sont arrivées en production, entre 2000 et 2005, le rendement moyen dans ces pays était de 86 hectolitres par hectare, alors qu'il n'était que de 51 hectolitres par hectare en Europe, soit une différence de 68 %[2]. Ces différences de rendement sont principalement dues aux disparités climatiques, aux particularités du sous-sol, au mode de plantation de la vigne (densité et emplacement) et aux pratiques culturales (irrigation notamment).

---

1. Une tonne/acre correspond environ à 15 hectolitres par hectare et une tonne/hectare à 6 hectolitres par hectare.
2. *Source* : estimations Viniflhor/France Agrimer d'après données OIV. Ces chiffres correspondent à la moyenne 2000-2005 afin de lisser les particularités des différents millésimes.

Grâce à ces rendements plus élevés, les pays du nouveau monde ont acquis un poids dans la production mondiale plus important encore que celui induit par la forte croissance de leur vignoble.

Augmentation du poids des pays du nouveau monde dans la production mondiale de vin

Mécaniquement, du fait de l'augmentation de leurs surfaces plantées et de leurs rendements plus élevés, le poids des pays du nouveau monde dans la production mondiale de vin a augmenté.

La production de ces six pays est passée de 51 m/hl[1] avant la grande vague de plantation à 71 m/hl en moyenne sur la période 2008-2012, soit + 39 %. Dans le même temps la production du reste du monde se contractait, du fait des arrachages en Europe principalement. En conséquence, le poids du nouveau monde dans la production mondiale est passé de 18 % sur la période 1988-1992 à 27 % dans les années 2008-2012[2].

Les pays du nouveau monde ont multiplié par 4 leurs capacités d'export en 20 ans

À la fin des années 1980, la production des pays du nouveau monde correspondait à peu près au niveau de consommation de leurs marchés domestiques (à l'exception des États-Unis, en déficit de vin). À l'inverse, les pays européens, au premier rang desquels l'Italie, la France et l'Espagne, disposaient d'une production bien supérieure à leur consommation.

Au niveau global, seuls les pays européens avaient donc des volumes disponibles pour vendre à l'étranger, et l'exportation était alors un marché quasi réservé pour l'Italie, la France et l'Espagne (et le segment du haut de gamme était presque un monopole pour les vins français).

En augmentant fortement leur production entre 1995 et 2005, les pays du nouveau monde ont développé leurs capacités à exporter, alors que dans le même temps les pays d'Europe diminuaient leur production, et donc leurs capacités d'export.

---

1. Moyenne 1988-1992, source OIV.
2. *Source*: OIV.

Différence entre la production et la consommation des principaux pays producteurs (en m/hl)

	1986-1990	2007-2010	Δ
Italie	29	21	− 29 %
France	23	16	− 30 %
Espagne	16	23	+ 44 %
Total Top 3 Europe	68	60	− 12 %
Afrique du Sud	1	6	+ 316 %
Argentine	2	5	+ 137 %
Australie	1	5	+ 381 %
Chili	1	5	+ 686 %
Total Top 4 exportateurs nouveau monde	5	21	+ 301 %
États-Unis	− 3	− 7	167 %

Source : OIV.

Ainsi, à la fin des années 2000, la capacité d'export cumulée de l'Afrique du Sud, de l'Argentine, de l'Australie et du Chili était de 21 millions d'hectolitres, alors qu'elle n'était que de 5 millions d'hectolitres vingt ans auparavant.

De nouveaux concurrents étaient donc nés pour les pays européens : les grands marchés export (Royaume-Uni, Europe du Nord et États-Unis) ne seraient plus leur chasse gardée.

Développement des exportations, mondialisation du marché

En conséquence, le poids des échanges dans la consommation mondiale de vin a fortement augmenté entre la fin des années 1980 et les années 2010 : il a plus que doublé, passant de 43 m/hl à 99 millions d'hectolitres, soit de 18 % à 41 % de la consommation mondiale totale. Aujourd'hui, sur 10 bouteilles de vin consommées dans le monde plus de quatre ont donc traversé une frontière.

Évolution des exportations de vin 1986-2013 (en m/hl et en % de la consommation mondiale)

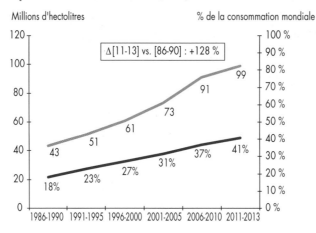

Source : OIV/OeMV.

Cette croissance a été générée par les pays du nouveau monde, et en premier lieu ceux de l'hémisphère Sud (Afrique du Sud, Argentine, Australie et Chili principalement). Ainsi, ces pays qui ne représentaient que 3 % des exportations mondiales à la fin des années 1980 réalisent aujourd'hui 29 % des exports, soit + 26 points.

À l'inverse, les pays européens ont vu leur part dans les exportations mondiales diminuer de 15 points sur la même période.

Évolution de l'origine des exportations mondiales de vin en volume (1986-2013)

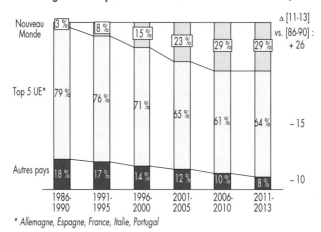

* Allemagne, Espagne, France, Italie, Portugal

Source : OIV/OeMV.

Il faut noter que depuis la fin des années 2000 la croissance des pays du nouveau monde semble s'être arrêtée et que les pays européens ont stoppé leur hémorragie et même regagné des parts de marché au début des années 2010.

D'une industrie principalement locale (production et consommation sur les mêmes marchés), le vin a donc connu, durant les vingt dernières années, une profonde vague de mondialisation, causée par l'émergence de nouveaux bassins de consommation et l'arrivée de nouveaux pays concurrents sur l'échiquier mondial.

Ces pays du nouveau monde ont ciblé en priorité les marchés où la consommation était en croissance et où émergeait une nouvelle génération de consommateurs. Dans ces pays (Royaume-Uni, États-Unis, pays nordiques), la part de marché des pays du nouveau monde a fortement crû.

Poids des pays du nouveau monde dans les importations de vin (en volume)

	1995	2007	Δ
Royaume-Uni	27 %	54 %	+ 100 %
États-Unis	27 %	44 %	+ 63 %
Pays nordiques	22 %	42 %	+ 91 %

Source: IWSR Wine Review, Deutsche Bank.

LE POSITIONNEMENT DES VINS DU NOUVEAU MONDE EN PHASE AVEC LES NOUVEAUX CONSOMMATEURS DANS LES ANNÉES 2000

La France dépassée par l'Australie au Royaume-Uni

C'est effectivement sur les marchés en croissance, où une grande partie des consommateurs découvrent le vin, que la concurrence des pays du nouveau monde s'est focalisée. Les opérateurs européens, et particulièrement français, assoupis par leur situation oligopolistique et sûrs de leur fait, n'ont pas vu venir cette nouvelle menace. Et le réveil a été brutal : au Royaume-Uni, les vins australiens ont dépassé les vins français (en volume) au milieu des années 2000.

La part de marché en volume de l'Australie au Royaume-Uni n'était que de 13 % en 1999, soit même pas la moitié de celle de la France (29 %), mais sa croissance a été telle au début des années 2000 qu'en 2005 elle s'élevait à 21 % (+ 63 % *versus* 1999). Dans le même temps, la part de marché de la France a été presque divisée par deux : elle n'était plus que de 17 % en 2005. En valeur, grâce à leur prix moyen élevé, les vins français dépassaient toujours les vins australiens, mais de très peu (24,2 % *versus* 23,7 %, alors que la différence était de 34 % *versus* 15 % en 1999)[1].

Cet enthousiasme pour les vins australiens et cette désaffection pour les vins français est facile à comprendre avec le recul quand on observe les produits des deux pays disponibles à l'époque sur le marché. D'un côté les vins australiens véhiculaient une

1. *Source*: USDA Foreign Agricultural Service.

125

image résolument moderne et dynamique, avec des packagings présentant clairement la promesse du produit ; de l'autre, les vins français semblaient scotchés au XXᵉ siècle, voire, pour certains, au XIXᵉ, avec des bouteilles au design vieillot et, surtout, très peu lisibles, comme s'il fallait être expert ou initié pour comprendre leurs codes.

Ceci fut très bien illustré par une étude réalisée en 2002 sur l'image des vins français et australiens au Royaume-Uni, dont la synthèse est éloquente :

Focus

Image du vin australien et du vin français au Royaume-Uni en 2002

Vin australien	Vin français
• Marché grand public.	• Marché spécialisé/connaisseur.
• Moderne.	• Traditionnel.
• Dynamique.	• Vieillot.
• Accessible.	• Compliqué.
• Rassurant (marque).	• Risqué.
• Rapport qualité/prix.	• Coûteux.
• Honnêteté.	• Snob/arrogant.
• Fraîcheur/énergie/jeunesse.	• Manque de souplesse.

Source : Alcovision, Waverely Group.

Ainsi, à cette époque, les vins français ne correspondaient pas du tout aux attentes des nouveaux consommateurs anglais. Ceux-ci se sont donc tournés massivement vers des produits qui leur parlaient, avec des marques, des étiquettes faciles à comprendre (image *fun* ou *lifestyle* et cépage mis en avant), et un liquide défini spécialement pour plaire à leur palais encore peu initié. Dans le même temps ils délaissaient les vins français dont ils n'arrivaient pas à décoder les étiquettes et dont le vin avait été conçu plus en fonction des spécificités de la zone de production et de la météo que de leurs attentes.

Le plan « Strategy 2025 » de l'Australie ou la victoire du nouveau monde

Cette performance de l'Australie au Royaume-Uni a eu un fort retentissement : brusquement réveillé, le monde du vin a recherché le fondement d'un tel succès et le plan australien « Strategy 2025 » est devenu le modèle à dupliquer.

En 1996, l'Australian Wine Foundation a publié le plan « Strategy 2025[1] » qui définissait les principaux objectifs de la filière pour les trente années à venir :

1. Australian Wine Foundation, « Strategy 2025, the Australian Wine Industry », 1996.

- ▶ augmenter la qualité par une sélection plus rigoureuse des vignobles ;
- ▶ différencier le vin australien par un style particulier et unique ;
- ▶ viser les marchés en croissance, proches culturellement, où la distribution est concentrée ;
- ▶ pénétrer ces marchés par la grande distribution.

Cette vision était détaillée en trente objectifs regroupés en 8 thématiques[1] et aboutissait à un objectif chiffré : réaliser en 2025 un CA annuel de 4,5 milliards de dollars AU[2], soit +125 % par rapport à 1996, et devenir « le fournisseur le plus influent et rentable de vins de marques dans le monde, en imposant le vin comme le premier choix de boisson "mode de vie" pour tous les consommateurs[3] ».

Ce plan stratégique a été suivi par la quasi-totalité des acteurs de la filière et a été couronné de succès puisque l'objectif de chiffre d'affaires fixé pour 2025 a été atteint en 2005, avec vingt ans d'avance.

Le succès du plan « Strategy 2025 », fondé sur la coordination de la filière et sur le ciblage des marchés (pays et canaux de distribution), a été tel que de nombreux pays ont ensuite cherché à répliquer ce succès en se dotant de plans stratégiques du même type. Ainsi, les États-Unis ont lancé « Wine Vision 2020 » en 1998, l'Afrique du Sud « Vision 2020 » en 2000 et l'Argentine « Vitivinicole 2020 » en 2004.

Yellow Tail en 2005, l'apogée du succès australien

Parmi les différentes marques de vin australien, une incarne tout particulièrement la forte croissance du pays durant le début des années 2000 : Yellow Tail[4]. Cette marque, dont l'identité australienne est affirmée par la présence d'un kangourou sur l'étiquette, a été lancée en 2001 aux États-Unis. Tout dans son positionnement a été défini pour séduire le néophyte du vin :

- ▶ Le liquide : sans acidité et avec une touche de sucre résiduel (spécialement adapté aux buveurs de sodas).
- ▶ Le prix de vente : identique à celui d'un pack de six bières (6,99 dollars US).
- ▶ L'emballage : très simple à comprendre, avec une promesse d'exotisme australien.

---

1. Les huit thématiques développées étaient : image et influence (3 objectifs), avantage concurrentiel (5 objectifs), marchés cibles (8 objectifs), œnotourisme (1 objectif), capacités de production (4 objectifs), profitabilité (3 objectifs), partenariats avec le gouvernement (3 objectifs) et organisations professionnelles (3 objectifs).
2. Soit, au taux de change moyen de 1996, 3,5 milliards de dollars US et l'équivalent de 2,8 milliards d'euros.
3. Australian Wine Foundation, « Strategy 2025, the Australian Wine Industry », 1996.
4. Voir le chapitre 17 pour une analyse approfondie des raisons du succès de Yellow Tail.

Le succès a été foudroyant : 300 000 caisses en 2001, 5 millions en 2003 et 7,5 millions en 2005, soit 90 millions de bouteilles[1].

Focus

Une marque de vin dans un best-seller de stratégie de l'entreprise

Dans le livre *Blue Ocean Strategy*[2], un des plus grands succès des années 2000, deux professeurs de stratégie de l'Insead développent la thèse selon laquelle il peut être plus profitable pour une entreprise de se développer en créant une nouvelle demande, en ouvrant de nouveaux segments de marché (des « océans bleus »), plutôt qu'en cherchant la croissance dans un environnement déjà défini, où il faut se battre pour des clients existants, face à des concurrents identifiés (les « océans rouges »).

La marque Yellow Tail est présentée par les auteurs comme un exemple emblématique de « Blue Ocean Strategy ». En effet, aux États-Unis, dans un pays où « la majorité des adultes voyait le vin comme quelque chose d'intimidant et de prétentieux », Yellow Tail n'a pas proposé un vin de plus, mais « une boisson sociale, *fun*, non conformiste et facile à boire pour tout le monde[3] ».

La matrice « Éliminer-Diminuer-Augmenter-Créer », utilisée comme grille de lecture dans cet ouvrage, donne un bon éclairage sur les raisons du succès phénoménal de la marque Yellow Tail aux États-Unis[4]

Éliminer Terminologie et classification œnologique Potentiel de vieillissement Publicité média (*above the line*)	Augmenter Prix *versus* vins d'entrée de gamme Présence en magasin (pub, promo)
Diminuer Complexité du vin Gamme large de vins Prestige du vignoble	Créer Vin facile à boire Choix simple Vin *fun* et audacieux

En sortant des frontières habituelles du monde du vin, en reconstruisant les éléments de définition de son produit pour offrir à ses acheteurs une expérience nouvelle, Yellow Tail n'a pas pris des parts de marché aux concurrents existants, il a fait croître le marché total.

Mais l'Australie a perdu le contrôle de sa croissance…

Cependant ce succès fulgurant de l'Australie s'est fait au prix d'une croissance incontrôlée : entre 1996 et 2005, la superficie du vignoble a été multipliée par 2,4, provoquant un afflux de vin gigantesque. Les ventes, en particulier à l'export, ont

---

1. Une caisse équivaut à 12 bouteilles de 75 centilitres, soit 9 litres.
2. W. Chan Kim et R. Mauborgne, *Blue Ocean Strategy*, Harvard Business School Press, 2005.
3. *Ibid.*
4. *Ibid.*

décollé, mais le volume de vin disponible est devenu tel que l'offre a dépassé la demande et les prix moyens ont commencé à diminuer[1].

Des récoltes record entre 2004 et 2006 sont ensuite venues aggraver ce phénomène. Pour se vendre, les vins australiens ont dû diminuer leurs prix et leur image est devenue indissociable de vins d'entrée de gamme ou en promotion. Comme l'indiquait la banque Citigroup dans une analyse du marché en 2007 : « Les vins australiens ont connu une baisse régulière de leurs prix moyens depuis 2002 aux États-Unis. Tout d'abord à cause du succès énorme de Yellow Tail et dernièrement comme conséquence des excédents de production. Clairement, la perception que les consommateurs ont de la "marque Australie" a changé[2]. »

… et cherche maintenant à limiter ses volumes et à augmenter ses prix moyens

Ainsi, dans un marché où les consommateurs montent naturellement en gamme, la marque Yellow Tail, qui était considérée comme un modèle universel de succès en 2005, est finalement devenue, sur le moyen terme, le « talon d'Achille de l'Australie[3] ».

Dépassée par son succès, la filière australienne a dû lancer un nouveau plan stratégique en 2007 : « Directions to 2025 », dont l'objectif clé est la montée en gamme[4]. Par ailleurs, des primes à l'arrachage ont été mises en place[5] afin de redimensionner l'offre de vin australien par rapport à la demande ; comme cela a été fait dans l'Union européenne à partir des années 1980.

L'Australie n'est donc plus aujourd'hui considérée comme un modèle comme cela était le cas au début des années 2000.

En pratique

De nouveaux concurrents, les pays du « nouveau monde », ont fortement augmenté leur production depuis les années 1990 grâce à des plantations importantes et à des rendements plus élevés qu'en Europe.

…/…

---

1. Pour plus d'informations, voir Wine Australia, « Directions to 2025 », 2007 (p. 6).
2. A. Bowley et C. Woolford, « Foster's Group : Sobering Thoughts », Citigroup, 30 mars 2007.
3. B. Lewin, *Wine Myths ans Reality*, Vendange Press, 2010.
4. Wine Australia, « Directions to 2025 », mai 2007, wineaustralia.com.
5. K. Gargett, « Government Helps Australian Grape Growers to Leave Industry », *Wine Business International*, 25 sept. 2008.

.../...

Ces pays ont développé leurs exportations en visant en priorité les marchés en croissance (États-Unis, Royaume-Uni, pays nordiques), sur lesquels ils ont très rapidement ravi des parts de marché aux pays européens, grâce à un positionnement plus en phase avec les attentes des nouveaux consommateurs.

Pour pénétrer, ou se développer, sur ces marchés il est donc nécessaire de définir son positionnement :

- ▶ face à tous ces pays, et pas uniquement face aux autres vins français (ou européens) ;
- ▶ sur chaque couple [segment tarifaire × canal de distribution].

CHAPITRE 10

Un marché atomisé

PAS D'ACTEUR GLOBAL, DES ACTEURS DE POIDS DANS LE NOUVEAU MONDE UNIQUEMENT

Une industrie atomisée comparée aux autres segments du marché des boissons

Parmi les différents grands segments du marché des boissons, le vin est le plus atomisé. En effet, dans le vin, les cinq entreprises les plus importantes ont une part de marché cumulée inférieure à 10 % du marché total, alors que dans les spiritueux leur poids est de l'ordre de 20 % et d'environ la moitié du marché pour les boissons rafraîchissantes sans alcool et la bière[1]. Contrairement au vin, sur ces autres marchés des acteurs de très grande taille se sont constitués, grâce à des marques mondiales ou à de nombreuses acquisitions.

Mais une situation très différente selon les zones géographiques

L'industrie du vin est donc atomisée au niveau global : le marché est constitué par une multitude d'entreprises de petite taille. Cependant, la réalité est très différente selon les zones géographiques :

▶ En Europe, l'industrie est fragmentée et c'est d'ailleurs le poids important de l'Europe dans la production mondiale qui est la cause du faible taux de concentration du marché dans sa totalité.

▶ Dans les pays du nouveau monde, des opérateurs de poids émergent : en Argentine, en Afrique du Sud, au Chili et en Australie, la part de marché des trois premiers opérateurs (en volume) est comprise entre 25 % et 50 %.

---

1. *Source* : Euromonitor, Barclays Capital.

▶ Aux États-Unis, l'industrie est très concentrée : les trois leaders réalisent plus de 60 % des volumes du marché total. Ceci est également le cas en Nouvelle-Zélande, mais avec des volumes beaucoup plus faibles.

Part de marché des trois leaders par pays

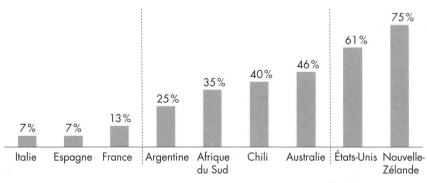

Source : UBS, Rabobank, Concha y Toro (2010).

La production de vin est donc beaucoup plus concentrée dans les pays du nouveau monde qu'en Europe, où elle reste très atomisée.

Les dix plus grands acteurs ne représentaient que 12,5 % du marché en 2012

Au niveau mondial, il n'existe donc pas d'acteur de poids : la première société du secteur en volume, l'américain E. & J. Gallo, ne représentait que 2,5 % des volumes mondiaux en 2012.

Classement des dix premières entreprises de vin dans le monde en volume – 2012E

Rang	Société	Pays d'origine	PDM volume
1	E. & J. Gallo	États-Unis	2,5 %
2	The Wine Group	États-Unis	1,6 %
3	Constellation	États-Unis	1,6 %
4	Accolade Wines	Australie	1,1 %
5	Treasury Wine Estates	Australie	1,0 %
6	Concha y Toro	Chili	1,0 %
7	Pernod Ricard	France	1,0 %
8	Grands Chais de France	France	1,0 %
9	Castel	France	0,9 %
10	Peñaflor	Argentine	0,9 %
Total Top 10			12,5 %

Sources : Euromonitor, Accolade Wines.

Parmi les dix premières entreprises mondiales de vin en volume, sept viennent des pays du nouveau monde. Les trois plus grands opérateurs sont les trois sociétés les plus importantes des États-Unis (Gallo, The Wine Group et Constellation). Arrivent ensuite les deux leaders australiens (Accolade Wines et Treasury Wine Estates), puis le premier acteur chilien (Concha y Toro).

Les places suivantes sont occupées par trois acteurs français : Pernod Ricard, Grand Chais de France et Castel. Mais, dans le vin, le centre de gravité de Pernod Ricard se trouve dans le nouveau monde et pas en France : l'essentiel de ses volumes est réalisé en Australie avec la marque Jacob's Creek et en Nouvelle-Zélande avec Brancott Estates (ex-Montana). Les Grands Chais de France, de leur côté, produisent bien du vin en France, mais destiné aux marchés export : leur marque phare, J. P. Chenet, a bâti son succès à l'étranger (principalement en Europe du Nord) et n'a été lancée sur le marché français qu'en 2008, quatorze ans après sa création. Castel est le seul groupe de ce classement qui réalise la plus grande partie de ses activités vinicoles en France, notamment avec ses marques leaders en grande distribution, Roche Mazet, Les Ormes de Cambras ou Vieux Papes.

La dixième place du classement est occupée par l'entreprise la plus importante d'Argentine, Peñaflor. Ainsi, les principaux opérateurs des pays du nouveau monde regroupent la quasi-totalité des places dans le classement des dix premiers producteurs de vins mondiaux.

L'ÉCHEC DES MÉGAFUSIONS DES ANNÉES 1995-2005

Si le marché reste atomisé aujourd'hui, deux dynamiques opposées ont été observées depuis quinze ans : une phase de consolidation entre 1995 et 2005, puis une marche arrière, avec le démantèlement de deux des trois premiers groupes mondiaux.

Ces dynamiques méritent d'être analysées car elles donnent un éclairage particulièrement pertinent sur une des spécificités du marché mondial du vin : le niveau limité des retours sur investissement.

Un marché en voie de consolidation entre 1995 et 2005 : sans acteurs de taille point de salut ?

De nombreuses opérations de fusions-acquisitions ont eu lieu entre 2000 et 2005, principalement entre des entreprises australiennes et américaines. Les deux cas les plus emblématiques de cette tendance furent Foster's et Constellation Brands.

Le brasseur australien Foster's, société cotée en Bourse, a construit une branche vinicole grâce à des acquisitions à la fin des années 1990 : Mildara Blass et Rothbury Estate en Australie en 1996 puis Beringer aux États-Unis en 2000. Au même moment, le leader australien du marché du vin, Southcorp, coté lui aussi, rachetait le numéro 2 du marché, Rosemount : la consolidation était en route en Australie. Elle franchit un nouveau pas au premier semestre 2005 quand Foster's réalisa l'acquisition de Southcorp. Le numéro 3 mondial en volume était né, présent en Australie et aux États-Unis. En dix ans, Foster's était devenu un géant du vin.

L'objectif affiché du brasseur était d'élargir son offre de produits en proposant à ses clients du vin en plus de la bière. Sa connaissance du consommateur, son savoir-faire marketing et ses relations avec la distribution devaient lui conférer un avantage concurrentiel par rapport aux autres entreprises.

Dans le même temps, Canandaigua, une société basée dans l'État de New York aux États-Unis, construisait grâce à de multiples acquisitions un groupe qui allait devenir le numéro un mondial sous le nom de Constellation Brands. La croissance débuta par des acquisitions de taille moyenne aux États-Unis (Franciscan Estates en 1999 et Ravenswood en 2000). La société prit ensuite une dimension internationale et devint le leader mondial avec le rachat de BRL Hardy en Australie en 2003, de Robert Mondavi aux États-Unis en 2004, de Vincor au Canada en 2005, puis de Beam Wine Estates aux États-Unis en 2007. En seize ans, Constellation Brands a multiplié son chiffre d'affaires par 30 (de 176 millions de dollars US en 1991 à 5,2 milliards de dollars US en 2007)[1].

Focus

Quand Constellation Brands voulait devenir le « Coca-Cola du vin »

Après l'acquisition de BRL Hardy en 2003, qui faisait de Constellation Brands le leader mondial du marché du vin, son président-directeur général, Steve Millar, affirmait clairement son ambition : « Il n'existe pas de Coca-Cola, de Microsoft ou de Nestlé du vin ; c'est précisément ce que nous voulons devenir[2]. »

L'émergence en quelques années de ces deux nouveaux champions, tous deux cotés en Bourse, laissait penser que l'avenir était aux géants, obéissant à une logique financière et industrielle, comme dans les segments de la bière, des *soft*

---

1. J. B. Payne, « Bright Star », *Wine Business International*, juin 2007.
2. L. Hugues, « Constellation-Hardy Will be the Coca-Cola of Winemaking », *Decanter*, 21 janvier 2003.

drinks ou des spiritueux. Ces regroupements semblaient d'autant plus irrémédiables qu'ils étaient encouragés par la concentration, en aval, des distributeurs, qui « rend difficile l'accès au marché pour de petits producteurs de vin[1] ».

Ainsi, à cette époque, la plupart des observateurs du marché s'attendaient à un prolongement de cette tendance vers plus de concentration, et un ouvrage de référence français d'analyse du marché (*Bacchus 2005*) pouvait légitimement poser la question : se dirige-t-on « vers l'émergence d'un oligopole sur le marché mondial du vin[2] ? ». Les auteurs, quand ils essayaient de bâtir un « scénario prospectif » pour l'avenir traduisaient le sentiment général du marché en prévoyant une transformation de l'industrie mondiale du vin « avec l'émergence d'une dizaine de mégafirmes dans les dix ans à venir […] qui feront partie des cent premiers groupes mondiaux de l'agroalimentaire, aux côtés de Nestlé, Danone ou Kraft Foods, à la suite d'un intense processus de fusions-acquisitions[3] ».

Dans ce contexte, la France semblait irrémédiablement handicapée par le morcellement de son vignoble et son absence d'acteurs de poids à même d'être compétitifs face aux champions du nouveau monde sur les marchés export.

Cinq ans après, la fin de la course à la taille, ou la dure réalité des retours sur investissement

Mais les champions créés par des opérations de croissance externe n'ont pas eu des résultats à la hauteur des espoirs qui avaient été placés en eux. Les gains obtenus grâce à ces fusions se sont avérés bien inférieurs à ceux attendus, et les géants constitués rapidement grâce à de multiples acquisitions se sont divisés en plusieurs entités.

Foster's n'a pas réussi à appliquer dans le vin les recettes de son succès dans la bière. La surproduction chronique mondiale et les excédents, nouveaux en Australie, l'ont empêché de créer des marques fortes, disposant d'une réelle capacité à fixer leurs prix vis-à-vis de la distribution. Par ailleurs, la production de vin nécessite des investissements importants, qui mettent plus de temps à porter leurs fruits que dans la bière[4].

---

1. B. Lewin, *Wine Myths ans Reality*, Vendange Press, 2010.
2. A. Manuel Coelho et J.-L. Rastoin, in *Bacchus 2005 : Enjeux, stratégies et pratiques dans la filière vitivinicole*, F. d'Hauteville, É. Montaigne, J.-P. Couderc et H. Hannin (dir.), La Vigne/ Dunod, 2004.
3. *Ibid.*
4. Se reporter au chapitre 15 pour une analyse approfondie des retours sur investissement dans le vin et une comparaison avec la bière et les spiritueux.

Ainsi, la branche vin avait de moins bons résultats que la celle de la bière et diluait la profitabilité globale du groupe. Le marché boursier a pénalisé l'action : dans les trois ans qui ont suivi l'acquisition de Southcorp, la performance de l'action Foster's a été inférieure de 60 % à celle de la Bourse australienne. Le vin était devenu un problème plus qu'une opportunité pour la société. À la recherche de solutions, Foster's a commencé par déprécier, entre 2008 et 2011, de 50 % la valeur de ses actifs dans le vin puis, en 2011, la branche vin a été séparée dans une société dédiée (Treasury Wine Estates). Foster's abandonnait le vin et se recentrait sur son métier d'origine, la bière.

L'autre champion créé par acquisition entre 1995 et 2005, le leader mondial Constellation Brands, a connu un destin similaire. Le fait d'être présent aux États-Unis et en Australie, plutôt que d'être un atout, s'est rapidement révélé être une faiblesse : les importants excédents de vin en Australie ont érodé la rentabilité des activités acquises dans ce pays et provoqué une diminution des marges totales du groupe. Malgré des investissements importants en marketing, le fait d'offrir un portefeuille de produits très large à la distribution n'était pas un atout suffisant pour rentabiliser le prix important payé pour ses acquisitions.

Afin de restaurer sa profitabilité, Constellation céda en 2011 ses activités en Australie et en Europe, qui prirent le nom d'Accolade Wines, à un fonds d'investissement. Le leader mondial n'était plus. Constellation Brands, recentré sur ses activités aux États-Unis, est redescendu à la troisième place du classement et Accolade Wines en est le numéro 4.

Ainsi, après la phase de consolidation des années 2000, les scissions et cessions ayant eu lieu durant les dernières années ont provoqué une diminution de la part de marché des dix premières entreprises.

Part de marché des dix premières entreprises de vin dans le monde en volume 2000-2012

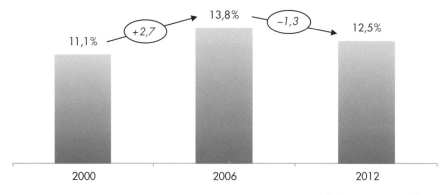

Source : Rabobank, Euromonitor, Accolade Wines.

Le vent avait donc tourné au début des années 2010, et les analystes de Rabobank[1] constataient que « l'excédent d'offre en permanence disponible sur le marché […] crée des vents contraires pour la rentabilité du secteur ».

L'existence d'une prime à la taille, qui était le moteur de la concentration dans les années 2000, a donc été totalement remise en cause, sacrifiée face à la dure réalité des retours sur investissement.

> *En pratique*
>
> Après avoir augmenté au début des années 2000, le poids des dix premiers opérateurs sur le marché du vin a diminué ces dernières années. Le mouvement de consolidation amorcé à la fin du siècle dernier s'est arrêté net, et le marché semble destiné à moyen terme à rester atomisé.
>
> Ce mouvement de scission des principaux groupes mondiaux remet totalement en cause l'existence d'une prime à la taille dans le vin : contrairement au pari fait dix ans plus tôt, être plus gros n'améliore pas mécaniquement la profitabilité.
>
> Les entreprises de petite taille ou de taille moyenne ont donc tout à fait leur place sur le marché, si toutefois leur positionnement est pertinent.

---

1. S. Rannekleiv et M. Soccio, *Rabobank Wine Quarterly*, Rabobank, juillet 2010.

CHAPITRE 11

Les marques ont un faible poids dans le marché mondial du vin

QU'EST-CE QU'UNE MARQUE DE VIN ?

Les premières marques ont été développées dans les pays d'ancienne tradition vinicole comme la France et le Portugal. En effet, un des principaux objectifs des marques étant d'offrir une qualité régulière, elles se sont naturellement développées dans des familles de vins réalisés à partir d'assemblage de différents millésimes, comme le Champagne en France et les vins fortifiés au Portugal (Porto, Madère).

Dans le vin, la marque peut dépasser la marque commerciale

Dans le vin, la marque d'un produit n'est pas uniquement formée par sa marque commerciale. En effet, lorsque l'on demande à des consommateurs de citer des marques de vin, ils intègrent spontanément dans leurs réponses des régions ou des cépages[1]. Quand une appellation, comme « bordeaux », joue le rôle de l'identifiant principal pour un vin, alors elle devient une marque. Ainsi, dans le vin, la marque peut prendre la forme d'une « constellation[2] », associant plusieurs éléments (marque commerciale, marque collective, appellation, classement).

L'appellation est bien souvent une marque : quand elle est prestigieuse (comme Champagne, Chablis, Bordeaux, Pauillac, Margaux, Saint-Émilion…) elle sera mise en avant sur l'étiquette du vin, au même titre, ou parfois plus, que la marque commerciale du producteur (nom de la propriété ou de la cuvée). Il en va de même pour les classements : à Bordeaux, ils représentent une véritable

---

1. D. Boulet, J.-P. Laporte, P. Aigrain et J.-B- Lalanne, « La connaissance des vins par les Français en 1995 », Onivins Inra, 1996, cité par F. d'Hauteville, in *Bacchus 2005*, La Vigne/Dunod, 2004.
2. L. Lockshin, « La marque et le vin », in *Bacchus 2005*, La Vigne/Dunod, 2004.

marque. Le classement de 1855 dans le Médoc instaure des 1ᵉʳ, 2ᵉ, 3ᵉ, 4ᵉ et 5ᵉ grands crus classés. Ce classement est parfois repris par les propriétés en complément de leur nom commercial afin de mettre en avant leur qualité et leur ancienneté. De même, le classement de saint-émilion (créé en 1959, révisé tous les dix ans) défini des « premiers grands crus classés » et des « grands crus classés ».

Les marques doivent souvent gérer une dimension collective

Dans le vin, la marque va donc au-delà de la marque commerciale et inclus bien souvent des éléments collectifs. La défense de ce patrimoine collectif est par conséquent un enjeu important et il est réalisé par les interprofessions, comme le CIVC en Champagne, qui est extrêmement vigilant sur les tentatives d'utilisation du nom « champagne » par des concurrents dans l'industrie du vin ou dans d'autres secteurs d'activité.

Par exemple

« SUD DE FRANCE », NAISSANCE D'UNE MARQUE COLLECTIVE EN 2006

Créée en 2006 par la région Languedoc-Roussillon, la marque ombrelle « Sud de France » regroupe les vins et les produits agroalimentaires des quatre départements de la région (Gard, Hérault, Aude, Pyrénées-Orientales). Cette marque a pour objectif de donner plus de lisibilité à l'offre de la région en créant un identifiant commun autour de l'art de vivre méditerranéen.

Dans le vin, « Sud de France » regroupe les AOC ainsi que les IGP (indication géographique protégée, anciennement « vins de pays ») et elle fédère plusieurs interprofessions. Grâce à cette mutualisation des ressources et au financement additionnel de la région Languedoc-Roussillon, la marque dispose d'un budget marketing de 15 millions d'euros par an[1].

Sept ans après sa création, « Sud de France » est devenue une marque reconnue, utilisée par plus d'un millier de vins du Languedoc-Roussillon et présente sur 70 % des produits agroalimentaires et des vins exportés par la région[2]. La clé de ce succès repose, comme l'indique l'entrepreneur Gérard Bertrand, sur le positionnement de la marque, beaucoup plus parlant que « Languedoc-Roussillon » : « Sud de France, c'est une destination, les gens comprennent immédiatement que c'est la Méditerranée[3]. »

1. *Source* : Sud de France.
2. *Ibid.*
3. Intervention à Sciences-Po Paris le 2 décembre 2013.

LES DIX PREMIÈRES MARQUES NE REPRÉSENTENT QUE 5 % DES VOLUMES MONDIAUX

Le poids des marques reste très faible dans le marché mondial du vin. La première marque ne vend que 23 millions de caisses[1], soit 276 millions de bouteilles, ce qui représente moins de 1 % du marché mondial. Au total, la part de marché des dix premières marques est uniquement de 5 %.

Le faible poids des marques sur le marché

Les dix premières marques sur le marché mondial du vin (en volume)

Rang	Marque	Société	Pays d'origine	Volume (millions de caisses)
1	Franzia	The Wine Group	États-Unis	23,0
2	Gallo	E. & J. Gallo	États-Unis	20,5
3	Concha y Toro	Concha y Toro	Chili	17,2
4	Yellow Tail	Casella Wines	Australie	11,2
5	Robert Mondavi	Constellation Brands	États-Unis	10,4
6	Hardys	Accolade Wines	Australie	9,7
7	Beringer	Treasury Wine Estates	États-Unis	8,3
8	Sutter Home	Trinchero	États-Unis	8,1
9	Lindemans	Treasury Wine Estates	Australie	6,7
10	Jacob's Creek	Pernod Ricard	Australie	7,1
Total Top 10				122,1
Part de marché Top 10				5 %

Source : The Drinks Business (données 2010).

Il y a donc peu de marques fortes dans le marché mondial du vin, et leur poids ne connaît pas de croissance significative : les dix premières marques représentaient 4 % du marché en 1997, contre 5 % en 2010.

Ce poids est d'autant plus faible qu'il y a dans le Top 10 de nombreuses marques ombrelles, comme Gallo ou Concha y Toro, qui chapeautent plusieurs sous-marques.

Le vin manque de marques puissantes

Si leur poids dans le marché est faible, c'est qu'il n'existe pas de marques très puissantes dans le vin, comme il en existe dans la bière et les spiritueux. Chaque année

---

1. Une caisse équivaut à 12 bouteilles de 75 centilitres, soit 9 litres.

un classement des marques les plus fortes dans les boissons alcoolisées est établi, sur des critères quantitatifs et qualitatifs[1].

Parmi les cent marques de boissons alcoolisées les plus puissantes, il n'y a que douze marques de vin tranquille, dont la première n'arrive qu'à la 21ᵉ place[2].

Les douze marques de vin les plus puissantes selon « Intangible Business »

Classement parmi les marques de vin	Marque	Classement général parmi les marques de boissons alcoolisées
1	Concha y Toro	21
2	Gallo	27
3	Robert Mondavi	28
4	Hardys	30
5	Barefoot	32
6	Yellow Tail	41
7	Sutter Home	43
8	Beringer	56
9	Jacob's Creek	59
10	Lindeman's	65
11	Blossom Hill	77
12	Wolf Blass	87

Source : *Intangible Business* (2014).

Les marques fortes se trouvent dans le nouveau monde

On retrouve dans ces deux classements les grands groupes internationaux analysés dans le chapitre précédent, et leurs marques, qui proviennent toutes du nouveau monde.

Ces marques ont plusieurs points communs :

▶ Elles ont une identité forte, leur permettant de se différencier de leurs concurrents, et un positionnement clair, afin que le consommateur puisse facilement identifier la promesse faite par la marque.

1. « The Power 100 : The World's Most Powerfull Spirit & Wines Brands », *Intangible Business*, mars 2014.
Critères quantitatifs : part de marché, croissance durant les dix dernières années, positionnement prix, nombre de marchés sur laquelle la marque est présente. Critères qualitatifs : notoriété (spontanée et assistée), pertinence (désir d'identification), héritage (dimension historique) et loyauté.
2. *Ibid.* Il faut noter qu'il y a par ailleurs sept marques de Champagne dans ce classement (entre la 19ᵉ et la 100ᵉ place).

- En termes de positionnement tarifaire, elles sont principalement présentes sur les segments Popular Premium et Premium.

- Elles offrent une qualité constante, année après année : les vins sont constitués afin de répondre aux attentes des consommateurs et ne doivent pas refléter les particularités climatiques du millésime.

- Elles vendent toutes plus de 1 million de caisses par an. Ce seuil est généralement considéré comme la taille critique pour être capable d'investir en communication et en promotion afin de construire et d'entretenir une marque.

- Elles savent faire preuve d'innovation, afin de renouveler l'intérêt du consommateur et de fournir des arguments de vente à la distribution.

Focus

Franzia, la marque de vin la plus vendue dans le monde

Franzia, qui se proclame à juste titre *the world's most popular wine* est la marque de vin la plus vendue dans le monde avec 276 millions de bouteilles. Ou plutôt d'équivalent bouteilles, car il n'existe pas de bouteille de Franzia : cette marque est exclusivement vendue en outre à vin (emballage plus connu sous le nom de la marque « Bag in Box ») de 3 ou 5 litres. Franzia commercialise deux gammes : les « House Wine Favorites », définis comme rafraîchissants et fruités et avec des noms très faciles d'accès (Sunset Blush, Chillable Red, Refreshing White…) et les « Vintner Select », vins mono-cépages (white zinfandel, chardonnay, merlot, cabernet sauvignon…). Ces vins sont généralement vendus entre 13 et 19 dollars US les 5 litres, ce qui correspond à [1,95-2,85] dollars US par bouteille.

La marque fut créée par Teresa Franzia en 1906, dont la fille épousa un certain Ernest Gallo, qui créa (avec des capitaux prêtés par sa belle-mère) sa propre affaire de vin, qui allait devenir la deuxième marque du monde, après Franzia.

Les freins à la construction de marques dans le vin

Plusieurs raisons expliquent le faible poids des marques dans le marché mondial du vin.

Tout d'abord, l'excédent d'offre sur le marché limite la capacité des industriels à développer des marques fortes : les quantités de vin disponible tirent les prix à la baisse et ne permettent pas aux marques de développer leurs investissements en marketing et en communication, voire leur imposent de diminuer leurs prix de vente ou d'avoir recours à plus de promotions. Ainsi, il est très difficile dans ce marché excédentaire de construire des marques puissantes, qui peuvent justifier une prime de prix par rapport à leurs concurrents, comme c'est le cas dans les spiritueux et les boissons rafraîchissantes sans alcool (BRSA).

143

Un second frein à la construction de marques est la faible concentration du marché. Le poids restreint des acteurs limite la force de frappe en marketing et en communication de leurs marques, par rapport à des secteurs beaucoup plus concentrés comme la bière, les spiritueux ou les BRSA. Ainsi, en France, à titre d'illustration, le budget de communication des vins tranquilles en grande distribution est deux fois inférieur à celui des bières et trois fois inférieur à celui des spiritueux[1]. De plus, dans le vin, une grande partie de la communication est effectuée par les interprofessions (les organismes représentant les producteurs d'une région : Bordeaux, Bourgogne, Rhône…), et la communication porte ainsi souvent plus sur l'image d'une région que sur le produit lui-même.

Le poids important des MDD limite l'intérêt des distributeurs pour de nouvelles marques

Il existe un troisième frein dans les pays où la grande distribution est très développée (France, Royaume-Uni notamment) : le poids important des marques de distributeurs (MDD) qui rendent difficile le développement de marques d'entrée de gamme. Dans le vin, les MDD ne sont la plupart du temps pas signées par les enseignes de leur nom, comme pour les autres produits alimentaires. Elles sont regroupées sous des marques ombrelles (comme « Club des Sommeliers » dans le groupe Casino) ou alors elles prennent la forme de marques dites « réservées », c'est-à-dire que l'on ne trouve que chez l'enseigne. Ainsi, le consommateur achète souvent une marque de distributeur sans s'en apercevoir.

Ces MDD ont pris un poids très important dans les ventes de la grande distribution : en France, elles représentent plus d'un quart des produits présents dans le linéaire (27 %). Leur poids dans les ventes est encore plus important : 38 % des volumes et 29 % en valeur[2]. Le poids plus faible dans les ventes en valeur qu'en volume indique que ces MDD sont surtout présentes sur les segments d'entrée de gamme, dont les prix moyens sont inférieurs à la moyenne. Ainsi, comme l'indique Pascal Maurice, qui coordonne notamment les foires aux vins de Carrefour en France, « les marques de distributeur ont pris une telle importance dans les linéaires de la grande distribution que les acheteurs ne cherchent pas spécialement à intégrer de nouvelles marques fortes dans leur offre, afin de protéger leurs MDD[3] ».

---

1. « 35 millions d'euros pour les vins tranquilles *versus* 74 millions d'euros pour les bières et 110 millions d'euros pour les spiritueux », in P. Mora, *Le Commerce du vin*, LSA-Dunod, 2007.
2. Données Iri-France Agrimer 2011.
3. Intervention à Sciences-Po Paris, 14 janvier 2008.

La loi Évin en France : un frein additionnel à la construction de marques

En France, la communication est limitée par la loi Évin de 1991 relative à la lutte contre le tabagisme et l'alcoolisme. Cette loi définit les médias et les lieux où la publicité pour des boissons alcoolisées est autorisée ainsi que le type d'informations qui peuvent être communiquées. La spécificité de cette loi est qu'elle n'édicte pas de liste d'interdictions mais une liste limitée d'autorisations. Ainsi, le champ des interdictions est très large puisque, finalement, ce qui n'est pas autorisé est interdit.

D'après la loi, le message publicitaire doit être informatif et se limiter à des indications objectives[1] ; il lui est interdit de suggérer la sensualité ou une ambiance festive. Ainsi, si vous voyez en France une publicité pour du vin représentant une femme, elle sera obligatoirement une professionnelle du vin, ceci afin de garantir l'« objectivité » de l'information. De plus, elle ne devra pas avoir une expression trop enjouée, car cela pourrait suggérer la convivialité et pousser à la consommation.

Un exemple emblématique de la complexité d'application de cette loi et de la largeur de son champ d'interprétation est une publicité pour l'appellation sauternes, qui mettait en scène en 2005 « Catherine, viticultrice à Sauternes », avec un verre de vin à la main. La jeune femme de l'affiche était productrice de vin, et le message était particulièrement lisse (« Sauternes, Bordeaux, tout un monde de finesse »), tout semblait donc en accord avec la loi. Mais le regard de la viticultrice a été jugé aguicheur et le verre de vin trop proche de son visage : cela a été considéré comme une invitation à la consommation, et pas uniquement un message informatif. La publicité a donc été modifiée, le regard de la viticultrice rendu plus neutre et le verre de vin éloigné de son visage, afin d'être accepté[2].

---

1. Degré d'alcool, origine, dénomination, modalité de vente (prix, packaging), composition du produit, mode d'élaboration, mode de consommation, éventuellement terroirs de production et récompenses obtenues. Voir Code de la santé publique – art. L. 3323-4, modifié par loi n° 2005-157 du 23 février 2005 – art. 21 *JORF* 24 février 2005.
2. Sur ce cas emblématique voir, notamment, T. Colman, *Wine Politics*, University of California Press, 2008, p. 56 *sqq.*

Publicité refusée

SAUTERNES
BORDEAUX

Publicité acceptée

Source : CIVB.

En conséquence, certains producteurs lorsqu'ils lancent des campagnes de publicité internationales choisissent de ne pas le faire en France, car cela limiterait trop leur champ créatif. Ainsi, la campagne internationale lancée en 2009 pour le champagne Dom Pérignon rosé, réalisée par Karl Lagerfeld, destinée à être un symbole de l'art de vivre à la française, n'a jamais été publiée en France.

Les marques de vin ayant besoin de communiquer sur leur produit pour pénétrer un marché, elles ont été bloquées en France : la loi Évin, en empêchant l'entrée de nouvelles marques a en quelque sorte vitrifié le marché en 1991. Ironie de l'histoire, les marques françaises historiques ont donc profité de cette loi qui les a protégées de fait de l'entrée de nouveaux concurrents.

Focus

Le faible poids des marques de vin en France

En France, la première marque de vin en grande distribution est « Roche Mazet », dont il s'est vendu 31 millions d'équivalents bouteilles de 75 cl (*i. e.* tous formats : outres à vin, bouteilles…) en 2013, suivie par Les Ormes de Cambras (17 millions), par Vieux Pape (16 millions) puis par La Villageoise (13 millions)[1]. Roche Mazet représente uniquement 2,4 % des volumes vendus en grande distribution en France, et les quatre premières marques 5,9 %[2] : les marques ont donc peu de poids dans les linéaires en France. Comme l'indique Jean-Louis Vallet, le directeur général de la filiale vin de Carrefour, « le rayon du vin est, avec celui des fruits et légumes, le seul à ne pas être structuré par les industriels, car les marques ne représentent guère plus de 10 % du chiffre d'affaires du rayon[3] ».

Ces quatre marques sont positionnées sur les segments Basic et Popular Premium, avec des prix de vente entre 2 euros et 3,50 euros et elles appartiennent toutes au groupe Castel. Si le marché est très atomisé en France, il est donc plus concentré sur le segment des marques d'entrée de gamme.

DES SYNERGIES ENCORE PEU DÉVELOPPÉES ENTRE LES MARQUES DE VIN ET D'AUTRES UNIVERS

Durant les dernières années, les leaders du luxe français ont pénétré le marché du vin en réalisant des acquisitions de domaines prestigieux. Bernard Arnault, directement ou *via* son groupe LVMH (déjà très implanté en Champagne), a acheté deux des plus prestigieuses marques françaises de vin : le Château Cheval-Blanc à Saint-Émilion en 1998, et le Château d'Yquem à Sauternes en 1999. François Pinault, actionnaire principal du groupe Kering, a de son côté constitué un portefeuille de domaines prestigieux à Bordeaux, en Bourgogne, dans le Rhône et en Californie, dont le plus célèbre est le Château Latour à Pauillac, acquis en 1993.

Ces acquisitions par des spécialistes du développement et de la valorisation de marques ont créé des fortes attentes sur les synergies entre grands crus et marques de luxe ; mais peu de réalisations ont jusqu'ici été observées.

---

1. *Source*: *Rayon Boissons*, « Top 10 des marques de vins tranquilles en GMS : Castel… et les autres », 17 mars 2014.
2. *Source*: France Agrimer/Symphony IRI.
3. « Il faut arrêter de dire que le vin est en crise en GMS », entretien avec H. Bendaoud, *LSA*, n° 1960, juillet 2006.

Par exemple

LES RARES TENTATIVES DE **LVMH**

La marque Dior a lancé en 2006 une crème de soin avec des extraits de sarments de vigne du Château d'Yquem. Cette crème anti-âge, baptisée « L'Or de Vie » et vendue 380 euros les 15 ml, revendique l'héritage des vignes d'Yquem[1], mais n'en porte pour autant pas le nom.

Par ailleurs, le groupe LVMH développe un réseau d'hôtels très haut de gamme sous le nom de « Cheval Blanc ». Deux palaces, à Courchevel et aux Maldives, portent déjà le nom du Premier Grand Cru Classé A de Saint-Émilion et trois autres sont en projet (à Oman, en Égypte et à Paris). Ces hôtels utilisent le nom du château uniquement, il n'y a pas de référence directe au vin dans leur communication.

D'autres tentatives de moindre envergure ont été développées, comme en 2013 une malle pour un magnum de champagne Krug par la maroquinerie Moynat, récemment acquise par le groupe LVMH.

Les liens entre les marques de vin et les autres marques de luxe restent donc très limités dans le groupe LVMH, et sont nuls dans le groupe Pinault. Aucune synergie importante n'a aujourd'hui été démontrée entre les vins les plus prestigieux et les autres univers du luxe. Une hypothèse d'explication souvent avancée est que le vin étant une boisson alcoolisée, son image ne peut pas être développée de façon universelle. Certains analystes estiment également que les groupes possédant de nombreuses marques, comme LVMH, évitent de développer des adhérences entre celles-ci afin de pouvoir s'en séparer plus facilement s'ils souhaitent redéfinir leur portefeuille d'actifs.

En pratique

Dans le vin, la marque dépasse la marque commerciale et prend souvent la forme d'une constellation[2] de plusieurs attributs (origine et/ou appellation, classement, cépage, marque collective, marque commerciale).

Les marques sont peu présentes dans l'univers du vin, principalement à cause de l'excédent structurel sur le marché, qui rend très difficile aux marques de justifier une prime de prix sur l'entrée de gamme.

Les principales marques sont aujourd'hui issues des pays du nouveau monde, elles ont réussi à créer un rapport de confiance entre leur produit et le consommateur en s'appuyant sur :

- une qualité constante ;
- une identité forte et un positionnement clair ;
- une capacité d'innovation ;
- une taille critique (supérieure à 1 million de caisses, soit 12 millions de bouteilles) leur permettant de communiquer et de développer des outils de promotion.

---

1. « La plus puissante des matières premières Dior : la sève de la vigne d'Yquem. […] L'exceptionnelle force de vie de la vigne d'Yquem est infusée de manière intacte dans les soins L'Or de Vie » (extraits du site Internet Dior).
2. L. Lockshin, « La marque et le vin », in *Bacchus 2005*, La Vigne/Dunod, 2004.

CHAPITRE 12

Le modèle de Porter appliqué au marché mondial du vin

Le modèle d'analyse des cinq forces de Porter, élément fondateur de la stratégie de l'entreprise, a été formalisé en 1979 par Michael Porter[1]. Il permet d'identifier les fondements de la concurrence dans une industrie à travers l'analyse de cinq « forces » en présence :

- la menace de produits de substitution (par exemple les fichiers MP3 *versus* les CD, les cigarettes électroniques *versus* les cigarettes classiques…) ;
- la menace de nouveaux entrants (qui dépend de l'existence de barrières à l'entrée) ;
- le pouvoir de négociation des fournisseurs (leur capacité à imposer leurs conditions) ;
- le pouvoir de négociation des acheteurs (leur capacité à fixer les prix) ;
- l'intensité de la concurrence entre les entreprises du secteur (plus ou moins forte).

La combinaison de ces cinq forces donne une indication sur la profitabilité et l'attractivité d'un secteur d'activité. Ce modèle est utile à ce stade du raisonnement car il permet de synthétiser les éléments concernant le marché (chapitres 5 à 8) et l'environnement concurrentiel (chapitres 9 à 11) dans le secteur du vin.

DEUX MARCHÉS AVEC DES DYNAMIQUES CONTRASTÉES

Cependant, comme indiqué dans le chapitre 5, il n'y a pas un marché mondial du vin, mais en réalité deux marchés différents, avec des tendances contrastées :

- Le premier marché est celui des vins vendus à moins de 5 euros la bouteille (segments Basic et Popular Premium), qui, même s'il représente 66 % des

---

1. M. Porter, « How Competitive Forces Shape Strategy », *Harvard Business Review*, mars-avril 1979.

volumes ne représente que 31 % du marché en valeur, et son poids diminue car c'est un marché décroissant, en moyenne de − 4 % par an entre 2005 et 2011.

▷ Le second marché est celui des vins vendus à plus de 5 euros la bouteille (segments Premium, Super Premium, Ultra Premium et Icon), qui, même s'il ne représente que 34 % des volumes totaux, représente 69 % du marché en valeur. Son poids dans le marché total augmente car c'est un marché en croissance, en moyenne de 3 % par an entre 2005 et 2011.

Les forces en présence n'étant pas exactement les mêmes sur ces deux marchés, il est plus précis de construire deux modèles de Porter.

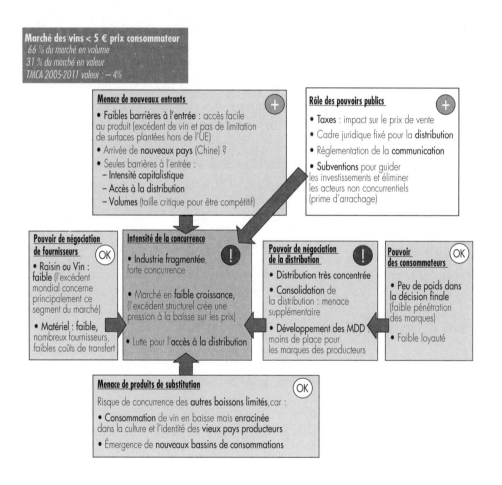

Marché des vins < 5 € prix consommateur
66 % du marché en volume
31 % du marché en valeur
TMCA 2005-2011 valeur : − 4%

Menace de nouveaux entrants +
- **Faibles barrières à l'entrée** : accès facile au produit (excédent de vin et pas de limitation de surfaces plantées hors de l'UE)
- Arrivée de **nouveaux pays** (Chine) ?
- Seules barrières à l'entrée :
  – Intensité capitalistique
  – Accès à la distribution
  – **Volumes** (taille critique pour être compétitif)

Rôle des pouvoirs publics +
- **Taxes** : impact sur le prix de vente
- Cadre juridique fixé pour la **distribution**
- Réglementation de la **communication**
- **Subventions** pour guider les investissements et éliminer les acteurs non concurrentiels (prime d'arrachage)

Pouvoir de négociation de fournisseurs OK
- **Raisin ou Vin :** faible (l'excédent mondial concerne principalement ce segment du marché)
- **Matériel : faible,** nombreux fournisseurs, faibles coûts de transfert

Intensité de la concurrence !
- **Industrie fragmentée,** forte concurrence
- Marché en **faible croissance,** (l'excédent structurel crée une pression à la baisse sur les prix)
- Lutte pour l'**accès à la distribution**

Pouvoir de négociation de la distribution !
- **Distribution très concentrée**
- **Consolidation de** la distribution : menace supplémentaire
- **Développement des MDD** moins de place pour les marques des producteurs

Pouvoir des consommateurs OK
- **Peu de poids dans la décision finale** (faible pénétration des marques)
- **Faible loyauté**

Menace de produits de substitution OK
Risque de concurrence des **autres boissons limités,** car :
- **Consommation** de vin en baisse mais **enracinée** dans la culture et l'identité des **vieux pays producteurs**
- Émergence de **nouveaux bassins de consommations**

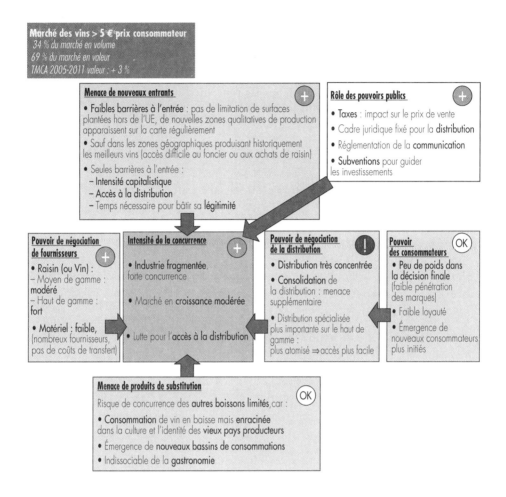

MENACE DE PRODUITS DE SUBSTITUTION : LIMITÉE

Pour le vin, il existe bien sur la concurrence des autres boissons, mais ce risque est limité.

La consommation de vin reste enracinée dans la culture des pays historiquement producteurs, même si elle y diminue en volume. Le vin est également très lié à la gastronomie, à travers les accords mets-vins, ce qui lui confère une solidité encore plus forte.

Ailleurs dans le monde, de nouveaux bassins de consommation émergent (États-Unis, Royaume-Uni, Europe du Nord, Japon, Chine) avec de nouvelles générations qui découvrent le vin et montent en gamme au fur et à mesure qu'elles développent leurs connaissances.

La substitution du vin par d'autres produits est toujours possible. Cependant, le commerce du vin est l'un des marchés les plus anciens du monde : ses premières traces remontent à plus de 7 000 ans. Il est donc très probable que l'on consomme toujours du vin dans 50 ans. Ce qui n'est pas le cas pour tous les produits : qui sait si l'on utilisera toujours des téléphones portables tels que nous les connaissons aujourd'hui dans vingt ou trente ans ?

La menace de produit de substitution est donc faible sur le marché mondial du vin.

MENACE DE NOUVEAUX ENTRANTS : MOYENNE

Comme le montre le développement des pays du nouveau monde à partir des années 1995, les barrières à l'entrée sont limitées dans le marché mondial du vin.

Il n'y a pas de limitation des surfaces plantées hors de l'Union européenne ; un nouvel acteur peut donc se développer en plantant du vignoble. Et s'il souhaite acheter du vin, l'excédent structurel disponible sur le marché fournit une source d'approvisionnement importante.

D'ailleurs, après les pays du nouveau monde à la fin du XXe siècle, les craintes sont aujourd'hui tournées vers la Chine où les plantations de vigne ont été très importantes ces dernières années.

Finalement, les barrières à l'entrée les plus importantes sont l'intensité capitalistique (les investissements et le temps nécessaires pour produire du vin)[1] et l'accès à la distribution.

- Spécificités du marché des vins à moins de 5 euros prix consommateur : sur les segments d'entrée de gamme, il est souvent nécessaire de vendre des volumes importants pour atteindre une taille critique et être compétitif. Cette obligation de volume crée une barrière à l'entrée.
- Spécificités du marché des vins à plus de 5 euros prix consommateur : dans les zones géographiques produisant historiquement les meilleurs vins, l'accès au foncier ou aux achats de raisin est difficile et peut créer une barrière à l'entrée.

Par ailleurs, pour être légitime sur les segments tarifaires les plus élevés, il est souvent nécessaire de construire une image forte, ce qui prend généralement du temps.

---

1. Voir l'analyse approfondie des investissements et du retour sur investissement d'un producteur de vin dans les chapitres 14 et 15.

Pouvoir de négociation des fournisseurs : faible ou moyen selon les segments

Contrairement à d'autres secteurs d'activité, les fournisseurs de matériel (agricole ou de vinification) sont nombreux et le coût de transfert d'un type d'équipement à un autre est quasiment nul : leur pouvoir de négociation est donc faible.

Concernant les fournisseurs de raisin ou de vin en vrac, dans les modèles économiques où la production n'est pas totalement intégrée, leur pouvoir de négociation est très différent selon le segment du marché où l'on se situe. Plus l'on se trouve en bas du marché, plus l'accès à la matière première est facile et le pouvoir des producteurs faible, plus l'on monte et plus l'accès aux raisins ou au vin est complexe et le pouvoir des fournisseurs élevé.

- Spécificités du marché des vins à moins de 5 euros prix consommateur : le marché global étant en situation d'excédent structurel, le pouvoir de négociation des producteurs de raisin ou de vin en vrac est faible dans les zones, majoritaires, où l'offre excède la demande. Il tend parfois vers zéro quand la seule alternative est la distillation ou la destruction du vin.

- Spécificités du marché des vins à plus de 5 euros prix consommateur : en revanche, de l'autre côté du spectre, les zones géographiques dont les raisins produisent les meilleurs vins sont connues et délimitées (comme la Champagne, la Côte-d'Or en Bourgogne ou la Napa Valley en Californie). Leur production est limitée et n'arrive pas à satisfaire la demande ; les prix des raisins sont donc élevés et le pouvoir de négociation des fournisseurs important.

Pouvoir de négociation des acheteurs : faible pour les consommateurs finaux mais très fort pour les distributeurs

Comme cela a été détaillé dans le chapitre 8, la vente directe ne représente en général qu'une très faible part du marché (4 % en France[1]). Ainsi, les clients des producteurs de vin ne sont pas ceux qui vont consommer le vin, mais les distributeurs qui sont les intermédiaires entre les producteurs et les consommateurs. Pour comprendre le pouvoir de négociation des clients, il faut donc analyser ces deux niveaux : les consommateurs d'une part et les distributeurs d'autre part.

---

1. *Source* : Kantar/France Agrimer 2010.

Les consommateurs ont peu de poids dans la décision finale

Pour les achats de vin, les consommateurs ont un poids limité dans la décision finale d'achat, du fait notamment de la faible pénétration des marques. En effet, il est rare (Champagne mis à part) que les consommateurs rentrent dans un magasin en sachant précisément la bouteille de vin qu'ils recherchent et qu'ils en ressortent avec exactement le produit qu'ils avaient en tête. Dans les spiritueux ou dans la bière, les marques étant très implantées, la situation est inverse : le client sait quelle vodka ou quel apéritif anisé il souhaite ; le développement des marques donne donc plus de force aux clients finaux.

Dans le vin le poids des marques est faible et le pouvoir des consommateurs limité.

Le pouvoir de négociation des distributeurs est très fort

À l'exception des entreprises dont le modèle est centré sur la vente directe, les clients des producteurs de vin, ceux qu'il faut convaincre, livrer puis facturer, sont les distributeurs. La distribution est intercalée entre le producteur et le consommateur final et elle représente un rouage essentiel, la force la plus critique parmi les cinq forces de Porter.

En effet, la distribution est très concentrée et ce, quel que soit le modèle juridico-économique en vigueur (trois tiers, monopole ou marché libre). Il y a donc un faible nombre de distributeurs face à de très nombreux producteurs. Ces distributeurs sont alors dans une position très favorable pour négocier et il est difficile pour les producteurs de se faire référencer. En effet, à moins d'avoir des produits très différenciés, le référencement nécessitera des coûts et prendra du temps et les distributeurs chercheront à diminuer les prix d'achat ou à imposer de nombreuses promotions à la charge des fournisseurs.

De plus, cette force de négociation de la distribution est en croissance du fait de la consolidation de la distribution. Les rachats de chaînes de supermarché entre elles ou, aux États-Unis, des grossistes du tiers 2, accentuent leur pouvoir.

- Spécificités du marché des vins à moins de 5 euros prix consommateur : le développement des marques de distributeur (MDD), surtout présentes sur les segments d'entrée de gamme, laisse moins de place pour les marques des producteurs dans les linéaires et rend l'accès à la distribution encore plus difficile.

- Spécificités du marché des vins à plus de 5 euros prix consommateur : sur le segment haut de gamme, le poids de la distribution spécialisée est plus important, ce qui rend la relation moins déséquilibrée entre producteur et distributeur. En effet, la distribution spécialisée est plus atomisée et il est donc plus facile d'y avoir accès.

Intensité de la concurrence : très forte ou forte selon le segment

La concurrence est forte entre les sociétés du secteur pour plusieurs raisons. Tout d'abord, l'industrie du vin reste fragmentée malgré la tentative de consolidation des années 2000 et le nombre important d'acteurs augmente l'intensité de la concurrence. Ensuite, les entreprises luttent entre elles pour se faire référencer chez les distributeurs. Elles sont nombreuses face à un faible nombre de distributeurs, les places sont donc très chères dans les linéaires.

La concurrence est ainsi forte entre les nombreuses entreprises pour accroître ou tout simplement pour maintenir leurs positions.

▶ Spécificités du marché des vins à moins de 5 euros prix consommateur : le marché des vins à moins de 5 euros par bouteille est en décroissance (– 4 % par an entre 2005 et 2011). La seule façon pour les entreprises de maintenir leur chiffre d'affaires est donc de gagner des parts de marché aux dépens de leurs concurrents. C'est en effet sur cette partie du marché que l'excédent structurel pèse majoritairement : il crée une pression à la baisse sur les prix et le gain de part de marché passe donc nécessairement par des augmentations de volume.

▶ Spécificités du marché des vins à plus de 5 euros prix consommateur : le segment moyen et haut de gamme (vins vendus plus de 5 euros) est de son côté en croissance modérée (3 % par an entre 2005 et 2011). L'intensité de la concurrence y est donc moins forte car les entreprises peuvent augmenter leur chiffre d'affaires en maintenant leur part de marché, uniquement grâce à la croissance du marché.

Dans les deux cas, l'intensité concurrentielle entre les acteurs est donc forte, mais elle l'est encore plus sur le marché des vins à moins de 5 euros par bouteille.

Importance du rôle des pouvoirs publics sur le marché

Le vin étant une boisson alcoolisée, il est soumis à un nombre de réglementations plus important que la plupart des autres produits agroalimentaires. Il est donc légitime d'ajouter une sixième force dans l'analyse portérienne : le rôle des pouvoirs publics.

Dans le vin, les décisions des pouvoirs publics ont un impact sur la structure de l'industrie et, par voie de conséquence, sur la rentabilité des entreprises. Le pouvoir de l'État s'exprime tout d'abord avec les taxes qui ont un impact direct sur le prix de vente. Les producteurs doivent donc les prendre en compte quand ils définissent le positionnement de leur produit.

Ensuite, dans de nombreux pays, la distribution n'est pas libre (systèmes de monopole ou de trois tiers) et ces modèles, imposés par les pouvoirs publics, ont un impact direct sur la structure du marché. Dans les systèmes de monopoles d'État, l'accès à la distribution est par définition restreint. Dans les systèmes de trois tiers, l'ajout d'un intermédiaire a un impact sur le prix de vente aux consommateurs, qui doit être pris en compte dans le positionnement du produit.

La communication est également très réglementée et son champ d'action peut être réduit dans certains pays, comme la France avec la loi Évin. Si les pouvoirs publics brident la communication, cela limite la menace de nouveaux entrants ainsi que la concurrence entre les acteurs.

Par ailleurs, les pouvoirs publics peuvent avoir un impact sur le financement de l'industrie, à travers les subventions qu'ils accordent. Les producteurs des pays de l'Union européenne ont ainsi pu bénéficier de primes pour arracher les vignes jugées pas suffisamment qualitatives. Ils peuvent également bénéficier de subventions pour financer certains investissements.

En pratique

D'après l'analyse du modèle de Porter, l'industrie des vins d'entrée de gamme est peu attrayante à première vue. En effet, ce marché décroît, la concurrence y est forte entre les acteurs et la distribution toute-puissante. Dans cet environnement concurrentiel difficile, la rentabilité des entreprises sera par essence limitée.

Pour réussir, les acteurs chercheront à grossir pour atteindre une taille critique leur permettant de diminuer leurs coûts de production unitaires et d'avoir plus de poids dans les négociations avec la distribution. Une autre solution peut être de chercher à monter en gamme pour pénétrer sur l'autre segment du marché.

L'industrie des vins moyen et haut de gamme présente un visage différent : la concurrence, si elle reste forte entre les entreprises, y est toutefois moins élevée, car ce marché est en croissance. La valeur ajoutée des produits y est plus forte, ce qui ouvre des possibilités de différenciation, fondées sur le marketing. Les relations avec la distribution, si elles restent critiques, deviennent moins déséquilibrées au fur et à mesure que l'on monte en gamme. Ce marché est donc plus attractif et les entreprises peuvent y atteindre une rentabilité supérieure, même si l'accès au vin, ou aux raisins qui permettent de le produire, est sensiblement plus difficile sur cette partie du marché.

Il ne manque maintenant plus qu'une brique à l'analyse afin de dessiner les facteurs clés de succès sur le marché : l'étude du modèle économique des entreprises.

- Quelle est leur rentabilité ? De quoi dépend-elle ?
- Quels sont les investissements nécessaires pour produire du vin ?

Partie 3

UN ÉQUILIBRE ÉCONOMIQUE FRAGILE

CHAPITRE 13

La rentabilité dépend principalement du prix de vente

LA STRUCTURE DE COÛTS D'UN PRODUCTEUR DE VIN

Les principaux coûts d'un producteur de vin

Il y a trois principaux postes de coûts dans le compte de résultat d'un producteur de vin :

- Le coût du vin : selon le niveau d'intégration de l'entreprise, cela peut correspondre à la production de raisins et à leur vinification, ou à l'achat de raisins qui seront ensuite vinifiés, ou encore à l'achat de vin en vrac.

- Le coût de conditionnement : les matières sèches (bouteille, bouchon, étiquette) et la mise en bouteille.

- Les coûts commerciaux et administratifs : la vente du vin et la gestion de la société.

Illustration : Concha y Toro

La plus grande entreprise chilienne de vin, Concha y Toro, publie ses comptes car elle est cotée en Bourse. Cette société étant uniquement présente sur le marché du vin, elle offre un très bon exemple pour l'analyse de la structure de coûts d'une entreprise du secteur.

Concha y Toro a commercialisé 30 millions de caisses en 2013, dont 64 % à l'export[1]. Son portefeuille de marques lui permet d'être présent sur tous les segments du marché :

---

1. Concha y Toro, rapport annuel 2013.

Portefeuille de marques de Concha y Toro

Segment tarifaire	Marques
Basic	Frontera, Sunrise
Premium	Casillero del Diablo, Trio
Super Premium	Marques de Casa Concha
Ultra Premium	Terrunyo, Amelia
Icon	Don Melchor, Carmin de Peumo

Source : Concha y Toro

Compte de résultat 2013 de Concha y Toro

	Total compagnie	Par bouteille	
	(en m€)*	(en €)	
Chiffre d'affaires	713	2,0	
Vin	(210)	(0,6)	Raisin, vinification
en % du CA	− 29 %		
Matières sèches	(163)	(0,4)	Bouteille, bouchon, étiquette
en % du CA	− 23 %		
Mise en bouteille et personnel	(93)	(0,3)	
en % du CA	− 13 %		
Marge brute	246	0,7	
en % du CA	35 %		
Frais commerciaux et de gestion	(191)	(0,5)	Marketing, forces commerciales, administration
en % du CA	− 27 %		
Résultat d'exploitation	55	0,2	
en % du CA	8 %		

* Taux de change moyen 2013 : CHP = 0,0015 €.

Source : Concha y Toro, Santander

Chez Concha y Toro, le coût du vin représente 29 % du chiffre d'affaires. Ces coûts représentent les achats de raisin (pour environ 75 % des volumes, la société étant peu intégrée en amont) ainsi que la production de raisin (pour les 25 % restants), puis la vinification de ces raisins[1]. Viennent ensuite les matières sèches, qui représentent 23 % du chiffre d'affaires, puis les coûts de personnel et de mise en bouteille (13 % du chiffre d'affaires)[2].

Au total, ce que le groupe définit comme sa marge brute, c'est-à-dire la différence entre ses ventes et le coût nécessaire pour avoir des produits finis, s'élève à 35 % du chiffre d'affaires. Ainsi, la production de vin représente environ les deux tiers du chiffre d'affaires de la société.

1. Y compris les amortissements des installations.
2. Y compris les amortissements des installations.

Les frais de commercialisation et de gestion, qui correspondent au marketing et à la vente des vins ainsi qu'à la gestion de l'entreprise, s'élèvent ensuite à 27 % du chiffre d'affaires.

En conséquence, ce qui reste à Concha y Toro après tous ces coûts, son résultat d'exploitation, représente 8 % du chiffre d'affaires.

Concha y Toro : une marge d'exploitation de 20 centimes d'euro par bouteille

En divisant ces montants par le nombre de bouteilles vendues (365 millions en 2013), on obtient le même compte de résultat, mais pour chaque bouteille.

Concha y Toro facture en moyenne 2 euros par bouteille. Dans ces 2 euros, le vin lui coûte 60 centimes, les matières sèches 40 centimes et la mise en bouteille et la main-d'œuvre 30 centimes. Il ne lui reste donc que 70 centimes par bouteille. Mais pour vendre le vin, il lui faut du marketing, des forces de vente et des équipes de gestion, qui représentent un coût de 50 centimes par bouteilles. Ainsi, la bouteille vendue 2 euros ne lui rapporte que 20 centimes de résultat d'exploitation, c'est-à-dire avant ses frais financiers (s'il est endetté) et les impôts.

La marge de Concha y Toro est donc peu élevée : 7,7 % du CA, soit environ 20 centimes d'euro par bouteilles. Mais, comme l'indique son chiffre d'affaires moyen par bouteille, c'est un acteur qui réalise la plus grande partie de ses ventes sur les segments Popular Premium et Premium.

Qu'en est-il pour des entreprises avec des positionnements différents ?

Les comptes de résultat types de trois exploitations en France

Afin d'illustrer l'impact du positionnement tarifaire sur la rentabilité d'une entreprise, Jean-Pierre Couderc et Julien Cadot, deux chercheurs de l'université de Montpellier-II[1], ont modélisé le compte de résultat de trois entreprises types du secteur.

Ils considèrent trois entreprises françaises aux positionnements différents :

◗ un domaine produisant du vin sous IGP (indication géographique protégée, ex-Vin de pays), avec un prix de vente aux consommateurs de 3,50 euros ;

◗ un « petit château », produisant sous une AOC générique des vins vendus 6,60 euros aux consommateurs ;

◗ un « château réputé », dans une AOC renommée, vendu 13 euros environ.

---

1. In « Essai de caractérisation financière des exploitations vitivinicoles en France », in *Bacchus 2006*, La Vigne/Dunod, 2005.

Les principales hypothèses retenues pour construire leurs comptes d'exploitation sont les suivantes[1] :

		Domaine IGP	AOC générique/ petit château	AOC renommée/ château réputé
Prix de vente HT	€/bt	1,6	3,0	6,0
Prix de vente caviste TTC	€/bt	3,5	6,6	13,2
Taille exploitation	ha	20	20	20
Rendement	hl/ha	90	55	40
Production	bt	240 000	146 667	106 667

Afin de faciliter la comparaison, les trois exploitations ont la même surface en production, 20 hectares, et sont totalement intégrées en amont (elles n'achètent pas de raisins et vinifient uniquement les raisins qu'elles produisent). Celle qui valorise le moins ses produits (IGP) a des rendements plus de deux fois supérieurs à ceux de l'AOC renommée (90 hl/ha *versus* 40 hl/ha). Elle aura donc beaucoup plus de bouteilles à vendre (240 000 *versus* 106 667), mais à un prix 3,8 fois inférieur (1,60 euro *versus* 6 euros).

Les structures de coûts qui mènent au résultat d'exploitation des trois exploitations sont les suivantes :

Comptes de résultats de trois exploitations types en France

(en k€)	Domaine IGP	Petit château/ AOC générique	Château réputé/ AOC renommée
Chiffre d'affaires HT	384	440	640
Coût raisin	80	105	148
% du CA HT	*21 %*	*24 %*	*23 %*
Coût vinification	45	50	88
% du CA HT	*12 %*	*11 %*	*14 %*
Coût conditionnement	156	117	128
% du CA HT	*41 %*	*27 %*	*20 %*
Total coût production	281	272	364
% du CA HT	*73 %*	*62 %*	*57 %*
Contribution après coût de production	103	168	276
% du CA HT	*27 %*	*38 %*	*43 %*
Coûts administratifs, commerciaux	84	89	107
% du CA HT	*22 %*	*20 %*	*17 %*
Résultat d'exploitation	19	78	169
% du CA HT	*5 %*	*18 %*	*26 %*

---

1. Hypothèses et chiffres : Couderc et Cadot et analyses de l'auteur.

Le chiffre d'affaires correspond au nombre de bouteilles multiplié par le prix de vente par bouteille.

Le coût du raisin comprend la main-d'œuvre, les fournitures et les amortissements des vignes et des installations. Ces coûts sont proportionnels à la surface cultivée : ils sont de 4 000 euros par hectare pour le domaine IGP, de 5 250 euros par hectare pour le petit château et de 7 400 euros par hectare pour l'AOC renommée.

Le coût de vinification correspond aux frais nécessaires pour transformer le raisin en vin : la main-d'œuvre, les achats (de fûts et de barriques notamment) et les amortissements des installations. Ces coûts dépendent des volumes vinifiés et non de la surface du vignoble : ils sont de 25 euros par hectolitre pour le domaine IGP, de 45 euros par hectolitres pour le petit château et de 110 euros par hectolitres pour l'AOC renommée.

Le coût de conditionnement regroupe les coûts de mise en bouteille et les matières sèches. Il est, comme le coût de vinification, proportionnel au volume produit et non pas à la surface plantée. Le coût de l'embouteillage varie peu entre les différentes propriétés. Les matières sèches, en revanche, sont plus onéreuses pour le « château réputé » (0,90 euro la bouteille *versus* 0,45 euro la bouteille pour le vin IGP) car la bouteille, l'étiquette et le bouchon seront de qualité supérieure. Cependant, même s'il dépense plus pour chaque bouteille, son coût total sera inférieur car il a beaucoup moins de volume à mettre en bouteille.

Une fois le vin produit, encore faut-il le vendre. L'hypothèse retenue est que ces trois exploitations commercialisent leurs vins elles-mêmes. Les coûts administratifs et commerciaux correspondent donc à la prospection commerciale, au suivi de la relation avec les clients et à la gestion de la société.

Au total, la société produisant un vin d'AOC renommée dégage un résultat d'exploitation supérieur à l'exploitation en IGP car, en pourcentage du chiffre d'affaires :

- les coûts de production du vin (raisin et vinification) sont proches ;
- les coûts de conditionnement sont beaucoup moins élevés, du fait des volumes inférieurs ;
- les coûts administratifs et commerciaux sont inférieurs, car ils sont rapportés à un chiffre d'affaires plus élevé.

En rapportant ces comptes de résultat au nombre de bouteilles produites, on obtient la structure de coûts par bouteille de chacune des trois exploitations :

(En €/bt)	Domaine IGP	AOC générique/petit château	AOC renommée/ château réputé	AOC renommée/IGP
Chiffre d'affaires HT	1,6	3,0	6,0	x 3,8
Coût raisin	0,3	0,7	1,4	x 4,2
Coût vinification	0,2	0,3	0,8	x 4,4
Coût conditionnement	0,7	0,8	1,2	x 1,8
Total coût production	1,2	1,9	3,4	x 2,9
Contribution après coût de production	0,4	1,1	2,6	x 6,0
Coûts administratifs, commerciaux	0,4	0,6	1,0	x 2,9
Résultat d'exploitation	0,1	0,5	1,6	x 20,3

Les coûts de production par bouteille de l'AOC renommée sont 2,9 fois plus élevés que ceux du domaine IGP : produire du raisin et le vinifier lui coûte plus cher (3,40 euros par bouteille *versus* 1,20 euro). Mais son chiffre d'affaires par bouteille est 3,8 fois plus important (6 euros *versus* 1,60 euro). Ainsi, quand le prix de vente augmente, les coûts progressent moins vite que le chiffre d'affaires. Le résultat d'exploitation dégagé pour chaque bouteille est de 1,60 euro pour le « château réputé » alors qu'il n'est que d'environ 10 centimes pour le domaine IGP, soit 20 fois moins.

Cet exemple, même s'il est volontairement simplificateur, montre bien une des règles fondamentales du marché mondial du vin : la rentabilité augmente avec le prix de vente.

Focus

Le coût de l'élevage en barrique

L'élevage en barrique permet d'améliorer la qualité de certains types de vins, mais il a un coût.

Ce coût correspond bien entendu à l'achat de la barrique (entre 550 euros et 650 euros pour une barrique de bois français de 225 litres, soit l'équivalent de 300 bouteilles), mais également à d'autres facteurs[1] :

▶ le nombre d'années d'utilisation des barriques (une barrique neuve aura plus d'impact sur le style du vin) ;

▶ la durée d'élevage en barrique ;

▶ l'amortissement des locaux dans lesquels a lieu le vieillissement ;

...../....

---

1. *Source* : M.-C. Carles, *Gestion de la propriété viti-vinicole*, Féret, 2008.

─── .../... ───────────────────────────────────

▶ le vin perdu par évaporation (de 4 % à 5 % du volume par an, la fameuse « part des anges ») ;

▶ la main-d'œuvre pour ouiller les barriques (rajouter l'équivalent du volume évaporé, afin que le vin ne s'oxyde pas) ;

▶ et l'immobilisation de capitaux (quand le vin est en élevage, il n'est pas vendu).

D'après le travail de référence de Marie-Catherine Carles[1] :

▶ Pour un vin peu valorisé (100 €/hl), un élevage de 6 mois coûte entre 0,40 euro et 0,56 euro par bouteille.

▶ Pour un vin positionné sur le moyen de gamme, un élevage de 12 mois coûte entre 0,91 euro et 1,21 euro par bouteille.

▶ Pour un vin très qualitatif, un élevage de 18 mois coûte entre 1,59 euro et 2,02 euros par bouteille.

Focus

Les « outres à vin » permettent d'améliorer la rentabilité pour les vins d'entrée de gamme

Le conditionnement en bouteille est un poste de coût très important pour l'exploitation qui valorise peu sa production. Dans l'exemple ci-dessus, cela représente 41 % du chiffre d'affaires du domaine IGP, soit plus que le coût de production du vin (33 % du chiffre d'affaires).

Pour diminuer ces coûts, conditionner une partie de la production en « outre à vin » (comme la marque « Bag in Box ») peut être une solution. Mais pour quelle économie ?

Selon Marie-Catherine Carles, qui regroupe de nombreuses données issues du réseau d'experts-comptables de CER France[2], le coût de conditionnement pour une outre de 5 litres (qui correspond à 6,7 bouteilles) est de 1,70 euro (1,15 euro pour l'emballage et 0,55 euro pour la « mise »).

Ce coût correspond à 0,25 euro pour 75 centilitres (la contenance d'une bouteille) alors que dans l'exemple ci-dessus, le coût de conditionnement pour le domaine IGP est de 0,65 euro par bouteille, soit 2,6 fois plus.

Dans l'hypothèse théorique où ce domaine commercialiserait 50 % de sa production en outre à vin, son résultat d'exploitation passerait de 19 k€ à 66 k€.

Les outres à vin, qui représentaient en France 32 % des volumes vendus en grande distribution en 2012 (contre 6 % en 2002[3]), sont donc une piste très intéressante à explorer pour améliorer les résultats des exploitations qui valorisent peu leur production.

---

1. *Ibid.*
2. *Ibid.*
3. *Source* : France Agrimer/Symphony IRI.

Marge d'exploitation d'un échantillon de 200 entreprises en Espagne, en France et en Italie

Un échantillon de deux cents entreprises du secteur, en Espagne, en France et en Italie a été regroupé en 2008 par la banque néerlandaise Rabobank, spécialisée sur le secteur agricole[1]. Les données issues de cet échantillon donnent une illustration bien réelle de la corrélation entre prix de vente et rentabilité pour les entreprises du marché du vin.

Les sociétés analysées sont regroupées par pays et par positionnement tarifaire (Basic; Popular Premium et Premium; Super Premium et segments supérieurs). Il en ressort que les marges d'exploitation sont faibles sur le segment bas de gamme : 3 % du chiffre d'affaires pour les sociétés des trois pays, soit tout juste un peu mieux que l'équilibre. Les résultats s'améliorent légèrement sur les segments tarifaires supérieurs, sauf en France, du fait de coûts d'élevage plus importants. En revanche, une fois franchi le seuil du Super Premium (soit au-delà d'environ 7 euros par bouteille prix consommateur en France, 10 dollars aux États-Unis et 10 livres au Royaume-Uni), la marge d'exploitation augmente très fortement.

Marges d'exploitation moyennes par segment tarifaire en Espagne, en France et en Italie

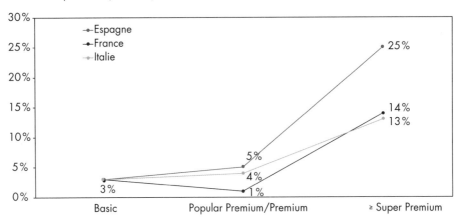

Résultat d'exploitation (% du CA)

Source : Rabobank[2].

---

1. M. Castroviejo, « Benchmarking the Financial Performance in the Wine Industry », Rabobank, 5 novembre 2008.
2. *Ibid.*

LA RENTABILITÉ AUGMENTE AVEC LE PRIX DE VENTE

Ainsi, dans le vin, l'équation est en réalité bien simple : il faut vendre plus cher pour gagner plus.

Au fur et à mesure que le prix de vente augmente, les coûts de production progressent beaucoup moins vite que les revenus, comme le montrent les différents exemples développés ci-dessus.

Si l'on pousse le raisonnement jusqu'à l'infini, même si le vin se vend extrêmement cher, les coûts de production atteindront assez rapidement un plafond au-delà duquel ils ne progresseront plus. En effet, les coûts à la vigne ne sont pas illimités : une fois que les techniques les plus pointues ont été mises en place, il n'y a plus de coûts importants à rajouter. De même, la vinification peut faire l'objet d'investissements importants, mais une cuve reste une cuve, et le vin n'en a besoin que d'une seule. Et il en va de même jusqu'à la mise en bouteille : il n'est pas possible de mettre deux bouchons dans une bouteille.

En conséquence, si le prix de vente augmente, au-delà d'un certain seuil, les coûts de production stagnent et c'est la rentabilité qui augmente.

Comme l'indique avec humour la célèbre critique britannique Jancis Robinson : « La farce, c'est que le vin n'est pas très cher à faire. Les coûts de production, même pour le plus grand bordeaux, montent rarement au-dessus de 10 euros la bouteille, 30 euros au maximum si le château a eu recours à l'emprunt bancaire[1]. » Quand des bouteilles se vendent à plus de 1 000 euros comme ce fut le cas pour les premiers crus du classement de 1855 à Bordeaux en 2009 et 2010, la marge tend donc vers… plus de 1 000 euros par bouteille. Dans un article de juin 2011, *Le Nouvel Observateur* dévoilait les marges avant impôts de certains des plus prestigieux crus bordelais. Lafite Rothschild affichait ainsi un profit avant impôt de 87 % du chiffre d'affaires (70 millions d'euros pour un chiffre d'affaires de 81 millions d'euros), Château Latour de 79 % et Château Margaux de 62 %[2].

Les déterminants du prix de vente

Si la profitabilité des entreprises augmente avec leur prix de vente moyen, toutes les entreprises n'ont pas la capacité d'augmenter leurs prix, et dans les faits il existe

---

1. J. Robinson, « When More Is Less », *Financial Times*, 6 septembre 2013.
2. T. Philippon, « Bordeaux : les profits fous des premiers crus », *Le Nouvel Observateur*, 8 juin 2011. *NB* : pour Lafite, les chiffres intègrent les Châteaux l'Évangile (Pomerol) et Rieussec (Sauternes).

deux modèles pour fixer son prix de vente : soit partir de ses coûts de production et y ajouter une marge, soit faire jouer l'offre et la demande.

Quand le positionnement du vin est peu différencié, la logique de coûts s'impose : à quel prix vendre le vin pour couvrir les coûts, puis dégager un profit.

En revanche, quand le produit est différencié et qu'il génère une demande importante, alors les clients sont prêts à payer plus cher et la fixation du prix se déconnecte du coût de production. Le prix est alors fixé par les distributeurs, qui cherchent à optimiser leur chiffre d'affaires en fonction des quantités dont ils disposent. La marge est habituellement rapatriée ensuite (cela peut prendre plusieurs années) chez le producteur.

Ces deux modèles sont bien illustrés par le cas de Pierre Gaillard, vigneron dans le nord de la vallée du Rhône qui s'est développé dans un second temps dans le Roussillon : « Pour mes Côtes-Rôties, la demande est supérieure à l'offre, donc on a augmenté les prix jusqu'à atteindre l'équilibre entre offre et demande. À Collioure, les prix sont plutôt définis par les prix de revient[1]. »

Deux stratégies possibles : premiumisation ou volume

Puisque, dans le vin, la rentabilité augmente avec le prix de vente, la stratégie la plus évidente consiste à chercher à monter en gamme, à vendre son vin le plus cher possible. C'est l'essence des stratégies de montée en gamme, dites de « premiumisation », menées par de nombreux acteurs des vins et des spiritueux (Pernod Ricard, notamment, en a fait un de ses principaux axes de développement). Toutefois, pour être couronnée de succès, la premiumisation doit être légitime aux yeux du consommateur. Il ne suffit pas d'augmenter son prix, il faut que tout le positionnement du produit évolue à l'unisson : la qualité du vin, la différenciation du positionnement et son mode de distribution.

Pour les sociétés qui ne peuvent pas augmenter leurs prix de vente, l'amélioration du résultat d'exploitation passera alors par la baisse des coûts de production. C'est la condition nécessaire pour être rentable sur les marchés d'entrée de gamme. Comme l'indiquait Christian Paly, président d'Inter-Rhône en 2009, « pour assumer les premiers prix, il faut produire pour moins de 90 euros par hectolitre, sinon les coûts de production ne sont pas couverts[2] », ce qui correspond à moins de 0,68 euro par bouteille. Dans ce but, les sociétés cherchent à augmenter leurs volumes, afin de comprimer leurs coûts fixes et de diminuer au maximum leurs coûts variables.

---

1. Intervention à Sciences-Po Paris, 1er décembre 2009.
2. Vitisphère.com, « Trois questions à Christian Paly », 10 mars 2009. *NB* : Inter-Rhône est l'interprofession qui coordonne les actions promotionnelles, économiques et techniques des vins des AOC de la vallée du Rhône.

L'IMPORTANCE DES RENDEMENTS POUR UN PRODUCTEUR INTÉGRÉ

Si le prix est le levier fondamental pour améliorer la profitabilité d'une entreprise, l'autre levier disponible pour développer le chiffre d'affaires est d'augmenter les rendements.

Les composantes du chiffre d'affaires d'un producteur de vin intégré (produisant du raisin)

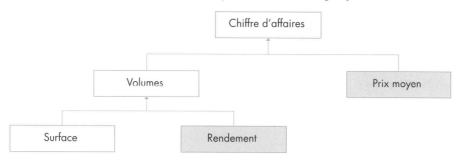

À surface de vignoble identique, l'augmentation (ou la diminution) des rendements aura un impact direct sur les volumes disponibles et donc sur le chiffre d'affaires potentiel.

Si l'on reprend l'exemple des trois exploitations développé précédemment (toutes choses égales par ailleurs), une variation de leur rendement aurait un impact fort sur leur résultat d'exploitation :

Impact d'une évolution des rendements sur le résultat d'exploitation (en k€)

		Domaine IGP	AOC générique/ petit château	AOC renommée/ château réputé
	− 40 %	− 30	− 3	39
	− 30 %	− 18	18	72
	− 20 %	− 6	38	104
	− 10 %	6	58	136
Variation des rendements	0 %	19	78	169
	10 %	31	99	201
	20 %	43	120	234
	30 %	56	140	266
	40 %	68	160	298

Impact d'une évolution des rendements sur le résultat d'exploitation (en % du CA HT)

		Domaine IGP	AOC générique/ petit château	AOC renommée/ château réputé
	− 40 %	− 13 %	− 1 %	10 %
	− 30 %	− 7 %	6 %	16 %
	− 20 %	− 2 %	11 %	20 %
	− 10 %	2 %	15 %	24 %
Variation des rendements	0 %	5 %	18 %	26 %
	10 %	7 %	21 %	29 %
	20 %	9 %	23 %	30 %
	30 %	11 %	24 %	32 %
	40 %	13 %	26 %	33 %

NB : tableau illustratif uniquement, afin de montrer l'impact des rendements sur la profitabilité. Dans la réalité, les limites de rendement imposées aux AOC ne permettent pas d'augmenter les rendements de 40 % sur tous les types de vignobles.

Source : analyses de l'auteur sur la base des hypothèses de Couderc et Cadot[1].

S'il augmente ses rendements de 20 %, le « domaine IGP » doublera son résultat d'exploitation (de 19 k€ à 43 k€) ; s'il les augmente de 30 % il triplera son résultat (à 56 k€).

À l'inverse, si les rendements du « château réputé » diminuent de 20 %, son résultat d'exploitation sera amputé de 38 %, soit 65 k€.

Les rendements ne sont pas toujours contrôlables. Les facteurs climatiques jouent un rôle capital. Cependant, il est important de les prendre en considération de façon volontariste dans l'équation du modèle économique de l'entreprise.

Les rendements sont importants pour toutes les exploitations, quel que soit leur positionnement tarifaire :

▶ Pour les sociétés présentes sur l'entrée de gamme : augmenter les rendements permet de faire croître les volumes et donc de diminuer les coûts de production unitaires, qui sont le déterminant essentiel de la rentabilité.

▶ Pour les sociétés présentes sur le moyen et le haut de gamme : les volumes de production sont moins critiques si elles sont déjà rentables, mais augmenter les rendements permet d'augmenter le volume de bouteilles vendues et donc de multiplier la rentabilité.

Les rendements sont donc un élément clé du modèle économique, quel que soit le positionnement tarifaire de l'exploitation.

---

1. J.-P. Couderc et J. Cadot, « Essai de caractérisation financière des exploitations vitivinicoles en France », in *Bacchus 2006*, La Vigne/Dunod, 2005.

En pratique

Il y a trois principaux postes de coûts pour un producteur de vin :

- la production de vin (production ou achat de raisin puis vinification) ;
- le conditionnement ;
- la commercialisation et la gestion de l'entreprise.

Quand le positionnement tarifaire du vin augmente, ces trois coûts vont également croître, mais beaucoup moins que ne le font les revenus. Ainsi, la profitabilité augmente mécaniquement avec les prix de vente : plus les entreprises arrivent à vendre leur vin cher, plus elles dégagent du profit.

Deux stratégies sont donc envisageables pour un producteur de vin afin d'optimiser sa rentabilité :

- augmenter ses prix (« premiumisation ») ;
- augmenter ses volumes afin de comprimer le plus possible ses coûts de production (si la premiumisation est impossible et que l'entreprise reste sur le marché des vins peu valorisés).

Au-delà de la stratégie tarifaire, un producteur intégré peut agir sur l'autre composante du chiffre d'affaires en augmentant ses rendements. Les variations de rendement ont un impact très fort sur la rentabilité de l'entreprise, à la baisse comme à la hausse.

L'ÉQUATION ÉCONOMIQUE DE LA CONVERSION EN BIO

Le développement du bio : une tendance de fond légitime

Dans toute la filière agroalimentaire, et dans le vin en particulier, les ventes de produits biologiques sont en forte croissance. Ce phénomène sociétal est d'autant plus légitime dans le vin, qui était en 2008 en France la culture la plus utilisatrice de pesticides : la viticulture représente 15 % des pesticides employés sur seulement 3,5 % des surfaces cultivées[1].

La conversion de vignobles à l'agriculture biologique s'est fortement développée en France, surtout depuis 2007 : de 15 000 hectares en 2007, la viticulture biologique s'est développée jusqu'à 51 000 hectares en 2013 et devrait atteindre les 65 000 hectares en 2014, soit plus de 8 % de la superficie en production[2].

En termes de vente de vin en valeur, la croissance est aussi forte en France : le marché des vins bios représentait un marché de 503 millions d'euros en 2013, contre 249 millions d'euros en 2007, soit un doublement de taille en six ans.

---

1. *Source* : « Pesticides : le marché progresse de 2 % en dépit des engagements du gouvernement », *Vitisphère*, 1er juillet 2009.
2. *Source* : Agence Bio ; France Agrimer.

Le label « vin biologique » ou « vin bio »

Jusqu'en 2012, il n'existait en France qu'un label pour les « vins issus de raisins de l'agriculture biologique ». Ce label érigeait des règles pour la viticulture uniquement ; la vinification était totalement libre.

Le règlement européen UE 203/2012 entré en application le 1er août 2012 concerne la viticulture et la vinification et permet donc de donner un label aux vins et non plus seulement aux raisins ayant permis de les produire.

Selon ce nouveau label « vin biologique » :

1. Les raisins doivent être certifiés « bio » (une durée de 36 mois de conversion est nécessaire avant d'obtenir la certification).

2. La vinification doit obéir à quatre points principaux :

▶ Les ingrédients agricoles utilisés doivent être 100 % bio (raisin, sucre, alcool, moût concentré rectifié).

▶ Certains procédés physiques ayant un fort impact sur la nature du produit sont interdits (désalcoolisation, électrodialyse, chauffage supérieur à 70°).

▶ Les additifs et auxiliaires œnologiques sont limités à une liste restreinte.

▶ Le niveau de soufre total est limité (le plafond est différent selon la couleur et le niveau de sucres résiduels du vin).

L'équation économique : rendements, coûts, prix de vente

D'un point de vue économique, la conversion en agriculture biologique a deux principaux impacts sur le coût de revient des raisins.

D'une part il augmente les coûts de production à l'hectare : certaines tâches qui étaient auparavant effectuées grâce aux produits phytosanitaires (comme l'entretien des sols) doivent de nouveau être réalisées manuellement. Cela nécessite plus d'heures de travail, ainsi que des frais d'entretien et de réparation des matériels plus importants. Certes, les coûts d'achat des produits phytosanitaires sont supprimés, mais cette baisse de coût ne compense pas l'augmentation du coût de la main-d'œuvre. Dans un ouvrage de 2011[1], le consultant spécialiste du secteur viticole Cyril Delarue quantifie l'augmentation de coûts entre viticulture conventionnelle et biologique à 14 % (à rendements constants) : de 7 000 euros à 7 980 euros par hectare, en moyenne.

D'autre part, les rendements vont généralement diminuer dans la phase de transition. Les observations de vignes conduites en agriculture dite « conventionnelle » converties en agriculture biologique montrent une baisse de rendement comprise entre 3 % et 17 % durant les premières années, puis un rééquilibrage de ces rendements après 7 à 8 ans[2]. La vigne ayant été en quelque sorte dopée par les produits chimiques durant

---

1. C. Delarue, *Le Coût de passage à la viticulture biologique*, Féret, 2011.
2. *Source* : C. Gaviglio (IFV Sud-Ouest) cité par C. Delarue, *Le Coût de passage à la viticulture biologique*, Féret, 2011.

de longues années, elle nécessite une période de remise à niveau pour retrouver son fonctionnement naturel, qui se traduit par une baisse de rendement.

Face à cette augmentation des coûts de production et à cette baisse des rendements, le passage en viticulture biologique ne se justifiera pour un producteur que s'il lui permet d'augmenter ses prix de vente.

Quelle augmentation de prix de vente pour compenser la hausse des coûts et la baisse des rendements ?

Le passage en viticulture biologique va donc avoir un impact direct sur le coût de production du raisin. Si l'on se focalise sur la marge après production de raisin, quelle serait l'augmentation de prix de vente nécessaire pour compenser l'augmentation des coûts et la baisse de rendement ?

Pour cela, il est utile de reprendre l'exemple des trois exploitations développé plus tôt dans le chapitre. Si on leur applique une hypothèse d'augmentation de coûts de 14 % après passage en agriculture biologique, quelle serait l'augmentation de prix de vente nécessaire afin de maintenir la marge ?

Évolution de la marge après production du raisin en fonction de la baisse des rendements et de l'augmentation du prix de vente

Domaine IGP

Hypothèses		Surface :		20	hectares
		Rendements avant conversion au bio :		90	hl/ha
		Prix de vente avant conversion au bio :		1,6	€/bt sortie cave

		Baisse des rendements			
		− 20 %	− 15 %	− 10 %	− 5 %
	0 %	− 32 %	− 25 %	− 18 %	− 12 %
	5 %	− 26 %	− 19 %	− 12 %	− 5 %
Augmentation du prix de vente	10 %	− 21 %	− 14 %	− 6 %	1 %
	15 %	− 16 %	− 8 %	0 %	8 %
	20 %	− 10 %	− 2 %	6 %	14 %
	25 %	− 5 %	4 %	12 %	21 %
	30 %	1 %	9 %	18 %	27 %

Guide de lecture : si les rendements baissent de 10 %, l'évolution de la marge sera de − 18 % à prix fixes, de 0 % avec une augmentation de prix de 15 % et de + 12 % si les prix augmentent de 25 %.

Source : analyses de l'auteur sur la base des hypothèses de Couderc et Cadot et de Delarue[1].

---

1. J.-P. Couderc et J. Cadot, « Essai de caractérisation financière des exploitations vitivinicoles en France », *Bacchus 2006*, La Vigne/Dunod, 2005 ; C. Delarue, *op. cit.*

AOC générique/petit château

Hypothèses	Surface :		20	hectares
	Rendements avant conversion au bio :		55	hl/ha
	Prix de vente avant conversion au bio :		3,0	€/bt sortie cave

		Baisse des rendements			
		− 20 %	− 15 %	− 10 %	− 5 %
	0 %	− 30 %	− 23 %	− 17 %	− 10 %
	5 %	− 25 %	− 18 %	− 12 %	− 4 %
Augmentation du prix de vente	10 %	− 20 %	− 12 %	− 5 %	2 %
	15 %	− 14 %	− 7 %	1 %	8 %
	20 %	− 9 %	− 1 %	6 %	14 %
	25 %	− 4 %	4 %	12 %	20 %
	30 %	1 %	10 %	18 %	26 %

AOC renommée/château réputé

Hypothèses	Surface :		20	hectares
	Rendements avant conversion au bio :		40	hl/ha
	Prix de vente avant conversion au bio :		6,0	€/bt sortie cave

		Baisse des rendements			
		− 20 %	− 15 %	− 10 %	− 5 %
	0 %	− 26 %	− 20 %	− 14 %	− 8 %
	5 %	− 21 %	− 15 %	− 9 %	− 3 %
Augmentation du prix de vente	10 %	− 17 %	− 10 %	− 4 %	3 %
	15 %	− 12 %	− 5 %	2 %	8 %
	20 %	− 7 %	0 %	7 %	14 %
	25 %	− 3 %	5 %	12 %	20 %
	30 %	2 %	10 %	18 %	25 %

Ainsi, dans les trois cas présentés, l'augmentation du prix de vente nécessaire pour compenser la baisse des rendements et l'augmentation des coûts doit être de 5 points supérieure à la variation de rendements : si les rendements baissent de 10 %, les prix de vente devront augmenter d'au moins 15 % ; si les rendements baissent de 15 %, les prix devront augmenter d'au moins 20 %, …

Cette augmentation de prix semble atteignable au vu des cours actuels des vins conventionnels et des vins biologiques en France. À titre d'illustration, le cours du merlot en IGP pays d'Oc produit en biologique était en effet supérieur de 52 % à celui produit en agriculture conventionnelle pendant la campagne 2012-2013 (114 €/hl *versus* 75 €/hl). Cette différence a été historiquement plus élevée : en 2009-2010, elle s'élevait à + 87 %. Elle est en diminution du fait de la hausse des prix des vins conventionnels ces dernières années ainsi que de l'augmentation de la production de vin biologique, qui équilibre le rapport offre/demande[1]. De même, les prix de vente au public en grande distribution sont plus élevés pour les vins biologiques : 4,49 euros l'équivalent de 75 centilitres contre 2,92 euros pour la moyenne du marché en 2012, soit + 54 %[2].

Mais il faut garder à l'esprit que les rendements, après une période de décroissance, vont retrouver leur niveau initial au bout de sept ou huit ans[3]. Ainsi, si l'exploitant a augmenté ses prix afin de compenser la baisse des rendements et l'augmentation des coûts de production, alors au fur et à mesure que ses rendements augmenteront à nouveau, sa marge va s'améliorer. Au final, le passage en viticulture biologique lui sera donc profitable, comme l'illustre le graphique ci-dessous.

Évolution du chiffre d'affaires, des coûts de production du raisin et de la marge après production du raisin

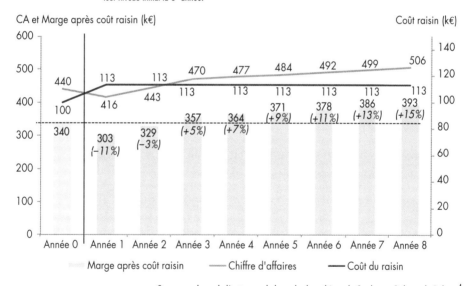

Hypothèses retenues Scénario central : 20 hectares en production.

Avant conversion : rendement de 55 hl/ha et prix de vente de 3 €/bt.

Après conversion : les rendements chutent de 10 % ; augmentation de prix de 15 %.

L'augmentation de prix est effectuée progressivement sur 3 ans et les rendements retrouvent leur niveau initial la 8e année.

Source : analyses de l'auteur sur la base des hypothèses de Couderc et Cadot et de Delarue[4].

---

1. Données Inter Oc dans *Rayons Boissons*, janvier 2014.
2. *Source :* Symphony IRI.
3. C. Delarue, *op. cit.*
4. J.-P. Couderc et J. Cadot « Essai de caractérisation financière des exploitations vitivinicoles en France », in *Bacchus 2006*, La Vigne/Dunod, 2005 ; C. Delarue, *op. cit.*

Avec ces hypothèses, une augmentation du prix de 15 %, définie pour compenser la perte de rendement initiale de 10 % et l'augmentation des coûts (récurrente quant à elle) de 14 %, permet d'améliorer les résultats au fur et à mesure que les rendements se rapprochent de leur niveau initial. Quand ils sont revenus au niveau qui était le leur en agriculture chimique, la marge après coût du raisin de l'exploitation est supérieure. Ainsi, si le viticulteur arrive à augmenter ses prix, la conversion en viticulture biologique, après une période de transition qui diminue la rentabilité de l'exploitation, s'avère profitable à moyen terme (dès la troisième année dans cet exemple).

L'opportunité d'une conversion en bio

Au-delà de ces impacts sur la structure de coûts, la conversion en agriculture biologique offre plusieurs avantages.

Tout d'abord, en donnant plus d'importance à la qualité des raisins, elle permet de reconsidérer la viticulture. En effet, comme elle exige une implication plus grande de la part du viticulteur, elle permet de le revaloriser en lui redonnant un rôle central dans la production de vin. Plus consommatrice en main-d'œuvre, elle permet également de créer de l'emploi, autre bénéfice sociétal au-delà de la qualité de l'alimentation.

Ensuite, la distribution des vins bios est aujourd'hui assez différente de celle du marché dans sa globalité. En France, pour les vins bios la part de la vente directe et des canaux spécialisés (parmi lesquels les distributeurs alimentaires bios) est plus importante et la part de la grande distribution est beaucoup moins élevée (seulement 18 % *versus* 84 % pour le marché total)[1]. Ainsi, produire du vin bio peut permettre d'avoir une relation moins déséquilibrée avec la distribution et donc d'avoir potentiellement un accès plus facile aux distributeurs.

Enfin, comme la conversion en bio implique une augmentation de prix de vente pour être justifiée, elle offre l'opportunité d'un repositionnement tarifaire. Le passage en bio peut en effet permettre de changer de segment et de pénétrer dans la partie du marché du vin qui est en croissance et où les conditions de marchés sont plus favorables.

Mais le passage en bio présente aussi des risques. Le premier de ces risques est la baisse des volumes récoltés, principalement durant la période de conversion : baisse des rendements mais également risque de perte d'une partie de la récolte à cause de maladies. La vigne, en période de transition, n'a pas encore retrouvé toutes ses forces et se trouve plus vulnérable. Dans ce cas, certains viticulteurs optent pour un

1. Agence Bio ; France Agrimer.

retour à la chimie, qui leur fait perdre leur certification et leur impose de repartir pour une nouvelle période de conversion de trois ans. Comme l'indique Cyril Delarue, « avec l'agriculture biologique, nous quittons l'assurance tous risques de l'agriculture conventionnelle pour passer à une assurance au tiers, moins coûteuse pour un bon conducteur, mais moins efficace pour un mauvais chauffeur[1] ».

Un autre risque est celui de l'évolution future de l'offre et de la demande. La demande est aujourd'hui forte et les prix des vins bios supérieurs à ceux des vins conventionnels. Cependant, l'augmentation de la surface du vignoble bio va mécaniquement augmenter l'offre. Si la demande continue à augmenter également de son côté, les grands équilibres devraient se maintenir. En revanche, si la demande s'essouffle, alors la prime de prix des vins bio devrait diminuer.

En pratique

D'un point de vue strictement économique, le passage en agriculture biologique implique d'accepter des risques, principalement pendant les premières années suivant la conversion. Les principaux risques sont la baisse des rendements et, dans le pire des cas, la perte de tout ou partie d'une récolte. Après les premières années, il semble que ces risques diminuent fortement.

Les coûts de production augmentent également, car la conduite biologique de la vigne nécessite une main-d'œuvre plus importante, qui n'est pas entièrement compensée par l'économie réalisée sur les achats de produits phytosanitaires.

Le passage en agriculture biologique ne peut donc se justifier que si le prix de vente des vins augmente. En règle générale, si les rendements diminuent de 15 %, alors les prix de vente devront augmenter de 20 % pour que l'impact soit neutre sur le coût de production des raisins.

Si le producteur trouve des débouchés pour ses produits avec cette prime de prix, alors le passage en bio présente des avantages importants : il peut permettre de changer de positionnement tarifaire (montée en gamme), d'avoir des relations moins déséquilibrées avec la distribution (poids de la grande distribution moins important sur le segment bio) et d'améliorer la rentabilité de l'entreprise à moyen terme, une fois la phase de transition passée.

1. C. Delarue, *op. cit.*

CHAPITRE 14

La production de vin nécessite des capitaux importants

Pour obtenir le compte de résultat analysé dans le chapitre précédent, il faut disposer de vignes et avoir des installations pour vinifier et stocker son vin. Ceci nécessite des investissements qui peuvent être très importants. Du rapport entre la rentabilité dégagée (le compte de résultat) et les investissements réalisés dépendra le retour sur investissement, qui doit être pris en compte dans la décision d'investissement.

Après avoir analysé comment optimiser la rentabilité, il est donc maintenant nécessaire de détailler les investissements liés à la production de vin et de voir comment ils peuvent être minimisés.

LES INVESTISSEMENTS D'UN PRODUCTEUR DE VIN

Il faut tout d'abord rappeler qu'un producteur de vin peut être plus ou moins intégré le long de la chaîne de valeur. Il existe différents modèles économiques : vignerons totalement intégrés, viticulteurs et coopératives, *grapes growers* et *wineries*, ainsi que les différents types de négoce (voir graphique en page suivante).

Selon le modèle économique de l'entreprise, les besoins d'investissement seront différents. Les investissements nécessaires pour un modèle de production intégrée sont présentés ci-dessous ; selon qu'elle soit plus ou moins intégrée, l'entreprise devra en envisager une partie seulement ou la totalité[1].

---

1. L'objectif de ce chapitre n'est pas de détailler tous les investissements et leurs montants de façon exhaustive, mais de décrire les principaux postes nécessitant des capitaux afin d'avoir tous les éléments pour analyser le retour sur investissement. Les lecteurs qui souhaitent avoir plus d'informations sur les investissements liés à l'installation en viticulture peuvent se reporter à des ouvrages spécialisés sur le sujet, comme pour la France : M.-C. Carles, *Gestion de la propriété viti-vinicole*, Féret, 2008 ou J.-Ph. Roby, C. van Leeuwen, É. Marguerit, *Références Vigne*, Lavoisier, 2008.

Les différents modèles économiques

Les investissements dans le vignoble : achat de foncier et plantation (si nécessaire)

Pour un producteur intégré, les premiers investissements sont à effectuer dans le vignoble.

Il faut tout d'abord réaliser l'acquisition de foncier. Le prix des terres varie énormément selon les zones de production. En France, il est très élevé dans des zones historiquement renommées et il peut être très faible dans des zones réputées peu qualitatives[1]. Si les terres acquises ne sont pas déjà plantées (par souci de simplification, la question des droits de plantation n'est pas traitée ici), il faudra réaliser des investissements importants.

Pour planter un vignoble, les principaux investissements sont :

- les plants, les marquants, les piquets, et les fils de fer de palissage ;
- par ailleurs, cela nécessite une main-d'œuvre importante (défonçage, plantation, attache).

L'investissement de plantation est généralement considéré sur une durée de trois ans car, en plus des dépenses de la première année, il faut, durant les deux années suivantes, en assurer le suivi (remplacement de certains pieds et traitements spécifiques).

---

1. Afin d'avoir plus de détails sur le prix moyen du foncier par zone de production en France, il est conseillé de se reporter aux statistiques tenues par la Fédération nationale des Safer (disponibles sur *www.safer.fr*).

Le coût complet de plantation de vigne (sur trois ans) est en général compris entre 20 000 euros et 32 000 euros par hectare, selon la densité de plantation, le type de plant et de palissage utilisés[1].

Ainsi, si l'on reprend l'exemple des trois exploitations développées dans l'exemple précédent, l'investissement de plantation serait de 400 000 euros pour le « domaine IGP » et de 640 000 euros pour le « château renommé ».

Selon Marie-Catherine Carles[2], « à moins de disposer d'un autofinancement conséquent dès l'origine, l'acquisition du foncier est très difficile. En effet, les remboursements des emprunts d'acquisition utilisent toute la capacité de l'entreprise à générer de la trésorerie. Les projets d'installation butent souvent sur cette question ».

Les investissements dans les équipements

Une fois le vignoble acquis et en production, il faut encore investir dans le matériel de culture et de vendange, le chai et souvent les bâtiments.

Pour réaliser la culture et la vendange, il faut de nombreux matériels tels que tracteur, remorques, bennes… Pour une exploitation de 25 hectares, la valeur d'achat neuve de ces équipements est de l'ordre de 130 000 euros.

Il faut ensuite investir dans le matériel de chai, nécessaire pour vinifier : cuves, pompes, pressoir, érafloir, outils de maîtrise des températures… Pour une exploitation de 25 hectares, la valeur d'achat neuve de ces équipements est de l'ordre de 260 000 euros.

Enfin, l'entreprise aura besoin de bâtiments : hangar à matériel, chai de vinification, chai de stockage. L'investissement dépendra ici des capacités existantes dans l'exploitation. S'il devait être construit, les coûts de construction d'un chai de vinification sont généralement compris entre 380 et 500 euros par mètre carré, et ceux de construction d'un chai à barriques entre 250 et 380 euros le mètre carré[3].

Il faut garder en tête que, pour travailler dans de bonnes conditions, il faut prévoir une capacité supérieure à celle estimée à partir de la surface plantée et du rendement théorique. Cela permet d'arbitrer en faveur de plus de qualité lors des assemblages et d'être capable d'augmenter sa production en cas de récolte très abondante.

---

1. *Sources* : M.-C. Carles, *op. cit.* ; J.-Ph. Roby, C. van Leeuwen, É. Marguerit, *Références Vigne*, Lavoisier, 2008.
2. M.-C. Carles, *op. cit.*
3. Tous ces chiffres sont tirés de l'ouvrage de référence de M.-C. Carles, *op. cit.*

Développement *ex nihilo* ou par acquisition : un besoin de capitaux importants

Les besoins de capitaux sont donc très importants pour démarrer une exploitation si l'on souhaite être présent à tous les stades de la chaîne de valeur.

Se porter acquéreur d'une exploitation existante, avec des vignes déjà en production et des équipements en état de fonctionnement peut être une solution moins onéreuse. Cependant, si le terroir est de qualité reconnue et les équipements récents, ils seront valorisés à une valeur proche de celle du coût du développement ex-nihilo, voire si la demande est forte, supérieure.

Pour minimiser l'investissement, l'idéal est d'acquérir des vignes en production dans une zone peu valorisée, avec un patrimoine de vignes intéressant (âge et qualité), des bâtiments et des équipements permettant de vinifier et de stocker dès l'acquisition sans réaliser d'importants investissements.

UN LONG DÉLAI DE MISE SUR LE MARCHÉ

En plus de nécessiter des capitaux importants, le vin demande du temps. En effet, dans le cas de nouvelles vignes il faudra attendre qu'elles arrivent à maturité, ce qui prend plusieurs années, avant d'obtenir un vin de qualité. Ensuite, le vin nécessite une période d'élevage, plus ou moins longue selon le segment tarifaire ciblé, qui nécessite l'immobilisation de stocks importants.

Le délai de mise sur le marché est donc long, et pour cela il faut avoir une solide trésorerie.

Le délai entre la plantation de vignes et la commercialisation de vin

Il ne suffit pas de planter de la vigne pour produire du vin immédiatement. En effet, la vigne prend du temps pour se développer et donner des raisins de qualité. Selon la qualité de vin souhaitée, il faudra entre 5 et 14 ans entre la décision de plantation et l'obtention d'un vin correspondant à l'objectif recherché.

Si la vigne doit être plantée, il est courant de laisser reposer la terre une année avant la plantation. La plantation nécessitera un cycle végétatif entier et deux ans se seront donc écoulés entre la prise de décision et la fin de la plantation. Après la plantation de la vigne, il faut attendre au moins deux ans avant que les raisins n'atteignent une qualité suffisante pour faire du vin. Ainsi, dans le meilleur des cas, du vin pourra être commercialisé quatre ans après la plantation. Si la qualité ciblée est plus élevée, alors il faudra laisser plus de temps aux vignes pour qu'elles atteignent leur maturité, et le délai peut atteindre six ou sept ans, voire plus de dix ans pour les vins les plus prestigieux. En cas de plantation, il faut donc plusieurs années avant de vendre son vin, alors qu'en cas d'acquisition de vignoble déjà planté, la production peut théoriquement démarrer dès la première année.

L'australien Treasury Wine Estates, cinquième producteur mondial, a communiqué aux investisseurs la durée moyenne de mise sur le marché de ses vins, selon leur segment tarifaire. Cette société étant présente sur tous les segments du marché, depuis l'entrée de gamme (avec les marques Wolf Blass et Rosemount) jusqu'au très haut de gamme (avec la cuvée Grange de Penfolds, un des vins les plus renommés d'Australie), cela donne une bonne illustration du temps nécessaire pour qu'un investissement arrive en production.

Délai de mise sur le marché des vins de Treasury Wine Estates selon leur positionnement tarifaire

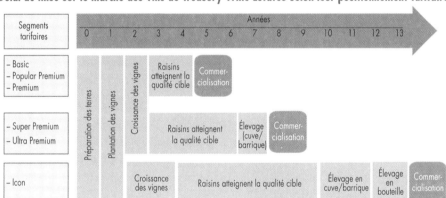

Source : Treasury Wine Estates, JP Morgan.

Les durées d'élevage augmentent avec le positionnement tarifaire et impliquent des stocks importants

Une fois le raisin vendangé, entre août et octobre dans l'hémisphère Nord, commencent les vinifications puis l'élevage du vin. Ce cycle de production peut être plus ou moins long. Les vins primeurs, comme le beaujolais nouveau, sont ceux qui sortent le plus vite sur le marché : le troisième jeudi du mois de novembre, soit moins de trois mois après la récolte des raisins. Mais en dehors de ce cas très particulier, les vins nécessitent généralement une période d'élevage allant de 6 à 24 mois, selon le type de vin, la région de production et la qualité ciblée.

Pendant que les vins sont élevés, en cuves, en barriques ou en bouteilles, ils ne sont pas vendus (sauf exception, comme les ventes en primeur des crus prestigieux de bordeaux[1]). Le producteur doit donc porter des stocks, et comme l'illustre bien l'exemple de TWE ci-dessus, la durée d'élevage augmente avec le segment tarifaire ciblé. Ainsi, un producteur de vins haut de gamme devra porter beaucoup plus de stocks qu'un producteur de vins d'entrée de gamme.

Cela est parfaitement illustré par les bilans des deux cents entreprises de l'échantillon regroupé par Rabobank en France, Espagne et Italie cité dans le chapitre précédent[2].

Montant moyen des stocks par segment tarifaire en Espagne, France et Italie

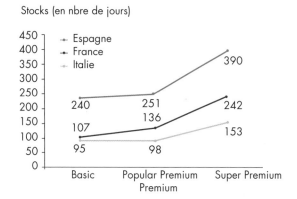

Source : Rabobank.

Les stocks, exprimés ici en nombre de jours, augmentent avec le positionnement tarifaire des vins. En France, ils passent de trois mois et demi (107 jours) sur le segment Basic à plus de huit mois (242 jours) sur les segments Super Premium et supérieurs. On observe le même phénomène en Italie et en Espagne (où les niveaux de stocks sont dans tous les cas plus élevés du fait d'une tradition d'élevage long des vins).

Ces niveaux de stocks importants impliquent que le besoin en fonds de roulement (BFR) des exploitations vinicoles est élevé. Outre les stocks, le BFR d'exploitation est constitué par les factures en attente de règlement par les clients et il est diminué par les dettes envers les fournisseurs, qui sont généralement limitées dans l'activité d'un vigneron.

Au total, et principalement sous l'effet des stocks, le BFR de l'exploitation est élevé et il augmente avec le prix de vente des vins.

---

1. Pour plus de détail sur le système de vente en primeurs et l'organisation de la place de Bordeaux, voir B. Lewin, *What Price Bordeaux*, Vendange Press, 2009.
2. M. Castroviejo, « Benchmarking the Financial Performance in the Wine Industry », Rabobank, 5 novembre 2008.

Si l'on reprend l'exemple illustratif des trois propriétés françaises du chapitre précédent, tiré des travaux de Couderc et Cadot[1], le BFR de ces trois entreprises est effectivement important (entre 158 et 198 jours de CA) et il est plus élevé pour les entreprises qui vendent leur production plus cher.

Besoin en fonds de roulement de trois exploitations types en France

		Domaine IGP	AOC générique/ petit château	AOC renommée/ château réputé
Px de vente HT	€/bt	1,6	3,0	6,0
Px de vente caviste TTC	€/bt	3,5	6,6	13,2
Taille exploitation	ha	20	20	20
Rendement	hl/ha	90	55	40
Chiffre d'affaires HT	k€	384	440	640
BFR	k€	169	228	352
	Jours de CA	158	187	198

Source : Couderc et Cadot, analyses de l'auteur.

Outre les capitaux nécessaires pour les investissements dans l'outil de production (qu'il soit acheté ou créé ex nihilo), la production de vin nécessite donc également une trésorerie importante pour financer le besoin en fonds de roulement. Une tradition orale dans le secteur indique d'ailleurs qu'il faut trois ans de trésorerie d'avance pour arriver à lancer une exploitation vinicole.

Il faut noter que certains produits nécessitent des durées d'élevage moins longues, comme certains vins blancs ou les vins rosés. Ainsi, afin de diminuer le besoin en fonds de roulement il peut être utile d'avoir au sein de son portefeuille de produit des vins qui seront mis sur le marché plus rapidement, afin de diminuer le BFR et d'améliorer la situation de trésorerie. Commercialiser une partie de sa production sous forme de vins primeurs, de vins blancs à élevage rapide ou de vins rosés, selon le potentiel de la zone de production et de l'exploitation, peut donc être une très bonne solution pour améliorer ses flux de trésorerie.

Si la trésorerie est extrêmement tendue, une solution peut également être de céder une partie des raisins (ou du vin en vrac) au négoce, afin d'encaisser plus rapidement le fruit de sa production. Dans ce cas, les raisins sont moins valorisés et l'entreprise sacrifie ses marges pour avoir de la trésorerie.

En conclusion, produire du vin, si l'on souhaite être intégré depuis la vigne jusqu'à la mise en bouteille, demande donc des capitaux importants, et, si l'on part de zéro, de longues années avant de pouvoir vendre le produit de ses investissements.

---

1. J.-P. Couderc et J. Cadot « Essai de caractérisation financière des exploitations vitivinicoles en France », *op. cit.*

Les modèles légers en actifs

Il est cependant possible de produire du vin avec une plus faible intensité capita-listique, en investissant moins. Ces modèles économiques, appelés *asset light* en anglais, cherchent à minimiser les investissements et sont fréquemment utilisés dans le « nouveau monde » du vin (aux États-Unis, en Australie et au Chili notamment).

Les modèles légers en actifs hors du monde du vin[1]

Certaines sociétés ont choisi de ne pas être présentes à toutes les étapes de la chaîne de valeur et de concentrer leurs efforts, et leurs investissements, sur certaines d'entre elles où leur valeur ajoutée s'exprime le mieux. Leur objectif est d'orchestrer la chaîne de valeur sans être propriétaires des différents actifs sous-jacents.

Ainsi, par exemple, IBM était présent sur toute la chaîne de valeur de ses ordinateurs dans les années 1960 (la recherche, les composants, l'assemblage, le système d'exploitation, le marketing, la vente et les services). Au fur et à mesure de l'évolution du marché, différents stades de la chaîne de valeur ont été confiés à des partenaires (Intel pour les composants, Microsoft pour les systèmes d'exploitation, des sous-traitants pour l'assemblage) et aujourd'hui, Lenovo, qui a racheté l'activité PC d'IBM, ne réalise plus lui-même que le design et la vente.

Un autre exemple de modèle avec peu d'actifs est celui de Nike, la marque de chaussures et de vêtements de sport. Nike se concentre sur le design et le marketing de ses produits ; la fabrication, la logistique et la distribution sont sous-traitées. L'objectif affiché de Nike est d'avoir le moins d'actifs possible tout en ayant le maximum de contrôle sur sa chaîne de valeur.

La clé du succès des modèles à actifs légers est en effet le contrôle exercé sur les autres parties prenantes de la chaîne de valeur. Ainsi, Apple, autre champion avec peu d'actifs, envoie ses meilleurs ingénieurs chez ses sous-traitants, oblige une grande partie de son écosystème à passer par le filtre de son AppStore (qui lui confère un droit de veto), et fixe les prix et les standards de qualité de ses distribu-teurs grâce à ses Apple Stores. Apple arrive donc à exercer un contrôle fort sur sa chaîne de valeur tout en limitant ses investissements.

---

1. Ce développement sur les modèles économiques légers en actifs est inspiré de la présentation de Nicolas Kachaner, du Boston Consulting Group, à Sciences-Po Paris dans le cadre du cours de stratégie de l'entreprise de François Heilbronn (« Introduction to Business Model Innovation & Deep Dive on Asset-Light Business Models », Boston Consulting Group, mars 2014).

Dans le vin, cela est également possible : il n'est pas nécessaire d'acheter des terres pour avoir du raisin ; il n'est pas nécessaire d'être propriétaire de ses cuves pour vinifier son vin ; il n'est pas nécessaire de posséder un entrepôt pour stocker ou faire vieillir ses vins.

Être léger en actifs pour ses approvisionnements en raisin

Il existe plusieurs solutions pour se procurer du raisin sans investir dans un vignoble.

Il existe tout d'abord les solutions classiques de fermage et de métayage. Dans le « bail à ferme », l'exploitant (le fermier) loue les terres pour une durée déterminée (neuf ans le plus souvent) moyennant un prix appelé « fermage ». Dans le contrat de métayage, le propriétaire confie également ses terres à un exploitant, mais il sera payé en nature, avec une part de la récolte. Dans ce cadre, contrairement à celui du fermage, le bailleur partage donc les risques de fluctuation des récoltes avec l'exploitant.

Dans ces deux cas, cependant, si des investissements d'équipements sont nécessaires pour exploiter la vigne, ils devront être réalisés par l'exploitant.

L'achat de raisin permet, quant à lui, de s'affranchir de tous les investissements liés à la vigne. Il peut se faire directement auprès du viticulteur ou par l'intermédiaire d'un courtier et prendre différentes formes, qui permettent un plus ou un moins grand contrôle de la qualité. L'acheteur peut fixer au viticulteur un cahier des charges, portant notamment sur le type de taille, le nombre de traitements à effectuer ou l'obtention d'une certification (biologique, par exemple). Selon les volumes vendus et les relations entre les parties, ces accords peuvent être oraux ou bien formalisés par des contrats. L'acheteur peut ensuite demander à choisir la date des vendanges, afin d'avoir le niveau de maturité qu'il recherche. Pour plus de contrôle encore, il peut acheter la récolte sur pieds et faire réaliser la vendange par ses propres équipes. Cela permet notamment d'être totalement sûr de la provenance du raisin.

Le prix d'achat du raisin est généralement fixé au poids dans les contrats oraux et, quand il y a contrat et cahier des charges formalisé, il est également indexé sur les caractéristiques analytiques du raisin.

Si le vinificateur qui achète les raisins cherche à exercer le maximum de contrôle sur la qualité du raisin fourni, le viticulteur, de son côté, n'y trouvera son compte que si le prix payé justifie les contraintes additionnelles imposées par l'acheteur. C'est pourquoi il est la plupart du temps nécessaire d'offrir une prime de prix pour obtenir plus de contrôle sur la qualité du raisin, comme le font d'ailleurs de nombreux vinificateurs qualitatifs. Dans ce cas, les coûts d'exploitation du vinificateur seront certes plus élevés, mais il faut garder en tête que son investissement reste nul.

Il est également possible d'acheter du moût (jus de raisin non encore fermenté), voire du vin en vrac. Mais plus le produit acheté est proche du produit fini, moins il est possible de contrôler sa qualité.

Être léger en actifs pour la vinification et le stockage

De la même façon, il n'est pas obligatoire d'investir dans des équipements pour vinifier du vin. Si l'exploitation dispose d'installations, de nombreux matériels peuvent être loués pour une courte durée, le temps de réaliser les opérations nécessaires, plutôt qu'achetés. Il est aussi possible de louer la totalité des équipements de vinification : soit auprès de prestataires spécialisés, soit dans des exploitations qui disposent de surcapacités de vinification. Ces modèles sont très courants dans les pays du nouveau monde, dans lesquels les solutions externalisées sont souvent favorisées, notamment au début de la vie de l'entreprise.

De même, des capacités de stockage limitées peuvent pousser à réaliser des investissements pour disposer de plus d'espaces. Une autre solution est de louer des locaux adaptés au stockage du vin. Cela a un coût limité et permet de ne pas immobiliser de capital.

Comme l'indique Marie-Catherine Carles, qui analyse depuis de nombreuses années les bilans de multiples exploitations en Gironde, « le prix d'achat du matériel incite l'exploitant à réfléchir à la nécessité réelle d'être propriétaire de tel ou tel type de matériel. La tentation du suréquipement est fréquente[1] ».

Par exemple

LA CUVÉE REDS DE LA LAUREN GLEN WINERY EN CALIFORNIE[2]

Pour sa cuvée la plus accessible « Reds », la Lauren Glen Winery utilise un modèle très léger en actifs.

Les raisins proviennent de vignobles loués qui, afin de diminuer les coûts, ne sont pas situés dans les zones les plus prestigieuses de la Californie. De même, les raisins cultivés ne sont pas les cépages pour lesquels la demande est la plus forte (pas de cabernet sauvignon ni de pinot noir).

…/…

---

1. M.-C. Carles, *op. cit.*
2. Exemple tiré de « Tasty American Wine under $12 : Why so Little of It ? Industry Replies, part I », Drvino.com, 20 mai 2009.

.../...

Les raisins sont ensuite fermentés dans des équipements loués puis le vin élevé dans des entrepôts eux aussi loués. L'élevage se fait en barriques anciennes, achetées 50 dollars US (plutôt qu'en barriques neuves qui coûtent entre 500 et 1 000 dollars US). Enfin, les volumes doivent, selon le vinificateur Patrick Campbell, « être suffisants (de l'ordre de douze mille caisses par an) afin de garantir des coûts raisonnables pour les diverses fournitures ».

Patrick Campbell précise par ailleurs qu'il n'achète pas de vin en vrac car il considère qu'il serait trop dépendant des cours, qu'il n'aurait pas assez de contrôle sur la qualité de son produit et qu'il ne pourrait pas en garantir la régularité.

La Lauren Glen Winery ne possède donc aucun des actifs qui permettent de produire la cuvée Reds, mais elle contrôle tous les stades de son élaboration.

Il est donc possible de produire du vin sans réaliser tous les investissements sur toute la chaîne de valeur.

Pour le consommateur final, cela ne changera rien et pour l'exploitant cela changera énormément :

- Cela lui permettra de réaliser son projet si sa capacité d'investissement est limitée.
- Cela améliorera son retour sur investissement.

En pratique

Produire du vin demande des capitaux très importants : pour l'acquisition de vignoble, de matériels et de bâtiments d'une part ; pour financer le besoin en fonds de roulement d'autre part.

La liste des équipements existants pour produire du vin est longue et la tentation peut être forte de multiplier les investissements. Il est important de rester rationnel et de ne surtout pas trop investir. En effet, de nombreux opérateurs réalisent des investissements trop importants, qui ne s'avèrent en définitive pas tous utiles et qui peuvent remettre en cause la pérennité de l'entreprise.

Il existe par ailleurs des alternatives à l'investissement : il est en effet possible de produire du vin en louant un vignoble ou en achetant du raisin, de vinifier avec des équipements loués et de stocker dans des entrepôts appartenant à des tiers. Ces modèles à faible intensité capitalistique, appelés légers en actifs, sont très souvent utilisés par les producteurs de vin des pays du nouveau monde.

CHAPITRE 15

Comment optimiser le retour sur investissement?

Comme nous l'avons vu dans les chapitres précédents, la profitabilité des entreprises qui vendent du vin augmente mécaniquement avec les prix de vente : plus elles arrivent à vendre leur vin cher, plus elles dégagent du profit.

Mais la production de vin nécessite des capitaux importants, pour l'acquisition de vignoble, de matériels et de bâtiments ainsi que pour financer les stocks.

Afin d'optimiser son retour sur investissement, l'objectif d'une entreprise sera donc de vendre son vin le plus cher possible tout en minimisant les investissements.

En suivant cette logique, il est possible d'investir dans du foncier et d'obtenir un retour sur investissements intéressant en achetant un vignoble peu valorisé (dans des régions à renommées faibles ou moyennes) et d'y produire des vins à prix de vente élevés, grâce à une forte différenciation. Des modèles de ce type ont été observés en France dans les années 2000 dans les régions de la Loire et du Roussillon, où des vins novateurs (bâtis sur des agricultures très respectueuses de l'environnement et des vinifications peu interventionnistes) ont réussi à atteindre les prix de vente du segment Ultra Premium sur des terroirs aux coûts d'acquisition limités.

Cependant, ces exemples sont difficiles à généraliser et si un entrepreneur a des capitaux limités pour lancer une affaire dans le vin, il sera légitime de se demander quels seront les investissements à réaliser en priorité? Dans quel stade de la chaîne de valeur (foncier, équipement de vinification, commercialisation) l'investissement d'un euro rapportera-t-il le plus de résultat à l'entreprise? En finance, cette notion, finalement très explicite, correspond à l'indicateur appelé « retour sur investissement ».

Afin de comprendre quels sont les déterminants de ce retour sur investissement dans le vin, il est utile d'analyser les niveaux de retour sur investissements selon deux grilles d'analyses paradigmatiques pour une entreprise présente sur le marché : le positionnement tarifaire et l'intégration sur la chaîne de valeur.

DES RETOURS SUR INVESTISSEMENT PLUS ÉLEVÉS SUR LE MOYEN/ HAUT DE GAMME

L'échantillon de deux cents entreprises de France, d'Espagne et d'Italie regroupé par Rabobank[1] cité dans les deux chapitres précédents donne une très bonne illustration de l'impact du positionnement tarifaire sur le retour sur investissement des entreprises.

Retour sur investissement moyen par segment tarifaire en Espagne, France et Italie

	$\dfrac{\text{Résultat d'exploitation}}{\text{Chiffre d'affaires}}$	$\times$ $\dfrac{\text{Chiffre d'affaires}}{\text{Capitaux engagés}}$	$=$ $\dfrac{\text{Résultat d'exploitation}}{\text{Capitaux engagés}}$	
France				
Basic	3 %	1,7	5 %	
Popular Premium/Premium	1 %	2,0	2 %	
Super Premium	14 %	1,3	18 %	
Espagne				
Basic	3 %	1,3	4 %	
Popular Premium/ Premium	5 %	1,2	6 %	Retour sur capitaux employés (ROCE) avant impôts
Super Premium	25 %	0,4	11 %	
Italie				
Basic	3 %	2,0	6 %	
Popular Premium/Premium	4 %	2,5	10 %	
Super Premium	13 %	1,0	13 %	

Source : Analyses de l'auteur à partir de Rabobank

Guide de lecture : exemple d'une société française présente sur le segment Super Premium et qui réalise un chiffre d'affaires de 1 000 euros. Le ratio chiffre d'affaires/investissements est égal à 1,3 : Il faut donc investir 770 € pour réaliser 1 000 € de chiffre d'affaires. Cet investissement générera ensuite 140 € de résultat d'exploitation (ratio Résultat d'exploitation/Chiffre d'affaires = 14 %). Ainsi, un investissement de 770 € générera un résultat d'exploitation de 140 €, soit un retour sur capital employé de 18 % (140/770).

Comme le montrent les chiffres de cet échantillon d'entreprises, les niveaux de retour sur investissement sont plus élevés sur les segments Super Premium et supérieurs.

Les retours sur investissement sont faibles sur les segments Basic : la marge d'exploitation est très faible et les investissements restent importants par rapport au

---

1. M. Castroviejo, « Benchmarking the Financial Performance in the Wine Industry », Rabobank, 5 nov. 2008.

chiffre d'affaires généré. Ils n'augmentent que très peu sur les segments supérieurs (Popular Premium et Premium) car la marge d'exploitation n'augmente que très faiblement (elle diminue même pour les entreprises françaises de l'échantillon) et le ratio chiffre d'affaires/investissements évolue peu (sauf pour les entreprises italiennes).

En revanche, les retours sur capitaux engagés augmentent fortement dès que l'on atteint le segment Super Premium (soit au-delà de 7 euros ou 10 dollars US la bouteille pour le consommateur) : la forte augmentation de marge d'exploitation fait plus que compenser la hausse des investissements. Le ratio chiffre d'affaires/investissements est faible dans tous les cas, ce qui signifie que le montant des capitaux investis est important, mais la marge d'exploitation beaucoup plus élevée permet de dégager des retours sur capitaux investis supérieurs à 10 %.

En France, par exemple, 1 euro investi générera un résultat d'exploitation annuel de 5 centimes d'euro sur le segment Basic, de 2 centimes d'euro sur les segments Popular Premium et Premium et de 18 centimes d'euro sur les segments Super Premium et supérieurs.

DES NIVEAUX DE RETOURS SUR INVESTISSEMENT PLUS ÉLEVÉS EN AVAL DE LA CHAÎNE DE VALEUR

De même, les besoins d'investissements ne sont pas les même selon que la société produit du raisin, qu'elle vinifie ou qu'elle commercialise du vin.

En effet, la production de raisin a une forte intensité capitalistique : il faut acquérir le foncier et l'entretenir. La vinification nécessite elle aussi beaucoup d'actifs : les matériels ainsi que les bâtiments. En revanche, la commercialisation est beaucoup moins gourmande en capital : pour acheter et revendre du vin, il suffit d'un téléphone, d'un ordinateur et éventuellement de capacités de stockage.

Les retours sur capitaux investis sont en conséquence très différents selon le degré d'intégration le long de la chaîne de valeur, comme l'illustre bien l'exemple de l'Australie.

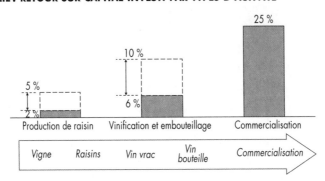

Par exemple

L'AUSTRALIE : RETOUR SUR CAPITAL INVESTI PAR TYPES D'ACTIVITÉ

Source : d'Hauteville, Remaud[1].

Ainsi, en Australie, un investissement de 1 dollar dans la production de raisin rapporte entre 2 et 5 *cents* par an, dans la vinification ce même investissement rapporte entre 6 et 10 *cents* et dans la commercialisation il rapporte 25 *cents*.

Les retours sur capitaux investis sont donc bien plus élevés en aval de la chaîne de valeur (plus on se rapproche du consommateur) qu'en amont (plus on est proche du raisin).

L'INTÉGRATION AMONT NE SE JUSTIFIE QUE POUR SÉCURISER LES APPROVISIONNEMENTS EN RAISINS

D'un point de vue strictement logique, à la lecture de ces chiffres, une entreprise dans le marché devrait donc, pour optimiser son retour sur investissement :

▶ vendre son vin le plus cher possible ;

▶ investir le minimum, et le moins possible dans le vignoble.

Cependant, cette logique se heurte à la réalité : les approvisionnements en raisins permettant de produire des vins haut de gamme sont complexes. En effet, un grand nombre d'opérateurs cherchent à monter en gamme et, pour cela, recherchent des raisins de qualité. Or ces raisins ne sont pas produits en quantités illimitées, ils sont plus chers et il est donc difficile d'y avoir accès.

Comme l'indique Stuart Jackson, analyste financier de la banque JP Morgan spécialiste du secteur vinicole : « Les raisins des vignobles permettant de faire des vins haut de gamme se vendent avec une prime de prix importante par rapport aux

1. F. d'Hauteville, H. Remaud, « L'Australie, une autre vision du vin », in *Bacchus 2005*, La Vigne/Dunod, 2004.

raisins des segments "masstige[1]". Le prix des raisins haut de gamme en Australie a augmenté depuis dix ans, alors que celui des raisins "masstige" a diminué de plus de 50 %[2]. »

Les raisins qui permettent de faire du vin qui se vend cher ont donc un prix plus élevé et sont plus recherchés. C'est pourquoi, pour sécuriser leurs approvisionnements en raisins de qualité, les opérateurs, et même ceux qui se définissent avant tout comme des vinificateurs, peuvent être amenés à investir dans du vignoble. Comme l'indique Philippe Rolet, directeur général de la Bodega Alta Vista à Mendoza en Argentine, « il est très complexe de marier vin de qualité Premium (et plus) avec peu d'investissements : les Premium et plus proviennent de terroirs Premium et plus. Ces terroirs sont connus et souvent aux mains d'entreprises intégrées en amont. Il est extrêmement difficile aujourd'hui de s'approvisionner en raisins pour des gammes vendues aux consommateurs à plus de 20 dollars US sur le marché des raisins, et cela est impossible en vrac ; ce qui oblige les opérateurs petits ou grands à contrôler leurs approvisionnements. Lorsque la vallée de Leyda au Chili a démontré son potentiel, Montes a proposé au principal viticulteur de la vallée d'entrer dans son capital afin de s'assurer de ses approvisionnements. C'était une manière intelligente de limiter ses investissements[3] ».

Par exemple

LES APPROVISIONNEMENTS DE TREASURY WINE ESTATES, PAR SEGMENT TARIFAIRE

Une nouvelle fois, le cinquième opérateur mondial, Treasury Wine Estates (TWE) donne une illustration intéressante. En effet, l'ex-branche vin du brasseur australien Foster's ayant fait appel au marché boursier lors de sa scission en 2011, elle a dû communiquer de nombreuses informations.

Ainsi, concernant ses approvisionnements en vin, TWE dispose de trois sources différentes : l'achat de vin en vrac, l'achat de raisins et les raisins produits par ses propres vignobles. Selon le segment tarifaire du produit final, la part de chaque source d'approvisionnements varie énormément :

● Pour les vins d'entrée de gamme : 82 % des approvisionnements proviennent de raisins achetés ou de vins achetés en vrac.

● Pour les vins de moyen de gamme : les raisins achetés représentent 52 % des approvisionnements, le poids du vrac diminue et celui des vignobles détenus augmente.

.../...

1. Contraction de « Mass Market » et de « Prestige » : il s'agit principalement du segment Super Premium.
2. S. Jackson, « TWE Analyst Day: Taking the Long View », JP Morgan, 26 nov. 2012.
3. Correspondance avec l'auteur, 29 juillet 2009.

…/…

● Pour les vins haut de gamme : la moitié des raisins proviennent des vignobles appartenant à TWE.

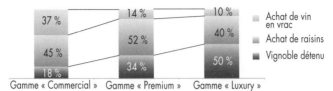

37 %	14 %	10 %
45 %	52 %	40 %
18 %	34 %	50 %
Gamme « Commercial »	Gamme « Premium »	Gamme « Luxury »

■ Achat de vin en vrac
■ Achat de raisins
■ Vignoble détenu

Sources : Treasury Wine Estates, Morgan Stanley

Chez Treasury Wine Estates, la part des raisins produits par des vignobles maison augmente donc avec le positionnement tarifaire des vins. Cela démontre que même pour un acteur peu intégré comme TWE (au total, ses vignobles ne lui fournissent que 30 % de ses approvisionnements) il est nécessaire de sécuriser ses approvisionnements sur les segments les plus qualitatifs.

Être propriétaire de vignobles présente un autre intérêt pour les acheteurs de raisins : cela leur permet de mieux juger la qualité des raisins achetés. En effet, comme l'indique Patrick Aigrin, directeur du service Évaluation et prospective de France Agrimer, « la *winery* doit avoir des vignes pour savoir ce qu'elle achète, sinon il y a une asymétrie d'information, qui peut lui porter préjudice[1] ».

DES RETOURS SUR INVESTISSEMENT INFÉRIEURS À CEUX OBTENUS DANS LES SPIRITUEUX ET LA BIÈRE

Pour toutes ces raisons, les retours sur investissement sont donc limités dans le vin, et plus faibles que ceux des industries de la bière et des spiritueux, comme l'indique le graphique ci-après :

Retour sur capital investi moyen par secteur d'activité

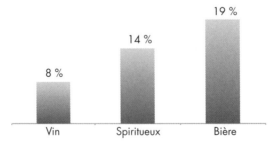

Source : Rabobank 2010 (échantillon de 13 sociétés).

---

1. Entretien avec l'auteur, 18 juin 2009.

Pour expliquer les disparités de niveaux de retours sur investissement entre le vin et la bière, les analystes financiers d'UBS soulignent les différences fondamentales entre les deux industries :

Bière et vin : deux marchés aux spécificités très différentes

Bière	Vin
Marché mature avec des barrières à l'entrée importantes et des situations de duopoles.	Marché fragmenté avec des concurrents parfois plus émotionnels que rationnels.
Production toute l'année avec une qualité constante.	Production une seule fois par an ; qualité dépendante de facteurs climatiques.
Procure des revenus stables qui génèrent des *cash-flows* importants, permettant de rembourser des emprunts bancaires importants et de payer des dividendes.	Revenus volatils, *cash-flows* limités (à cause des besoins en fonds de roulement importants), qui ne permettent pas d'être trop endetté ni de payer des dividendes élevés tous les ans.

Source : UBS[1].

Cette différence de retours sur investissement explique les mauvaises performances boursières de Foster's après l'acquisition de Southcorp en 2005[2] et sa décision de séparer ses activités brassicoles et vinicoles. En effet, comme le constataient les analystes de Rabobank[3] en 2010, « les capitaux employés dans le vin peuvent être investis de façon beaucoup plus rentable par les grandes sociétés du secteur dans la bière ou les spiritueux ».

En pratique

Pour optimiser son retour sur investissement, deux pistes principales doivent être explorées :

▶ chercher à vendre le plus cher possible, tout en minimisant ses investissements ;

▶ et/ou se concentrer sur les parties en aval de la chaîne de valeur, où les besoins en capitaux sont moins importants.

Cependant, il est très difficile de concilier montée en gamme et faibles investissements dans le vignoble. En effet, les vignobles permettant de produire des vins de qualité élevée sont la plupart du temps connus et leurs raisins très recherchés. Pour sécuriser leurs approvisionnements de raisins haut de gamme, de nombreuses entreprises du secteur choisissent par conséquent d'acquérir des vignobles. Ainsi, il est complexe d'être haut de gamme et « léger en actifs » dans le marché du vin.

C'est pourquoi les niveaux de retours sur investissement sont en général limités dans le vin, par rapport à d'autres marchés comme la bière et les spiritueux.

---

1. L. Newton, « Foster's : De-Mergers Gaining Popularity », *UBS*, 23 juillet 2008.
2. Dans les trois ans qui ont suivi l'acquisition de Southcorp, la performance de l'action Foster's a été inférieure de 60 % à celle de la bourse australienne ; voir chapitre 10 pour plus de détail.
3. S. Rannekleiv et M. Soccio, « Rabobank Wine Quarterly », Rabobank, juillet 2010.

Partie 4

LES FACTEURS CLÉS DE SUCCÈS DANS LE MARCHÉ MONDIAL DU VIN

CHAPITRE 16

Les facteurs clés de succès
pour chaque segment tarifaire

Après avoir analysé le marché, l'environnement concurrentiel et le modèle économique des entreprises du secteur, les éléments sont réunis pour définir les facteurs clés de succès dans l'industrie mondiale du vin. Les dynamiques du marché étant très contrastées entre les différents segments tarifaires, ces facteurs clés de succès ne seront bien entendu pas les mêmes pour chacun de ces segments.

LES SPÉCIFICITÉS DES DIFFÉRENTS SEGMENTS DU MARCHÉ MONDIAL DU VIN

Dans un premier temps, il est utile de synthétiser les différents éléments analysés dans les chapitres précédents : ils sont le fondement des facteurs clés de succès qui seront détaillés ensuite (voir tableau page suivante).

Les différents segments et leur poids dans le marché

Le marché est habituellement segmenté selon les prix de vente aux consommateurs. Les deux premiers segments (Basic et Popular Premium : prix de vente consommateur inférieur 5 euros par bouteille) correspondent au marché d'entrée de gamme, qui représente encore les deux tiers des volumes (66 %), mais uniquement 32 % du marché en valeur. Sur ces segments d'entrée de gamme, les prix moyens sont inférieurs à la moyenne du marché.

Viennent ensuite les segments de milieu de gamme, où les prix sont supérieurs à la moyenne du marché. Le premier segment du milieu de gamme (Premium, prix de vente consommateur entre 5 et 7 euros) représente 14 % des volumes et 21 % en valeur. Le segment suivant, le Super Premium (prix de vente consommateur entre 7 et 15 euros) pèse 15 % des volumes mais 32 % du marché en valeur. Enfin, les

	Prix consommateur (en € TTC)	Part de marché volume	Part de marché valeur	Croissance	Disponibilité	Distribution	Consommateur	Environnement concurrentiel	ROCE
≥ Ultra Premium	> 15	4 %	17 %	Croissance forte	Offre < Demande	• Spécialistes • (Grande distribution)	• Connaisseur • Statut	Atomisé	Moyen / élevé
Super Premium	7 - 15	15 %	32 %	Croissance	Offre = Demande	• Spécialistes • Grande distribution	• Connaisseur • Consommation occasionnelle	• Fragmenté • (Quelques opérateurs de poids)	Moyen / élevé
Premium	5 - 7	14 %	21 %	Croissance modérée	Offre ≥ Demande	Grande distribution	• Consommation occasionnelle • Nouveau consommateur monté en gamme	• Fragmenté • Apparition d'opérateurs de poids	Faible / moyen
Popular Premium	3 - 5	28 %	22 %	Décroissance modérée	Offre > Demande *Tension sur les prix*	Grande distribution	• (Consommation régulière) • Nouveau consommateur : initiation	Présence de gros opérateurs	Très faible
Basic	< 3	38 %	10 %	Décroissance	Offre >> Demande *Forte pression sur les prix*	Grande distribution	• Consommation régulière	Territoire des gros opérateurs	Très faible

Sources : analyses et estimations de l'auteur à partir de données de marché 2005-2011.

segments haut de gamme (Ultra Premium et Icon), au-delà de 15 euros, qui, même s'ils ne représentent qu'une toute petite partie des volumes (4 %) ont un poids beaucoup plus élevé en valeur : 17 %, soit un sixième du marché.

Il y a donc véritablement deux marchés, celui des vins d'entrée de gamme, deux tiers des volumes et un tiers de la valeur, et celui du moyen et haut de gamme qui représente l'inverse, soit un tiers des volumes et deux tiers de la valeur.

La croissance par segment

Ces deux marchés connaissent des dynamiques différentes : le marché des vins d'entrée de gamme est en décroissance (– 4 % par an en moyenne durant les six dernières années, en valeur), celui des vins de milieu de gamme est en croissance modérée (+ 2 % par an) et celui des vins haut de gamme est, quant à lui, en croissance (+ 9 % par an).

Si le marché dans sa totalité est quasi stagnant (0,5 % en moyenne en euros constants sur la période 2000-2011), les dynamiques sont très différentes selon les segments : décroissance en bas du marché, croissance en haut du marché, et la situation évolue régulièrement avec la montée en gamme.

L'équilibre entre l'offre et la demande

Une des particularités du marché mondial du vin est son excédent structurel : depuis plus de quarante ans, la production est systématiquement supérieure à la demande. Cet excédent d'offre par rapport à la demande concerne les vins peu valorisés des segments d'entrée de gamme. Il provoque une forte pression sur les prix sur le segment Basic et une tension réelle, même si elle est un peu moins forte, sur le segment Popular Premium. L'offre va ensuite s'équilibrer avec la demande sur les segments du milieu de gamme, et le rapport va s'inverser en arrivant sur le segment haut de gamme, où la demande est supérieure à l'offre, du fait de la quantité limitée des vins très qualitatifs et différenciés.

Les canaux de distribution

Les canaux de distribution ne sont pas non plus les mêmes pour les différents segments tarifaires : dans les marchés libres (sans monopoles d'État ni système de trois tiers) la grande distribution est le principal débouché pour la partie inférieure du marché (segments Basic, Popular Premium et Premium), puis les canaux spécialistes font leur apparition et prennent de plus en plus d'importance au fur et à mesure de la montée en gamme, jusqu'à devenir dominants à partir du segment Ultra Premium.

Les consommateurs cible

De la même façon, les consommateurs sont très différents selon les segments ciblés. Sur le segment Basic, les consommateurs réguliers, qui correspondent à l'ancien modèle de consommation, considérant le vin comme une boisson, seront la principale cible. Sur le segment Popular Premium, on trouve aussi ces consommateurs réguliers, mais également des nouveaux consommateurs qui vont démarrer leur initiation, leur découverte du vin, avec des bouteilles entre 3 et 5 euros.

Au-delà du segment Premium, les consommateurs occasionnels, pour lesquels le vin est plus une occasion qu'une boisson, deviennent majoritaires. Au fur et à mesure de la montée en gamme, les consommateurs cible vont être de nouveaux consommateurs qui montent en gamme, puis des connaisseurs ainsi que, sur les segments les plus haut de gamme, des consommateurs intéressés par le statut conféré par les bouteilles prestigieuses.

L'environnement concurrentiel

Même si les réalités sont très différentes selon les pays, le marché du vin dans sa globalité reste atomisé : les dix premières entreprises ne représentent que 12 % du marché. Les acteurs de poids sont présents sur les marchés d'entrée et de milieu de gamme. C'est sur les segments Basic et Popular Premium, où la taille est un avantage concurrentiel (pour comprimer les coûts grâce aux effets d'échelle) que le marché est le plus concentré. Sur les segments Premium et Super Premium, des opérateurs de poids apparaissent, même si l'environnement concurrentiel reste fragmenté, et sur le haut de gamme, où les volumes sont par essence limités, le paysage reste totalement atomisé.

Les niveaux de retour sur investissement

Afin d'optimiser leur retour sur capital investi, les entreprises doivent chercher à augmenter leur profitabilité tout en minimisant leurs investissements. Sur les segments d'entrée de gamme, les marges sont limitées et le seul moyen de les améliorer et de bénéficier d'économies d'échelle grâce à des volumes importants. Mais cela nécessite des investissements conséquents et les niveaux de ROCE sont par conséquent très faibles.

Au fur et à mesure que le positionnement tarifaire augmente, les entreprises auront la capacité d'améliorer leurs marges d'exploitation. Si elles parviennent également à limiter leurs investissements, alors leurs retours sur investissement pourront s'améliorer. Mais les retours sur investissement des entreprises présentes sur le marché du vin restent en général limités, et plus faibles que ceux obtenus dans les spiritueux ou la bière.

Les facteurs clés de succès sur les différents segments du marché mondial du vin

Pour une entreprise présente sur le marché du vin, quatre questions fondamentales se posent :

- Quel doit être le positionnement marketing ?
- Comment accéder à la distribution ?
- Comment optimiser le résultat d'exploitation ?
- Comment minimiser les investissements ?

La réponse à ces quatre interrogations est différente selon le prix de vente des vins commercialisés. C'est pourquoi ces facteurs clés de succès seront détaillés pour chaque segment tarifaire du marché (voir tableau synthétique page suivante).

Définir son positionnement marketing

Selon le positionnement tarifaire des vins commercialisés, deux types de positionnements marketing peuvent être adoptés :

- les vins de demande, dont l'objectif est de répondre aux attentes des consommateurs → sur les segments Basic, Popular Premium et Premium ;
- les vins d'offre qui, au contraire, doivent exprimer leur typicité → sur les segments Super Premium et supérieurs.

Les vins de demande

Pour les premiers segments tarifaires du marché (vins vendus à moins de 7 euros prix consommateurs), le positionnement des vins doit correspondre à la demande. En effet, les produits ne sont pas assez différenciés pour justifier une prime de prix conséquente, ils sont en concurrence avec une multitude d'autres vins, et c'est donc ceux qui répondront le plus précisément aux attentes des consommateurs qui tireront leur épingle du jeu. Sur ces segments du marché, c'est le vin qui doit aller vers le consommateur, et non l'inverse.

Pour réussir, les vins de demande doivent avant tout avoir un rapport qualité/prix compétitif, le plaisir par rapport au prix payé étant la première attente des consommateurs dans cette partie du marché.

Il est également impératif que ces vins soient compris par les consommateurs : ils doivent chercher à être le plus lisibles possible (le mystère, les mythes opaques n'ont pas leur place sur ces segments). Cela est obtenu bien entendu avec des explications détaillées sur les caractéristiques du vin, mais avant tout grâce à

	Positionnement marketing	Accès à la distribution	Comment optimiser le résultat d'exploitation ?	Comment minimiser les investissements ?
≥ Ultra Premium	**Vins d'offre** • Exprimer sa typicité • Créer une histoire • Faire rêver	Choix de ses distributeurs	• Augmenter le prix de vente • Orchestrer la rareté • Contrôle des coûts pas prioritaire	• Ne pas surpayer le foncier (approche rationnelle et non émotionnelle) • Contrôle du BFR (élevage très long)
Super Premium		Accès à la distribution relativement aisé	• Augmenter le prix de vente • Créer la rareté • Contrôle des coûts	• Achat de raisins • Minimiser les achats de foncier • Envisager la location pour les installations techniques • Contrôle du BFR (élevage long)
Premium	**Territoire des marques** • Qualité constante • Identité forte • Positionnement clair • Innovation	Coopération avec la distribution (support pub et promo sur point de vente)	• Contrôle des coûts • Taille critique pour le marketing • Chercher à augmenter le prix de vente	• Achat de raisins • Éviter les achats de foncier • Location des installations techniques • Contrôle du BFR
Popular Premium	**Vins de demande** • Répondre aux attentes des consommateurs • Offrir un bon rapport qualité/prix • Être lisible • Tenir ses promesses	Accès à la distribution critique (lutte avec les MDD ; différenciation nécessaire)	• Aucun levier sur le prix de vente • Comprimer les coûts • Augmenter les volumes (effets d'échelle)	• Pas d'acquisition de foncier • Achat de raisins, de moût, voire de vin (sauf si foncier déjà amorti) • Chercher les effets d'échelle sur les installations techniques
Basic		Lutte pour l'accès à la distribution (peu de fournisseurs, gros volumes)		

une cohérence forte, une homogénéité, entre tous les attributs de la bouteille (le nom, le descriptif, le visuel, l'emballage…). Enfin, pour que le consommateur rachète le produit, qu'il lui devienne fidèle, la bouteille doit tenir ses promesses : le vin doit être à l'unisson de tous les autres éléments du mix-marketing.

Parmi les vins de demande, sur les segments les plus valorisés (haut du segment Popular Premium et segment Premium) se trouve le territoire des marques. Les vins sont ici vendus un peu plus cher, ce qui permet des dépenses en marketing, nécessaires au développement de marques.

Parmi les vins de demande, les vins de marque doivent développer des qualités additionnelles. Ils doivent tout d'abord offrir une qualité constante : quel que soit le millésime, le consommateur doit retrouver une linéarité dans la qualité des vins. Ils doivent également avoir une identité forte et un positionnement clair, qui permettront à la marque de se différencier et, idéalement, de justifier une prime de prix. Enfin, les marques doivent être capables d'innover, à travers des évolutions de leur produit ou des déclinaisons de leurs gammes, afin de maintenir l'intérêt des consommateurs en éveil, et aussi d'animer les points de vente des distributeurs.

Les vins d'offre

À partir du segment Super Premium (c'est-à-dire au-delà de 7 euros par bouteille), les vins sont suffisamment différenciés pour justifier une prime de prix et revendiquer leur typicité. On parle alors de vins d'offre : c'est le consommateur qui va aller vers le vin (et non le vin qui va être défini pour le consommateur comme pour les vins de demande).

Pour réussir, ces vins d'offre doivent tout d'abord être légitimes : ils doivent avoir une qualité suffisante pour justifier leur positionnement tarifaire. Si les vins sont qualitatifs et différenciés, ils doivent alors chercher à exprimer leur typicité, à mettre en avant ce qui les rend différents.

Pour ces vins, la priorité n'est plus d'avoir un positionnement extrêmement lisible pour le consommateur mais plutôt de créer une histoire, qui viendra renforcer leur typicité. Ils peuvent même, s'ils jouissent d'un attribut prestigieux (nom, appellation), garder un côté opaque, qui renforcera le statut et le rêve lié à la bouteille.

Accéder à la distribution

Le deuxième facteur clé de succès est la capacité à accéder à la distribution. Cet aspect est trop souvent négligé par les entreprises et il est la cause de nombreux échecs sur le marché du vin. En effet, l'accès à la distribution est difficile du fait de la structure du marché : la production de vin est atomisée alors que la distribution est le plus souvent concentrée, ce qui confère aux distributeurs une position très favorable dans les négociations. Pour cette raison, le rapport de force est très déséquilibré en faveur de la distribution sur les segments d'entrée de gamme, il s'équilibre ensuite sur le moyen de gamme, pour finalement se retourner et devenir favorable aux producteurs sur le haut de gamme.

Sur le segment Basic, l'accès à la distribution est une véritable lutte, en raison de l'excédent structurel de production, qui pèse très lourdement sur cette partie du marché et qui donne aux distributeurs la faculté de choisir entre de nombreux produits très facilement substituables.

Sur le segment Popular Premium, l'accès à la distribution reste critique, car même s'il est possible de commencer à différencier ses produits, le terrain est en grande partie occupé par les marques de distributeurs, qui sont privilégiées par les grands groupes de distribution car elles leur offrent des marges supérieures.

Sur le segment Premium (et dans certains cas dans la partie haute du segment Popular Premium), si le vendeur parvient à différencier ses produits, alors la relation avec la distribution devient moins défavorable et une coopération peut se mettre en place. Grâce à des supports publicitaires et promotionnels dans les points de vente, le fournisseur pourra contribuer à l'animation du magasin et devenir intéressant pour le distributeur.

À partir du segment Super Premium commence le territoire des vins d'offre, et la relation avec la distribution s'équilibre puis s'inverse. Sur le segment Super Premium, l'accès à la distribution est relativement aisé. Tout d'abord, car la grande distribution n'est plus le canal incontournable : les producteurs peuvent également miser sur le canal spécialisé des cavistes. Ensuite, parce que dans la grande distribution les marques de distributeur sont moins légitimes et moins présentes et laissent donc plus de place dans les linéaires.

Pour le marché haut de gamme, la relation est complètement inversée : les vendeurs choisissent leurs distributeurs. En effet, pour ces produits aux prix de vente élevés, le canal prioritaire sera celui des spécialistes qui offrent du conseil et des services aux consommateurs. L'accès à la grande distribution ne sera pas vital et donc pas particulièrement recherché et c'est ici les grandes enseignes de supermarchés et d'hypermarchés qui chercheront à avoir accès à ces vins haut de gamme, afin d'attirer plus de clients et d'augmenter le trafic dans leurs magasins. La relation est donc inversée : c'est le producteur qui est ici en position de force et il peut sélectionner sa distribution.

Optimiser son résultat d'exploitation

Une fois le positionnement marketing défini et l'accès à la distribution sécurisé, les troisième et quatrième facteurs clés de succès concernent l'optimisation du retour sur le capital investi. Pour cela, l'entreprise devra chercher à maximiser son résultat d'exploitation tout en minimisant ses investissements.

L'optimisation du résultat d'exploitation passe par des actions très différentes selon les segments tarifaires.

Sur les segments Basic et Popular Premium, les vendeurs de vins n'ont aucun levier sur le prix de vente : leurs produits ne sont pas assez différenciés pour justifier des augmentations de prix. L'amélioration du résultat d'exploitation passe donc nécessairement par la diminution des coûts. Dans cet objectif, de nombreux opérateurs présents sur ce segment développent de grandes capacités de production (vinification, mise en bouteille et stockage) afin de bénéficier d'économies d'échelle.

Sur le segment Premium, le contrôle des coûts reste la problématique principale, mais le fait que les produits soient un peu plus valorisés permet de commencer à chercher à augmenter le prix de vente. Une solution peut être le développement d'une marque, mais pour cela il est nécessaire d'atteindre une taille critique permettant de financer le marketing.

À partir du segment Super Premium, une nouvelle fois, la problématique change : les produits étant différenciés, il est possible d'augmenter leur prix de vente. Pour cela, l'entreprise cherchera à créer de la rareté autour de son produit, notamment par une sélection habile des pays et des canaux de distribution, afin que le rapport entre l'offre et la demande soit le plus tendu possible et tire ses prix vers le haut. Pour ces produits, vendus entre 7 et 15 euros aux consommateurs, le contrôle des coûts restera également une variable importante pour optimiser le résultat d'exploitation.

Enfin, sur les segments Ultra Premium et supérieurs, l'amélioration de la profitabilité passera avant tout par l'augmentation du prix de vente. Pour ces produits, pour lesquels la demande est supérieure à l'offre, le travail de l'entreprise sera d'entretenir et d'orchestrer la rareté de son produit, grâce à sa communication et à sa politique de distribution. Sur ces segments, le contrôle des coûts n'est plus une priorité, car, au-delà d'un certain seuil, ceux-ci augmentent beaucoup moins vite que le prix de vente.

Minimiser ses investissements

Pour minimiser leurs investissements sur les segments Basic et Popular Premium, les entreprises devront chercher à produire du vin sans acheter de foncier. Pour cela, elles achèteront du raisin, du moût, voire du vin en vrac, plutôt que de le produire elles-mêmes (sauf dans le cas où elles disposent de foncier déjà amorti). Il sera d'autant plus important de ne pas investir dans le foncier que la condition de succès sur ces segments étant de vendre des volumes importants, les entreprises devront chercher des effets d'échelle sur les installations techniques (vinification, mise en bouteille), ce qui impose des investissements conséquents.

Sur les segments supérieurs, Premium et Super Premium, la problématique d'optimisation du résultat est différente : elle ne passe plus obligatoirement par la réduction des coûts (qui implique des volumes importants), mais également par l'augmentation du prix de vente. Les investissements lourds dans les capacités de production ne sont donc plus nécessaires et les entreprises doivent chercher à développer des modèles légers en actifs. Pour cela, elles privilégieront les achats de raisins et éviteront l'acquisition de foncier, et elles chercheront à louer plutôt qu'à posséder les installations techniques. Par ailleurs, l'élevage des vins avant leur commercialisation étant plus long sur ces segments, le besoin en fonds de roulement doit faire l'objet d'un contrôle particulier.

Sur le haut du marché, les segments Ultra Premium et supérieurs, il est difficile de se développer avec un modèle léger en actifs, car les ressources en raisins permettant de produire ces vins très différenciés sont limitées et la demande importante. Ainsi, il est souvent nécessaire d'investir dans du foncier pour y avoir accès. Cependant, afin de conserver un retour sur investissement intéressant, il est capital de ne pas surpayer le foncier, en gardant une approche rationnelle et non émotionnelle. D'autre part, les élevages étant longs, voire très longs (jusqu'à plusieurs années) pour ces produits haut de gamme, il est nécessaire de piloter son BFR afin de ne pas subir une crise de trésorerie en cas d'aléa climatique important ou de crise économique provoquant une baisse subite de la demande.

FACTEURS CLÉS DE SUCCÈS PAR SEGMENT : PRÉSENTATION SYNTHÉTIQUE

Ces facteurs clés de succès peuvent être synthétisés de la façon suivante. Ce tableau synthétique servira de grille de lecture pour les exemples de stratégies gagnantes développés dans les pages suivantes.

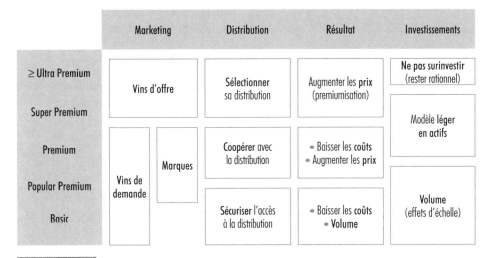

En pratique

En termes de marketing, deux positionnements sont possibles : des vins de demande qui cherchent à répondre aux attentes des consommateurs (segments Basic, Popular Premium et Premium), et des vins d'offre, qui peuvent revendiquer leur typicité (segments Super Premium, Ultra Premium et supérieurs). Au sein des vins de demande, le territoire des marques correspond au haut du segment Popular Premium et au segment Premium.

En ce qui concerne la distribution, l'accès est très difficile pour les vins d'entrée de gamme. Sur les segments Basic et Popular Premium, il faudra donc chercher à sécuriser son accès à la distribution. Le rapport s'équilibre sur le segment Premium, où grâce au niveau de valeur ajoutée supérieur il devient possible de coopérer avec les distributeurs. Sur les segments plus haut de gamme (Super Premium et Ultra Premium), le rapport de force s'inverse : les distributeurs recherchent les vins et l'accès à la distribution est plus facile. Les producteurs auront même, pour les segments Ultra Premium et supérieurs, la possibilité de choisir leurs distributeurs.

La profitabilité des entreprises augmente mécaniquement avec leur prix de vente. Ainsi, elle sera faible pour les segments Basic et Popular Premium, sur lesquels l'amélioration du résultat d'exploitation ne pourra être obtenue qu'en diminuant les coûts de production, grâce à des augmentations de volumes. Pour les vins du segment Premium, les opérateurs auront également pour objectif de baisser leurs coûts mais ils pourront commencer à chercher à augmenter leurs prix. Au-delà du segment Super Premium, l'objectif sera d'augmenter le prix de vente (premiumisation) grâce à la différenciation des produits.

La politique d'investissements doit correspondre à la structure de coûts de l'entreprise : sur les segments d'entrée de gamme, l'objectif de diminution des coûts grâce à des effets d'échelle impliquera des investissements conséquents dans les installations techniques (vinification, mise en bouteille). Sur les segments Premium et Super Premium, où l'amélioration du résultat passe en premier lieu par l'augmentation des prix de vente, ces investissements ne sont plus nécessaires, et les entreprises doivent chercher à développer des modèles légers en actifs. Enfin, sur les segments les plus haut de gamme, il est souvent nécessaire d'investir dans du foncier pour avoir accès aux raisins, mais il est important de rester rationnel et de ne surtout pas surinvestir.

CHAPITRE 17

Sept exemples de stratégies gagnantes

YELLOW TAIL : UNE MARQUE AUSTRALIENNE CRÉÉE POUR UN DISTRIBUTEUR DES ÉTATS-UNIS

À la fin des années 1990, la société Casella Wines cherchait à exporter ses vins aux États-Unis. Elle est entrée en contact avec un distributeur important, Bill Deutsch, présent dans plus de quarante États, qui avait déjà à son palmarès un des plus gros succès des importations de vin dans le pays, avec les Beaujolais de Georges Dubœuf dans les années 1980.

Casella et Deutsch ont fait une première tentative en 1999 avec la marque Carammar Estate, qui fut un échec commercial. Le producteur australien et le distributeur états-unien ont alors créé ensemble une nouvelle marque, Yellow Tail, spécialement pour le marché des États-Unis, sous la forme d'un partenariat à 50/50.

Le succès de Yellow Tail a été fulgurant : lancée en 2001, la marque vendait 5 millions de caisses en 2003 et plus de 10 millions en 2009.

Évolution des ventes de Yellow Tail 2001-2013 (en millions de caisses)

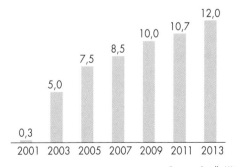

Sources : Casella Wines, Wine Business International.

Les ventes de Yellow Tail sont réalisées à 97 % hors d'Australie, majoritairement aux États-Unis (75 % des volumes vendus) et la marque représente 9 % de la production australienne et 15 % de ses exportations (en volume)[1].

Positionnement marketing : un vin de demande, conçu pour les buveurs de *soft drinks*

Les deux partenaires ont conçu le vin spécifiquement pour le consommateur des États-Unis.

Le liquide a été défini sur la base de la connaissance très fine du marché de Bill Deutsch : un vin avec des tannins peu présents, faible en acidité ct avec une touche de sucre résiduel. Comme le souligne Jon Fredrikson, un des consultants les plus renommés de l'industrie californienne, Yellow Tail est « le vin parfait pour un public qui a grandi en buvant des *soft drinks* ; il est rond, fruité et facile d'accès[2] ».

La bouteille, de son côté, était totalement « rupturiste » lors de son lancement en 2001 : l'étiquette représentait un kangourou et le nom de la marque était écrit entre crochets. La présence d'un animal sur l'étiquette était une innovation forte (qui a initié la mode des *critter wines*) qui permettait d'associer immédiatement le produit à son pays d'origine : l'Australie. Par ailleurs, l'écriture de la marque en minuscules entre crochets, [yellow tail], donnait une touche de modernité, en s'inspirant des codes de l'Internet. Cette bouteille était donc immédiatement perçue comme australienne et facile d'accès.

Le prix de vente a lui aussi été spécialement conçu pour sa cible : Yellow Tail a été lancé à 6,99 dollars US soit le prix commun d'un pack de six bières. Mais pour tenir sa promesse, l'objectif du vin était d'offrir à ce prix une qualité plus proche de celle des vins à 10 dollars US.

Yellow Tail est donc un vin de demande, spécialement conçu pour les jeunes consommateurs des États-Unis qui découvrent le vin. Comme l'affirme la marque sur son site Internet : « Notre vin n'est pas une histoire de vignoble ou de vinification, ni de chien fidèle qui suit le vigneron. Il vous parle juste du plaisir que vous donne son goût parce qu'à la fin, c'est la chose la plus importante. Depuis le premier jour notre mission a été de faire des vins faciles d'accès qui peuvent être appréciés par tout le monde, n'importe où[3] ».

---

1. *Source* : B. Lewin, *op. cit.*
2. F. Prial, « The Wallaby that Roared Across the Wine Industry », *The New York Times*, 23 avril 2006.
3. Ce positionnement en rupture avec les codes traditionnels de l'industrie du vin a eu un tel succès que Yellow Tail a été utilisé comme une des principales illustrations du livre de stratégie de l'entreprise *Blue Ocean Strategy* (voir chapitre 9).

Accès à la distribution : la coopération avec la distribution au cœur du modèle de Yellow Tail

Yellow Tail étant le fruit d'un partenariat entre un producteur australien et un distributeur des États-Unis, la coopération avec la distribution est au cœur de son modèle. Cela a permis à la marque d'avoir un accès immédiat à la distribution dans quarante-quatre États aux États-Unis[1]. Sans cet accès rapide et massif, jamais la marque n'aurait pu vendre 5 millions de bouteilles deux ans après son lancement.

Bill Deutsch a ensuite poussé le vin, s'appuyant sur sa connaissance approfondie des canaux de distribution dans le pays : « Quand nous avons vu que les consommateurs achetaient le vin une seconde fois après leur premier essai, nous avons investi de plus en plus dans divers aspects du marketing : des promotions en magasin, de la publicité à destination du consommateur final mais également des revendeurs[2]. »

Optimisation du résultat d'exploitation et contrôle des investissements : une stratégie de volumes pour faire diminuer les coûts

Pour optimiser son résultat d'exploitation, Casella mise sur la diminution des coûts par bouteille (coûts de production et de marketing) que lui permettent ses volumes hors du commun.

Pour cela, face au développement rapide de ses volumes de vente, Casella n'a pas investi dans le foncier (80 % de ses raisins sont achetés), mais en priorité dans ses installations techniques, afin de diminuer ses coûts de production grâce à des effets d'échelle.

Les installations techniques de Casella sont aujourd'hui impressionnantes. Leurs photographies font à première vue plutôt penser à celles d'une raffinerie de pétrole qu'à celles d'un producteur de vin : des cuves à perte de vue et de multiples entrepôts. Sa chaîne d'embouteillage, une des plus modernes du monde, permet de mettre en bouteille 36 000 cols par heure, et son entrepôt de stockage peut contenir 900 000 caisses[3].

---

1. *Source* : B. Lewin, *op. cit.*
2. F. Carter, « Bill Deutsch, the Man With the Midas Touch », *Wine Business International*, 10 octobre 2007.
3. F. Carter, « Casella at the Crossroads », *Wine Business International*, 10 octobre 2007.

En pratique

Les facteurs de succès de Yellow Tail

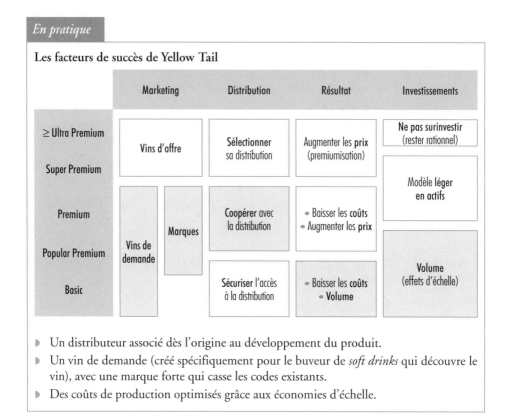

	Marketing	Distribution	Résultat	Investissements
≥ Ultra Premium	Vins d'offre	Sélectionner sa distribution	Augmenter les **prix** (premiumisation)	Ne pas surinvestir (rester rationnel)
Super Premium				Modèle léger en actifs
Premium	Vins de demande / Marques	Coopérer avec la distribution	• Baisser les **coûts** • Augmenter les **prix**	
Popular Premium				Volume (effets d'échelle)
Basic		Sécuriser l'accès à la distribution	• Baisser les **coûts** • **Volume**	

▶ Un distributeur associé dès l'origine au développement du produit.

▶ Un vin de demande (créé spécifiquement pour le buveur de *soft drinks* qui découvre le vin), avec une marque forte qui casse les codes existants.

▶ Des coûts de production optimisés grâce aux économies d'échelle.

RED BICYCLETTE : *THE FRENCH WINE THAT SPEAKS YOUR LANGUAGE*

Red Bicyclette a été lancé aux États-Unis en 2004 par E. et J. Gallo, à l'époque cinquième producteur mondial en valeur (1,4 milliard de dollars US) et deuxième en volume (72 millions de caisses), avec pour objectif de rendre le vin français plus facile d'accès pour le consommateur.

L'objectif de cette marque était de surfer sur la vogue des marques « mode de vie » (*lifestyle brands*) lancée par Yellow Tail. De la même manière que Yellow Tail vous faisait vivre une tranche de vie australienne, Red Bicyclette avait pour ambition de vous projeter dans la campagne française, à la table d'une famille typique, avec un vin simple et « relax », loin de l'image élitiste du vin français.

Pour lancer cette marque, Gallo a utilisé un modèle économique léger en actifs, en achetant du vin en France et en n'investissant que dans le marketing.

Positionnement marketing : le premier vin français désacralisé

Gallo a misé sur une bouteille avec une identité forte, censée représenter la campagne française dans l'imaginaire des consommateurs des États-Unis : sur l'étiquette, un homme à vélo, portant le béret, avec trois baguettes dans son panier, suivi par son chien. Ce vin vous emmène en France, mais chez les gens simples, de la campagne, loin des codes élitistes traditionnellement liés aux vins français. Son objectif est d'être facile d'accès, il doit « être le reflet de la célèbre expertise française du vin, mais avec un style décontracté[1] ». L'ambition du produit est donc de proposer une expérience de vie à la française, simple et facile d'accès : comme Yellow Tail pour l'Australie, Red Bicyclette est une marque « mode de vie » (*lifestyle brand*).

Le vin a été lancé en 2004 avec un positionnement premium, à un prix de vente de 9,90 dollars US la bouteille.

Accès à la distribution : capitaliser sur le réseau de distribution de Gallo aux États-Unis

Le modèle économique de Red Bicyclette est clair : Gallo assure le marketing et la distribution et achète le vin à la coopérative Sieur d'Arques (Languedoc) en France.

Ainsi, l'accès à la distribution est dès le début du projet assuré : Gallo est l'entreprise qui a les plus fortes parts de marché aux États-Unis, et Red Bicyclette sera vendu parmi son portefeuille de marques. Dès son lancement, Red Bicyclette a ainsi été implanté dans quinze mille points de vente[2].

Comme Yellow Tail (grâce au rôle joué par Bill Deutsch), Red Bicyclette a avant même son lancement l'assurance d'être référencé chez les distributeurs et détaillants aux États-Unis. Ce facteur clé de succès étant assuré, Gallo va pouvoir se concentrer sur les autres éléments du mix-marketing.

Optimisation du résultat d'exploitation : Gallo achète le vin et n'assure que le marketing et la distribution

Leader sur le marché, Gallo connaît parfaitement le consommateur des États-Unis. Red Bicyclette est un vin créé dans des bureaux, par des équipes marketing, afin de profiter de la mode des *lifestyle brands* lancée par Yellow Tail : un vrai vin de demande. Son objectif est de montrer une autre facette de la France, facile d'accès et décontractée, à l'opposé des poncifs associés aux vins français (élitistes, arrogants, snobs).

---

1. *Source : www.redbicyclette.com.*
2. B. Peyrani, « Le vin français à l'assaut des... Américaines ! », *Le Point*, 10 juin 2004.

Au niveau économique, le modèle est rendu possible par les quantités importantes de vin disponibles à bas prix dans le Languedoc au début des années 2000. Gallo va donc acheter le vin puis concentrer ses efforts sur le marketing et la distribution. Grâce à la force de frappe de Gallo, le budget de lancement de la marque était ainsi de 5 millions de dollars US.

Contrôle des investissements : un modèle léger en actifs

Pour lancer Red Bicyclette, Gallo n'a réalisé aucun investissement (au sens comptable du terme) : pas d'achat de vignoble ni d'expansion des installations techniques de vinification, d'embouteillage ou de stockage. En effet, le vin est acheté à une coopérative de Limoux, dans le Languedoc, en France, qui doit suivre un cahier des charges précis (avec, notamment, un fruité prononcé). Ce modèle sans actifs procure à Gallo des retours sur capitaux investis élevés.

Épilogue : mise en sommeil de la marque en 2011

La marque a connu un fort succès aux États-Unis après son lancement, notamment pour le cépage pinot noir, qui profita de l'effet *Sideways* à partir de 2005[1]. La demande a été tellement forte que la production de la coopérative partenaire n'a plus pu la satisfaire et celle-ci a dû faire appel à un négociant pour lui fournir les volumes demandés. Cela a malheureusement donné lieu à une fraude massive : entre 2006 et 2008, 18 millions de bouteilles contenant du merlot et de la syrah ont été vendues à Gallo sous l'étiquette pinot noir. Durant ces années, Sieur d'Arques vendait plus de pinot noir à Gallo que la totalité du Languedoc n'en produisait.

Ce scandale regrettable montre que même pour un pur vin de demande comme Red Bicyclette, il n'est pas possible d'augmenter les volumes indéfiniment. Tous les vins, dès qu'ils sont un peu différenciés (comme ici un pinot noir du Languedoc), ont une limite intrinsèque pour leurs volumes[2].

La marque a été ensuite mise en sommeil par Gallo, pour plusieurs raisons : le scandale du pinot noir lui a fait une publicité négative, mais également parce que la mode des marques « mode de vie » est devenue un peu moins incontournable aux États-Unis, et enfin parce que les cours des vins du Languedoc ne sont plus aussi bas aujourd'hui qu'en 2004, ce qui remet en cause le modèle économique de la marque et sa profitabilité pour Gallo.

---

1. Voir chapitre 1 pour plus de détails.
2. Voir également le chapitre 1.

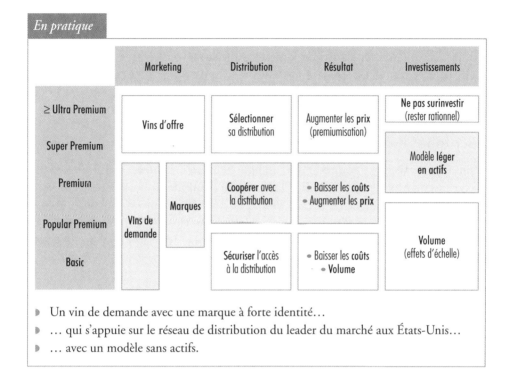

En pratique

	Marketing	Distribution	Résultat	Investissements
≥ Ultra Premium	Vins d'offre	Sélectionner sa distribution	Augmenter les prix (premiumisation)	Ne pas surinvestir (rester rationnel)
Super Premium				Modèle léger en actifs
Premium	Marques	Coopérer avec la distribution	• Baisser les coûts • Augmenter les prix	
Popular Premium	Vins de demande			Volume (effets d'échelle)
Basic		Sécuriser l'accès à la distribution	• Baisser les coûts • Volume	

» Un vin de demande avec une marque à forte identité…

» … qui s'appuie sur le réseau de distribution du leader du marché aux États-Unis…

» … avec un modèle sans actifs.

Opus One : la création d'une marque icône

En 1976 a eu lieu le fameux « jugement de Paris » : une dégustation organisée à Paris, confrontant des grands crus français et certains des vins californiens les plus renommés, de mêmes cépages. Ces vins ont été dégustés à l'aveugle par neuf dégustateurs, tous français. Le résultat a été un véritable coup de tonnerre dans le petit monde du vin : pour la première fois des vins californiens étaient mieux notés que des vins français.

Plutôt que de voir cette affirmation du potentiel qualitatif de la Californie comme une menace, Philippe de Rothschild, en grand entrepreneur, l'a perçue comme une opportunité : en 1979, il s'est associé à 50/50 avec l'une des entreprises familiales les plus importantes de Californie, Mondavi, avec l'objectif de créer le vin californien le plus cher du marché, Opus One.

Avant même d'être commercialisées (en 1984), une caisse du premier millésime (1979) était vendue en 1981 dans une vente aux enchères pour 24 000 dollars US, le prix le plus cher jamais payé pour un vin californien ; le mythe était né. Depuis, Opus One s'est imposé comme un des vins de référence de la Napa Valley, il commercialise 300 000 bouteilles par an, au prix moyen de 190 dollars US la bouteille.

219

Opus One ayant été couronné de succès, d'autres marques ont depuis été créées sur le même modèle : Almaviva au Chili (partenariat entre Baron Philippe de Rothschild et Concha y Toro) et Caro en Argentine (par les Domaine Barons de Rothschild-Lafite et Catena).

Positionnement marketing : une histoire créée de toutes pièces pour faire rêver

Opus One a été pensé pour être tout en haut de la hiérarchie des vins californiens, en termes de prix de vente. Pour cela, il a défini son identité comme la conjonction entre le meilleur de deux cultures : d'une part la tradition française, avec la branche de la famille de Rothschild propriétaire de Mouton Rothschild, premier cru classé de pauillac ; et d'autre part le dynamisme du « nouveau monde » du vin, avec une des familles emblématiques de la production de vin en Californie, les Mondavi.

Dans cette logique, le nom choisi est un mélange entre le latin (*opus*) et l'anglais (*one*), facile à prononcer en anglais et en français ; l'étiquette représente les profils de Philippe de Rothschild et de Robert Mondavi, joints dans un même crayonné, ainsi que les signatures des deux fondateurs. Le positionnement est clair : ce vin vous offre le meilleur des deux mondes du vin, l'ancien et le nouveau. Produit par deux familles emblématiques de leurs régions, il vous fait pénétrer dans l'élite mondiale des consommateurs de vins.

Accès à la distribution : capitaliser sur les canaux de distribution de Mouton et de Mondavi

Opus One a eu, dès son lancement, un accès très privilégié à la distribution. En effet, il a pu compter sur les réseaux de distribution construits par Mondavi aux États-Unis et par la société Baron Philippe de Rothschild (BPR) en France. De plus, grâce à son positionnement Ultra Premium et le judicieux travail de communication fait autour de la création de la marque, Opus One a été en mesure de sélectionner ses distributeurs.

Cette stratégie qui consiste à capitaliser sur les réseaux de distribution de ses actionnaires a été poursuivie dans le temps puisqu'en 2004 Opus One a été le premier vin non français commercialisé par la place de Bordeaux, qui a le quasi-monopole de la distribution des grands crus bordelais comme Mouton-Rothschild.

Optimisation du résultat d'exploitation : la premiumisation est la raison d'être du produit

Opus One n'a pas eu à augmenter ses prix de vente pour améliorer sa rentabilité : dès son origine, il a été créé avec l'objectif d'être le vin californien le plus cher du marché. La premiumisation est donc au cœur même de sa stratégie. Pour cela, BPR et Mondavi ont orchestré avec succès la rareté autour du produit, en ne commercialisant les premiers millésimes que plusieurs années après l'annonce de leur association et en allouant habilement les quantités disponibles entre les différents marchés et canaux de distribution.

Contrôle des investissements : des investissements réalisés une fois le modèle économique validé

La *joint-venture* Opus One a, pour ses deux premiers millésimes, acheté des raisins à Robert Mondavi. En 1981, celui-ci lui a cédé une parcelle de 14 hectares d'un de ses plus célèbres vignobles de Napa (To-Kalon), et une autre parcelle proche de 20 hectares a été achetée en 1984.

Des investissements ont donc été réalisés dans le vignoble, afin de sécuriser ses approvisionnements en raisin de grande qualité, mais les vins étaient vinifiés dans les installations techniques de Mondavi.

Ce n'est qu'en 1991 qu'une *winery*, très prestigieuse, a été inaugurée. Son objectif est bien sûr de vinifier Opus One, mais également de générer des profits grâce à l'œnotourisme (visites et dégustations payantes).

Depuis, Opus One a acheté d'autres vignobles proches de sa *winery* et la superficie de son vignoble est aujourd'hui de 68 hectares.

Ainsi, même pour ce vin ultra-prestigieux, vendu plus cher que ses pairs, les investissements ont été totalement contrôlés. Dans un premier temps, des capitaux ont été mobilisés uniquement pour acquérir des vignobles nécessaires pour pérenniser l'entreprise. Ce n'est qu'une fois le modèle économique d'Opus One totalement validé que des investissements ont été réalisés dans les installations techniques. Et cet investissement avait également pour objectif de générer des profits, grâce à l'œnotourisme.

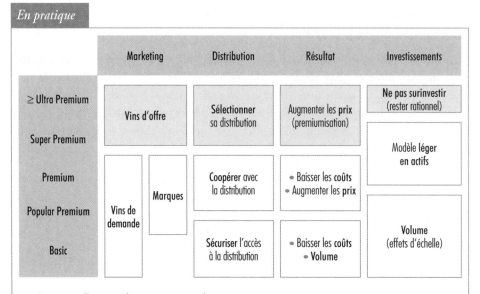

	Marketing	Distribution	Résultat	Investissements
≥ Ultra Premium	Vins d'offre	Sélectionner sa distribution	Augmenter les prix (premiumisation)	Ne pas surinvestir (rester rationnel)
Super Premium				Modèle léger en actifs
Premium	Vins de demande / Marques	Coopérer avec la distribution	• Baisser les coûts • Augmenter les prix	
Popular Premium				Volume (effets d'échelle)
Basic		Sécuriser l'accès à la distribution	• Baisser les coûts • Volume	

- Création d'un mythe, grâce à une histoire unique.
- Sélection de la distribution orchestrée grâce à la puissance des deux partenaires.
- Des investissements limités dans un premier temps, et toujours très rationnels ensuite.

MONTES : LE LEADER DU VIN PREMIUM CHILIEN

En 1988, alors que les vins chiliens sont exclusivement présents sur l'entrée de gamme avec de très bons rapports qualité-prix, Aurelio Montes et trois associés créent une société avec pour cible les marchés haut de gamme à l'export. Leur objectif est de répondre aux attentes des nouveaux consommateurs des marchés américains et anglais qui souhaitent monter en gamme.

Grâce à une distribution sélective et ciblée et à la création régulière de nouveaux vins, toujours plus haut de gamme, Montes a réussi son pari et, vingt-cinq ans après sa création, il vend plus d'un million de caisses, à 95 % à l'export, dans cent dix pays.

Évolution des ventes de Montes 1992-2012 E (en millions de caisses)

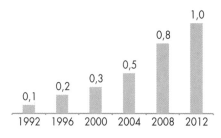

Source : Montes, Wine Spectator.

Positionnement marketing : création d'une marque forte qui attaque le marché par le haut

Dès son origine, l'objectif de Montes est de se démarquer du positionnement des vins chiliens sur les marchés export. En effet, ceux-ci sont catalogués « bons vins pas cher » grâce à leur rapport qualité-prix difficile à battre. Mais Montes fait le pari que certains consommateurs vont vouloir des vins chiliens qui projettent une autre image, plus qualitative. Il se positionne donc comme la référence chilienne pour les vins Super Premium et Ultra Premium.

Pour cela, il crée une marque forte, Montes, qui (avec l'image de l'ange symbolisant la maison) est utilisée comme marque ombrelle et lui permet d'être présent avec la même identité sur plusieurs segments tarifaires.

Accès à la distribution : distribution sélective et ciblée (cavistes et restaurants)

Pour ses canaux de distribution, Montes se démarque également de ses concurrents chiliens. En effet, avec leurs vins de milieu de gamme, ceux-ci sont majoritairement vendus en grande distribution sur les marchés export. Montes choisit de cibler les cavistes et les restaurants, ce qui lui est possible grâce à ses prix de vente plus élevés. Il se différencie donc de la masse des vins chiliens et légitimise ainsi son statut de marque de vin chilien premium.

Optimisation du résultat d'exploitation : création de nouveaux vins iconiques qui serviront de locomotives à la gamme entière

Une fois son positionnement initial établi et sa légitimité construite, Montes va chercher à améliorer son résultat d'exploitation en augmentant son prix de vente moyen. Pour cela, il va lancer des nouveaux vins haut de gamme : Monte Alpha M en 1999, Montes Folly en 2002, Purple Angel en 2005 et Taita en 2012. Ces nouveaux vins ont pour ambition d'être parmi les meilleurs, sinon les meilleurs, du Chili, chacun dans leur catégorie (ici le cépage dominant : cabernet sauvignon pour M et Taita et syrah pour Purple Angel). Ils sont produits en quantités limitées et ont pour objectif d'augmenter le prestige et l'image de la marque Montes et ainsi de servir de locomotive aux vins des gammes inférieures. Grâce au succès des vins iconiques, ceux-ci pourront augmenter leurs prix et développer leurs volumes.

Contrôle des investissements : un modèle léger en actifs pendant les quinze premières années

La légende raconte que Montes aurait été lancé avec 50 000 dollars US. Quel que soit le montant exact de l'investissement initial, le développement de l'entreprise s'est fait jusqu'en 2004 sans vignes : les raisins étaient intégralement achetés, et une partie du succès de Montes est généralement attribué à la capacité de ses dirigeants à obtenir des approvisionnements de raisins de grande qualité. Ces raisins étaient ensuite vinifiés dans des installations techniques louées. C'est donc avec un modèle léger en actifs que Montes a construit son succès.

Ce n'est qu'en 2004, quinze ans après sa création, que Montes a acheté un vignoble et investi dans un centre de vinification.

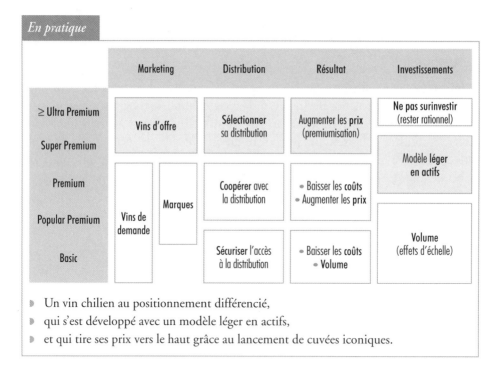

En pratique

	Marketing	Distribution	Résultat	Investissements
≥ Ultra Premium	Vins d'offre	Sélectionner sa distribution	Augmenter les **prix** (premiumisation)	Ne pas surinvestir (rester rationnel)
Super Premium				Modèle léger en actifs
Premium	Vins de demande / Marques	Coopérer avec la distribution	• Baisser les **coûts** • Augmenter les **prix**	
Popular Premium				Volume (effets d'échelle)
Basic		Sécuriser l'accès à la distribution	• Baisser les **coûts** • Volume	

▶ Un vin chilien au positionnement différencié,

▶ qui s'est développé avec un modèle léger en actifs,

▶ et qui tire ses prix vers le haut grâce au lancement de cuvées iconiques.

CHARLES SHAW : *TWO BUCK CHUCK* OU LE *SUPER VALUE WINE*[1]

Fred Franzia connaît le marché du vin aux États-Unis : son grand-père, Giuseppe Franzia, a créé la marque éponyme, qui est aujourd'hui la plus vendue dans le

---

1. *Source* : Bronco Wine. D. Goodyear, « Drink Up, the Rise of Really Cheap Wine », *The New Yorker*, 18 mai 2009.

monde[1], et ses oncles s'appelaient Ernest et Julio Gallo et ont fondé l'actuel leader mondial en volume.

Sa société, Bronco Wines a racheté la marque « Charles Shaw » en 1995 à un producteur de vin de la vallée de Napa en faillite. Fred Franzia rachète ainsi de nombreuses marques (il en aurait plus d'une vingtaine) et attend des opportunités de marché pour les relancer. Ce fut le cas en 2002 pour Charles Shaw : il y eut cette année-là un fort excédent en Californie et Fred Franzia a acheté à prix cassé des grands volumes de vin en vrac. Il a ensuite passé un accord avec une chaîne de supermarché *discount* californienne appelée Trader Joe's, et la marque Charles Shaw a commencé sa seconde vie.

Le vin fut vendu 1,99 dollar US, ce qui lui valut le surnom affectif de « Two Buck Chuck » et il connut un succès retentissant, créant ainsi le segment des *super value wines*. Face au succès rencontré, Bronco a continué la production de la marque, et elle est maintenant distribuée dans d'autres États et dans d'autres réseaux de distribution (à des prix plus élevés, jusqu'à 2,99 dollars US).

Même si le prix de vente est passé de 1,99 dollar US à 2,29 dollars US en 2013, Bronco commercialise cinq millions de caisses de Charles Shaw chaque année. Douze ans après son lancement, 800 millions de bouteilles de « Two Buck Chuck » ont été vendues.

Positionnement marketing : la création du segment des *super value wines*

En achetant des marques à la casse et en les utilisant quand des opportunités d'achats de volumes importants à très faibles prix se présentent, Fred Franzia tire le territoire de la marque vers le bas. Mais il offre une vraie marque de vin aux consommateurs. En effet, la marque Charles Shaw, qui existait auparavant (à des prix de vente bien plus élevés), a toute la légitimité d'une « vraie » marque de vin, ce n'est pas une « sous-marque » ou une « fausse marque ». Par ailleurs, Fred Franzia prend soin de vendre sa marque dans une bouteille en verre, avec un vrai bouchon en liège. Les fondamentaux du vin sont ainsi respectés, le consommateur n'a aucun doute sur ce qu'il achète, c'est bien une bouteille de vin de marque et elle pourrait valoir deux ou trois fois plus cher. Bronco a ainsi ouvert un nouveau segment sur le marché : les *super value wines*.

Accès à la distribution : l'accès à la distribution sécurisé grâce à un accord avec une chaîne de supermarché

Bronco est un des principaux vendeurs de vin en Californie : il commercialise 20 millions de caisses par an. Il connaît donc bien les différents canaux de distribution

---

1. La marque Franzia appartient aujourd'hui à The Wine Group (se reporter au chapitre 11 pour plus de détails).

et leurs attentes. Quand il peut acheter des volumes à prix cassés et leur apposer une des marques en sommeil dans son portefeuille, il lui est facile de les proposer à ses clients. C'est ce qu'il a fait avec Charles Shaw, en en offrant l'exclusivité pour la Californie à une chaîne de magasins alimentaires *discount* très différenciés, Trader Joe's.

Par ailleurs, Franzia étant son propre distributeur en Californie, il peut vendre directement à Trader Joe's, ce qui, dans le système des trois tiers[1], supprime un intermédiaire et permet d'avoir un avantage de coûts (la marque est d'ailleurs vendue plus cher dans les autres États).

L'accès à la distribution a donc été sécurisé dès l'origine avec Trader Joe's et l'intégralité de la chaîne de distribution est contrôlée.

Optimisation du résultat d'exploitation : les coûts sont comprimés à tous les stades de la chaîne de valeur

Fred Franzia est un des principaux opérateurs sur le marché du vin en vrac en Californie, à l'achat comme à la vente. En effet, il possède 18 000 hectares de vignes dans la vallée centrale, qui produisent des raisins peu qualitatifs et il vend une partie de sa production ou achète du vin en vrac, selon l'évolution des cours. Grâce à sa double casquette de producteur à bas coûts et de négociant, il est à même de minimiser le coût de son vin. Selon les années, le vin de la marque Charles Shaw va donc provenir de ses propres vignobles ou être acheté sous forme de raisins ou de vin en vrac.

Les autres coûts sont également comprimés : la marque a été rachetée à la casse et n'a donc nécessité aucune dépense marketing ; sa licence de distributeur en Californie lui permet de conserver une portion additionnelle de la marge.

Contrôle des investissements : des effets d'échelle grâce à une des plus importantes capacités de production des États-Unis

Bronco possède plusieurs *wineries* qui lui procurent une capacité de vinification de plus de 2 millions d'hectolitres par an. Il a par ailleurs ouvert en 2000 une usine d'embouteillage de 8 500 mètres carrés qui peut, à elle seule, mettre en bouteille deux fois les volumes totaux de la Napa Valley. Seuls, probablement, ses cousins Gallo ont des capacités de production et d'embouteillage plus importantes que les siennes. Ainsi, grâce aux effets d'échelle, ses coûts de vinification et de mise en bouteille sont parmi les plus bas de toute l'industrie. Il en va probablement de même pour les matières sèches : avec sa puissance d'achat, les prix de ses bouteilles, bouchons et étiquettes doivent être minimisés.

---

1. Voir chapitre 8.

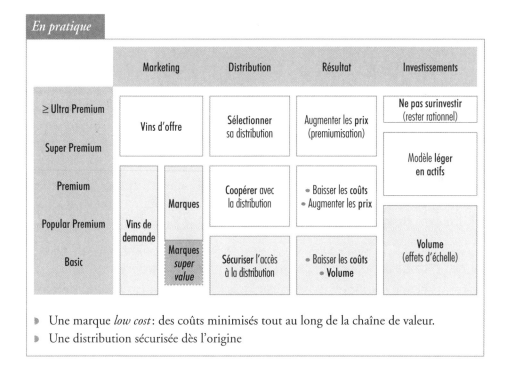

En pratique

	Marketing	Distribution	Résultat	Investissements
≥ Ultra Premium	Vins d'offre	Sélectionner sa distribution	Augmenter les prix (premiumisation)	Ne pas surinvestir (rester rationnel)
Super Premium				Modèle léger en actifs
Premium		Coopérer avec la distribution	• Baisser les coûts • Augmenter les prix	
Popular Premium	Vins de demande — Marques			Volume (effets d'échelle)
Basic	Marques *super value*	Sécuriser l'accès à la distribution	• Baisser les coûts • Volume	

◗ Une marque *low cost* : des coûts minimisés tout au long de la chaîne de valeur.
◗ Une distribution sécurisée dès l'origine

Monteflores : le label « Fairtrade » permet de garantir la pérennité des relations avec la grande distribution

La société argentine La Casa del Rey SA (bodega Alta Vista) a lancé en 2011 la marque Monteflores, certifiée « Fairtrade » au Royaume-Uni. Ce lancement a été l'aboutissement d'une démarche de commerce équitable menée à Mendoza, associant la société et les soixante et une familles (deux cent vingt personnes au total) qui prennent part à la production du vin (à la vigne et à la cave)[1]. Monteflores a été certifié « Fairtrade » en 2010 et, depuis, les bénéfices liés à la « prime Fairtrade » (plus de 100 000 euros) ont été utilisés pour améliorer l'alimentation et l'accès aux soins de santé des familles, ainsi que pour des donations à une crèche et à un réfectoire.

Ce projet de commerce équitable a eu un autre effet vertueux : il a permis à La Casa del Rey de pénétrer la grande distribution au Royaume-Uni sans trop craindre pour ses marges. En effet, le positionnement très différencié octroyé par le label « Fairtrade », ainsi que le cahier des charges du label, permettent à Monteflores de revendiquer une prime de prix et de ne pas voir ses marges grignotées au fur et à mesure des négociations annuelles.

---

1. *Source* : *www.monteflores.com.*

Positionnement marketing : pionnier des vins équitables (labellisé « Fairtrade »)

La demande de produits « Fairtrade » correspond à une tendance de fonds internationale et certains consommateurs acceptent de payer une prime de prix pour ces produits équitables. En plus de ses avantages sociétaux dans la zone de production, ce segment de marché présente donc l'avantage d'offrir une prime de prix sur les marchés de commercialisation, d'autant plus que la concurrence y est encore limitée. Avec cette marque, Bodega Alta Vista a donc créé un vin de demande qui peut être valorisé.

Les vins de Monteflores sont des vins monocépages qui portent, en plus de leur marque (Monteflores) et de leur cépage, leur origine (Mendoza, Argentina) et le label « Fairtrade ». Ils sont commercialisés en deux gammes : Varietal et Estate Selection.

Accès à la distribution : le positionnement « Fairtrade » permet de pérenniser les relations avec la grande distribution au Royaume-Uni

La pérennité des relations avec la grande distribution est également au cœur du projet de Monteflores. Le management d'Alta Vista a toujours été réticent à pénétrer la grande distribution au Royaume-Uni, de peur d'en devenir trop dépendant et, par conséquent, de voir ses marges s'éroder. En effet, ces distributeurs étant très concentrés, ils jouissent d'un fort pouvoir de négociation et sont connus pour leurs politiques agressives de promotions, qui détériorent les marges des fournisseurs[1].

Ainsi, s'il peut être possible de se faire référencer dans les grandes chaînes britanniques et d'y gagner de l'argent durant la première et la deuxième année, les choses deviennent souvent beaucoup plus difficiles ensuite : une fois qu'elle a acquis un poids conséquent dans les volumes de vente d'un fournisseur, la grande distribution cherche à diminuer ses prix d'achat et les marges du producteur de vin diminuent.

Dans le cas de Monteflores, le positionnement « Fairtrade » confère deux avantages : d'une part une différenciation puisque la concurrence est encore limitée sur le segment ; d'autre part une protection des marges puisque la répartition des profits est au cœur du concept de commerce équitable. Ainsi, la grande distribution ne peut prétendre trop réduire les profits des différents intervenants en amont de la chaîne de valeur (ici les soixante et une familles travaillant dans les vignes et à la cave). Le positionnement « Faitrade » permet donc de renverser, ou tout du moins de rééquilibrer, le rapport de force entre le producteur et le distributeur, au bénéfice du premier.

---

1. *Source* : entretien avec Philippe Rolet, directeur général, Bodega Alta Vista, 16 juin 2013.

Optimisation du résultat d'exploitation : le consommateur est prêt à payer une prime pour un vin équitable

L'amélioration du résultat d'exploitation passe ici par une augmentation du prix de vente. En effet, le consommateur est prêt à payer plus cher pour avoir un produit labellisé « Fairtrade ».

Face à cette optimisation du chiffre d'affaires par bouteille, il y a des coûts additionnels : une partie des bénéfices (la « prime Fairtrade ») doit être reversée à l'association gérée par le comité de la prime Fairtrade et les familles associées[1], et la labellisation génère également un coût (pourcentage du chiffre d'affaires).

Contrôle des investissements : aucun investissement spécifique additionnel

La société Alta Vista – Casas del Rey disposant déjà de vignes et d'installations techniques, ce projet n'a généré aucun investissement additionnel, autre que du temps et l'adéquation des procédures et installations à la norme Fairtrade.

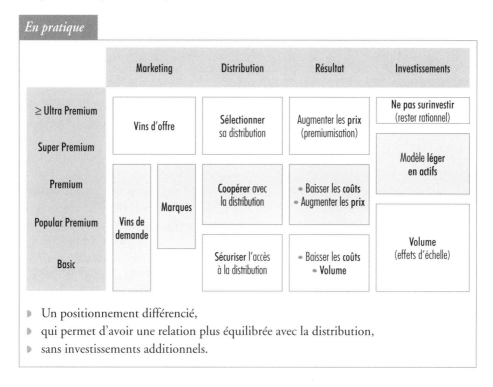

En pratique

	Marketing	Distribution	Résultat	Investissements
≥ Ultra Premium	Vins d'offre	Sélectionner sa distribution	Augmenter les prix (premiumisation)	Ne pas surinvestir (rester rationnel)
Super Premium				Modèle léger en actifs
Premium	Vins de demande / Marques	Coopérer avec la distribution	• Baisser les coûts • Augmenter les prix	
Popular Premium				Volume (effets d'échelle)
Basic		Sécuriser l'accès à la distribution	• Baisser les coûts • Volume	

▶ Un positionnement différencié,
▶ qui permet d'avoir une relation plus équilibrée avec la distribution,
▶ sans investissements additionnels.

---

1. *Source : www.floresdelmonte.org.*

Domaine du Tariquet : adapter sa distribution aux évolutions de l'environnement concurrentiel

À la fin des années 1970, la famille Grassa, productrice d'armagnac dans le Gers, a eu besoin de trésorerie pour financer ses stocks d'eaux-de-vie. Elle a commencé à produire des vins blancs tranquilles avec les cépages habituellement distillés pour produire de l'armagnac (ugni blanc et colombard). Cette intuition selon laquelle il était possible de trouver une clientèle pour des vins blancs simples et frais, même s'ils étaient issus d'une zone de production et de cépages quasi inconnus, est à la base d'un des plus grands succès vinicoles français des trente dernières années.

Le Domaine du Tariquet s'est dans un premier temps développé à l'export, au Royaume-Uni et aux États-Unis, grâce à des contacts commerciaux noués autour de l'armagnac. Au Royaume-Uni, le succès fut rapide, la cuvée Classic fut élue meilleur vin blanc de l'année lors de l'International Wine Challenge de Londres en 1988 et les volumes décollèrent.

Une première question stratégique se posa alors à l'entreprise : face au besoin de volumes additionnels, elle choisit d'acheter des vignobles plutôt que de développer le négoce, afin de contrôler la qualité (et parce que le prix du foncier dans la zone de production le permettait). Aujourd'hui encore, le Domaine du Tariquet est resté un propriétaire-récoltant, sa production provenant intégralement de vignobles détenus.

Dans les années 1990, le Domaine du Tariquet opéra un second virage stratégique. À cette époque, le développement des ventes s'était principalement fait autour de quatre ou cinq acheteurs de la grande distribution britannique. Voyant les concurrents du nouveau monde arriver en force sur ce marché, Yves Grassa a cherché à diminuer sa dépendance vis-à-vis de la grande distribution du Royaume-Uni. Les ventes en France, d'une part, et dans les réseaux cavistes et *on-trade,* d'autre part, ont été développées, et en dix ans le Domaine du Tariquet a profondément changé de mode de distribution. Aujourd'hui, ses vins sont vendus dans cinquante pays mais il n'est presque plus présent en grande distribution.

Positionnement marketing : la création d'un segment à part entière, fondé sur une identité unique

Le Domaine du Tariquet a réussi à créer une véritable marque à partir de cépages peu connus et d'une appellation (côtes-de-gascogne) n'apportant aucune prime de prix. Sa notoriété est telle que de nombreux clients la confondent aujourd'hui avec une appellation et que « Tariquet » est devenu un terme générique, à la manière de la marque Frigidaire pour les réfrigérateurs ou de la marque Bag in Box pour les outres à vins.

Cette notoriété se fonde sur deux principaux éléments. Tout d'abord un prix de vente très compétitif : la cuvée « Classic », qui représente encore un tiers des volumes, est vendue entre 4 et 4,50 euros chez les cavistes ; et 80 % des vins du domaine sont vendus à moins de 7,50 euros prix consommateur. Ensuite, un style très original : simple, fruité, très frais, avec une touche de sucre résiduel et un niveau d'alcool peu élevé.

Des vins faciles d'accès, rassurant et procurant un excellent rapport plaisir/prix ; un peu comme les vins du nouveau monde finalement, mais moins lourds, moins chauds et moins alcooleux.

Accès à la distribution : le choix des canaux de distribution au cœur de l'histoire et du succès du Domaine du Tariquet

La première phase du développement du Domaine du Tariquet s'est faite dans la grande distribution au Royaume-Uni, souvent avec des marques réservées. Quand les concurrents du nouveau monde sont arrivés, Yves Grassa a compris que sa place sur les linéaires était menacée et qu'il était beaucoup trop dépendant d'un faible nombre de clients, très puissants.

Afin de diminuer cette dépendance, le Domaine du Tariquet a alors cherché à développer ses ventes en France, dans un premier temps, et sur les autres marchés export dans un second temps. Pour cela, la société s'est concentrée sur le réseau caviste et sur les canaux de restauration sur place (*on trade* : restaurants et cafés), en mettant en avant sa marque.

Le virage a été couronné de succès puisqu'aujourd'hui le Domaine du Tariquet vend 8 millions de bouteilles, moitié en France moitié à l'export et n'est plus présent en grande distribution, à quelques exceptions près (Monoprix en France, Waitrose au Royaume-Uni, Irma au Danemark ou Whole Foods aux États-Unis, uniquement des enseignes très différenciées et qualitatives).

Ce changement profond de mode de distribution a garanti la pérennité de l'entreprise et il est fort probable que le Domaine du Tariquet n'aurait pas connu un tel développement s'il était resté si dépendant de la grande distribution britannique.

Optimisation du résultat d'exploitation : augmenter les volumes et diminuer les coûts

Au fil de son histoire, le Domaine du Tariquet est resté fidèle à sa promesse initiale : vendre des vins simples et de qualité, à des prix raisonnables. Comme l'affirme Armin Grassa, un des dirigeants et copropriétaire, « notre intention n'a jamais été de produire, à l'exception de nos armagnacs, des vins "intellectuels". Le Domaine du Tariquet ne cherche pas non plus à créer de la rareté, pour espérer monter en gamme et en prix[1] ».

Ainsi, pour le Domaine du Tariquet, l'optimisation du résultat d'exploitation ne vient pas en premier lieu de l'augmentation des prix de vente (même si le développement de nouvelles cuvées permet de tirer le prix de vente moyen vers le haut), mais de la maîtrise des coûts de production sur le long terme, grâce aux économies d'échelle procurées par l'augmentation des volumes sur les vingt dernières années.

Contrôle des investissements : un succès fondé sur l'acquisition de foncier peu onéreux et les innovations techniques

En effet, 80 % de ses volumes étant commercialisés dans les segments Popular Premium et Premium, le Domaine du Tariquet a logiquement investi massivement pour contrôler ses coûts de production, dans le vignoble et à la cuverie.

Dans la vigne tout d'abord : le vignoble est passé de 100 à 950 hectares en vingt-cinq ans, ce qui en fait aujourd'hui un des plus grands domaines de France d'une seule entité. Ces investissements ont été possibles car le prix des terres à vigne est peu élevé dans la zone de production de l'exploitation.

Des investissements importants ont également été réalisés pour la vinification, la mise en bouteille et le stockage, secteurs dans lesquels l'entreprise a initié de nombreuses innovations. Le domaine est ainsi connu pour avoir été un pionnier dans les techniques de vinification à froid, qui permettent de stabiliser les vins blancs en ayant moins recours au soufre. Par ailleurs, un pressoir « deux en un », qui sert également de cuve de macération, a été conçu sur une idée d'Yves Grassa. Cet outil, qui permet de diminuer l'oxydation et la perte de fruit et d'arômes, est aujourd'hui commercialisé dans le nouveau monde.

Plus en aval dans la chaîne de valeur, une fois vinifiés, les vins sont conservés à − 2°, afin de bloquer leur vieillissement et de conserver leur fraîcheur. C'est dans ce même objectif de fraîcheur maximale que des mises en bouteilles ont lieu toutes les semaines, en fonction des commandes, afin de diminuer les stocks et de s'assurer que le vin passe le moins de temps possible en bouteille avant d'arriver jusqu'au consommateur.

Les investissements sont donc centraux dans la stratégie du Domaine du Tariquet, ils ont permis à la société de maîtriser ses coûts de production unitaires sur le long terme mais également d'améliorer sa qualité, comme le souligne son directeur

1. In J.-F. Pécresse, « Le roman de Tariquet, héros gascon », *Les Échos*, 19 octobre 2012.

commercial Ithier Bouchard : « Les investissements techniques nous ont permis d'affiner notre style, de maîtriser notre signature et de contrôler la linéarité de notre qualité[1]. »

En pratique

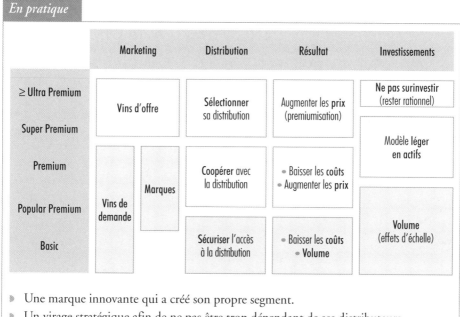

▶ Une marque innovante qui a créé son propre segment.

▶ Un virage stratégique afin de ne pas être trop dépendant de ses distributeurs.

▶ Des investissements dans le vignoble (faiblement valorisé) et les installations techniques pour diminuer les coûts et garantir la qualité.

---

1. Intervention à Sciences-Po Paris le 23 novembre 2011.

PARTIE 5

APPLIQUER LES FACTEURS CLÉS DE SUCCÈS À VOTRE PROJET DANS L'INDUSTRIE DU VIN

CHAPITRE 18

Vous voulez produire du vin et vous partez de zéro

QUEL VIN VOULEZ-VOUS VENDRE ?

La première question à vous poser est celle du positionnement de votre vin : à quel type de consommateurs voulez-vous vous adresser ? À quel prix voulez-vous que votre vin soit vendu ?

Voulez-vous produire un « vin d'offre » ou un « vin de demande » ?

Il existe deux types de vins sur le marché aujourd'hui, qui poursuivent des objectifs différents :

▶ Les vins de demande : répondre aux attentes des consommateurs.
▶ Les vins d'offre : exprimer leur typicité.

Deux positionnements différents

Les vins de demande cherchant à coller le mieux possible aux attentes des consommateurs, ils vont être produits avec un objectif précis, tant pour le liquide que pour l'emballage (contenant et étiquette). Ici, le chemin de la bouteille au consommateur se fait à l'envers : c'est l'étude du consommateur qui détermine ce que devra être le vin.

À l'inverse, les vins d'offre ont pour objectif premier d'exprimer leur typicité. Ces vins ont généralement une forte personnalité, due à leur zone de production (ou à leur mode de production, à leur cépage, à leur producteur…). Ici, le chemin se fait classiquement du vin vers le consommateur : le producteur va définir son produit en essayant d'optimiser le potentiel de ses vignes et de la climatologie de l'année, pour ensuite le proposer aux consommateurs.

Avec des conditions de réussite éloignées

Pour réussir, un vin de demande doit être facilement lisible par le consommateur. Celui-ci doit saisir rapidement la promesse faite par la bouteille (type de vin, moment de consommation…). Il doit également avoir un rapport qualité-prix performant qui lui permette de tenir cette promesse, afin que le consommateur rachète le produit et lui devienne fidèle.

Le vin d'offre peut se permettre plus de liberté: comme il exprime sa typicité, il doit chercher à donner le meilleur de lui-même, sans s'imposer d'être lisible pour le consommateur. Pour lui, l'important est de créer une histoire qui puisse faire rêver. Pour cela, il peut se permettre une part de mystère. La part subjective étant plus importante dans l'appréciation de ces vins d'offre, la notion de rapport qualité-prix, si elle est toujours importante, ne sera plus capitale comme pour les vins d'offre.

Votre positionnement devra être en adéquation avec le prix de vente aux consommateurs[1]

Il est capital d'avoir un positionnement en phase avec son prix de vente. Ainsi, un vin revendiquant une histoire unique, un terroir millénaire et affichant une étiquette difficile à comprendre pour un non-initié n'aura pas de succès s'il est positionné avec un prix de vente très faible. Dans cette gamme de prix, les consommateurs recherchent des vins lisibles (qu'ils comprennent), faciles d'accès et qui vont tenir leur promesse (par exemple un blanc simple pour un apéritif).

De la même façon, un vin de marque, affichant clairement sa raison d'être et sa cible (ce même blanc simple pour apéritif, par exemple), n'aura pas de succès s'il est positionné avec un prix de vente élevé: à ce prix les consommateurs chercheront une bouteille qui les fasse rêver davantage. L'histoire qu'elle devra raconter sera plus complexe, elle devra projeter au consommateur une image plus élitiste de lui-même.

En règle générale, les vins vendus à moins de 7 euros TTC prix consommateur doivent avoir un positionnement de vin de demande, et ceux vendus à plus de 7 euros un positionnement de vin d'offre:

Prix de vente consommateur (€)	Segment	Vin de demande	Vin d'offre
15-150 +	≥ Ultra Premium	☒	☑
7-15	Super Premium	☒	☑
5-7	Premium	☑	☒
3-5	Popular Premium	☑	☒
< 3	Basic	☑	☒

1. Se reporter au chapitre 5 pour plus de détail sur la segmentation tarifaire du marché.

Les vins français ont perdu beaucoup de part de marché à l'export dans les années 1990 et 2000 sur les segments d'entrée de gamme à cause d'une mauvaise adéquation entre leur positionnement et leur prix de vente. En effet, pendant long-temps, des vins qui étaient uniquement produits en fonction des traditions locales et des conditions climatiques de l'année étaient en concurrence avec des vins, souvent du nouveau monde, qui avaient été définis avec une démarche marketing, dans l'objectif de répondre aux attentes des consommateurs. Logiquement, ces consommateurs se sont tournés vers les vins de demande, qui parlaient la même langue qu'eux et répondaient à leurs besoins, et ils ont délaissé les vins d'offre qu'ils ne comprenaient pas.

En revanche, sur les segments plus haut de gamme, les vins extrêmement lisibles, qui semblent sortir d'un plan marketing, ont moins de succès car à ces prix les consommateurs recherchent des produits plus complexes et cette complexité s'exprime à travers la part d'inconnu, de subjectivité véhiculée par la bouteille.

Quel vin voulez-vous vendre : vin d'offre ou vin de demande ?

	Objectif	Définition du produit	Conditions de réussite		Segments tarifaires cible	
Vins d'offre	Exprimer sa typicité	Producteur ↓ Consommateur	● Créer une histoire ● Faire rêver	● Super Premium ● Ultra Premium	> 7 € consommateur	
Vins de demande	Répondre aux attentes des consommateurs	Producteur ↑ Consommateur	● Lisibilité ● Rapport qualité-prix ● Tenir ses promesses	● Basic ● Popular Premium ● Premium	< 7 € consommateur	

COMMENT PRODUIRE CE VIN ?

Faut-il acheter des vignes ou plutôt acheter du raisin ?

Dans l'imaginaire français, produire du vin rime avec avoir des vignes. Or cela n'est pas nécessaire : il est possible de faire du vin en achetant du raisin. C'est même le modèle dominant dans les pays du nouveau monde et, plus près de chez nous, en Champagne.

Acheter du raisin offre un avantage principal : il n'est pas nécessaire d'investir lourdement dans l'achat de vignes. Pour certains vinificateurs, cela n'est pas un choix, mais une obligation : n'ayant pas de capitaux suffisants pour acheter des terres, ils se tournent logiquement vers l'achat de raisin. Pour de nombreux autres producteurs de vins, c'est un choix, car cela permet de ne pas immobiliser de capitaux et d'aller plus vite. En effet, l'acquisition de vignes nécessite des fonds importants, et si les terres ne sont pas déjà plantées, il faudra investir de nouveau pour la plantation.

En plus, dans le cas d'une plantation, ou d'une replantation, de vignoble, il faudra attendre quelques années avant que les vignes ne produisent des raisins suffisamment qualitatifs pour faire du vin (au minimum 3 ans, et souvent 5 ans si l'on choisit de faire reposer la terre un an avant de la planter).

Ainsi, la vision idéalisée du vigneron qui plante ses vignes, récolte ses raisins et produit son vin nécessite des capitaux importants. L'achat de raisin est une solution beaucoup plus facile d'accès, et souvent plus rapide, pour produire du vin[1].

	Achat de vignes	Achat de raisin
Avantages	• Contrôle de la qualité sur la totalité de la chaîne de valeur • Accès sécurisé aux raisins (pour les zones de production très recherchées)	• Nécessite moins de capitaux • Plus rapide → *Possibilité de se lancer rapidement et sans apport conséquent*
Inconvénients	• Immobilisation de capitaux • Lenteur, en cas de plantation → *Nécessite un apport important et prend du temps*	• Risque de perdre ses approvisionnements (seulement dans les zones de production recherchées) • Moindre contrôle de la qualité (sauf si paiement d'une prime)

Il existe des modèles alternatifs, comme le fermage ou le métayage, qui permettent de produire du raisin sans acheter de terres. Mais dans ces deux modèles hybrides, si le « locataire » n'investit pas dans le foncier, c'est cependant lui qui devra payer quand des investissements d'équipements seront nécessaires pour exploiter la vigne.

Faut-il investir dans des installations ou louer des capacités de vinification ?

Il en va de même pour les installations de vinification. Il n'est pas obligatoire d'être propriétaire de bâtiments ni du matériel nécessaire pour vinifier (cuves, pompes, pressoir, érafloir, outils de maîtrise des températures[2]…). Il est en effet possible de louer des installations : de nombreux vignerons ainsi que des coopératives ont des capacités excédentaires de production, qu'elles louent. De même, de nombreux prestataires louent des machines et les amènent sur le lieu de production ; cela a un coût, mais permet de ne pas immobiliser de capitaux pour des machines qui ne servent que quelques semaines par an.

---

1. Pour une analyse approfondie des investissements nécessaires pour produire du vin, se reporter au chapitre 14.
2. Pour mémoire, la valeur d'achat neuve de ces équipements est de l'ordre de 260 000 euros pour une exploitation de 25 hectares (voir chapitre 14).

Comment optimiser votre retour sur capital investi ?

Les retours sur capitaux investis, s'ils sont généralement limités dans le secteur du vin, diffèrent grandement selon le modèle économique adopté[1]. Si vous choisissez d'être un producteur totalement intégré, de posséder vos vignes et vos installations techniques, vous allez devoir investir beaucoup d'argent et votre résultat ne sera pas nécessairement plus élevé. Votre retour sur capital investi sera donc plus faible que si vous adoptez un modèle économique léger en actifs, fondé sur des achats de raisins et/ou la location de capacités de vinification.

Par ailleurs, les retours sur capitaux augmentent généralement au fur et à mesure que l'on se rapproche de la commercialisation. Ainsi, si vous souhaitez que l'investissement d'un euro vous rapporte le maximum de résultat, il est plus judicieux d'investir cet euro le plus en aval possible de la chaîne de valeur : le plus près possible du client, le plus loin possible de la vigne.

COMMENT DISTRIBUER VOTRE VIN ?

Une fois votre vin produit, il faudra le vendre. Vous pouvez choisir de le céder en vrac à un négociant, qui le mettra en bouteille et le commercialisera ; ou bien vous pouvez choisir de le commercialiser vous-même. Dans ce cas, il est fort probable que votre client ne soit pas le consommateur final de votre vin, mais un distributeur. En effet, en France, la vente directe représente moins de 5 % du marché et la plupart des producteurs passent par des distributeurs.

Choisir les bons canaux de distribution, trouver vos distributeurs, développer des relations pérennes avec eux : cela occupera une grande partie de votre temps et sera crucial pour la réussite de votre entreprise.

Quels canaux de distribution cibler ?

Il existe deux grandes familles de distributeurs[2] : ceux qui vendent pour une consommation sur place (*on trade*) et ceux qui vendent pour une consommation à emporter (*off trade*) :

▷ *On trade* (ou « CHR », ou « Horeca ») : café, hôtels, restaurants.
▷ *Off trade* : vente directe, vente par correspondance (dont Internet), cavistes et grande distribution.

---

1. Pour une analyse détaillée des retours sur investissement obtenus selon la position sur la chaîne de valeur, se reporter au chapitre 15.
2. Pour une analyse détaillée des enjeux liés à la distribution, se reporter au chapitre 8.

Ciblez des canaux de distribution en adéquation avec votre positionnement et vos volumes

Dans le choix de vos canaux de distribution, vous devrez prendre en compte plusieurs facteurs :

▶ Les canaux devront être en adéquation avec le positionnement de vos vins. La promesse faite par votre produit et son prix de vente cible devront correspondre au lieu de vente. Il sera par exemple difficile de vendre un vin sans aucune différenciation, n'ayant d'atout que son prix bas, chez un caviste très haut de gamme. À l'inverse, ce n'est pas dans un magasin de *hard discount* qu'un vin d'offre, qui promet une grande qualité et l'expression d'une identité complexe, sera le plus mis en valeur.

▶ Les canaux devront également être en adéquation avec vos volumes de production. Il sera difficile d'intéresser des clients ayant des centaines de magasins avec des volumes très faibles : ils ne pourront pas placer vos vins dans la totalité de leur réseau. À l'inverse, ces petits volumes ne seront pas un handicap vis-à-vis de cavistes ou de restaurateurs. Ils vendent des plus petits volumes et, comme ils sont prescripteurs lors de l'acte d'achat, ils pourront mettre en avant les spécificités de votre produit.

Comment vos vins vont-ils intéresser la distribution ?

Afin de construire une relation pérenne avec vos distributeurs, vous devez les intéresser, leur apporter quelque chose de plus que vos concurrents.

Qu'est-ce que votre produit va leur procurer : un rapport qualité/prix très compétitif ? Une note d'exotisme dans leur gamme ? Une innovation à proposer à leurs clients ? Une touche de prestige ?

Tâchez de vous mettre dans la position du distributeur et de vous demander quel atout supplémentaire va lui apporter votre produit au sein de la gamme de vins qu'il commercialise déjà.

L'accès à la distribution sera plus ou moins difficile selon le positionnement tarifaire

L'accès à la distribution n'est pas facile pour un vin très peu valorisé : sur le segment des vins à moins de 5 euros prix consommateur, la grande distribution est ultra-dominante et elle est très concentrée (en France, par exemple, les cinq premiers groupes pèsent plus des trois quarts du canal[1]). Ils achètent des volumes importants, et leurs fournisseurs sont, logiquement, des grandes entreprises, qui compriment leurs coûts grâce à des économies d'échelles et sont donc capables de vendre à des prix bas. Accéder à la grande distribution sera donc très difficile, car vous aurez en face de vous des acheteurs

---

1. Voir chapitre 8.

très puissants et vous serez en concurrence avec les plus grandes sociétés du secteur. Il est néanmoins toujours possible de pénétrer ce canal, mais restez vigilants sur votre niveau de marge, car il est probable que la grande distribution cherche à faire diminuer vos prix de vente dès la deuxième ou la troisième année de votre relation commerciale.

Si votre vin est peu valorisé, il faudra donc chercher d'autres canaux, où la concurrence est moins forte, ou alors vendre votre production en vrac à des négociants qui auront de leur côté les volumes suffisants pour traiter avec la grande distribution de façon pérenne.

Au fur et à mesure que l'on monte en gamme, la relation avec la distribution s'équilibre puis elle va même s'inverser : pour les vins très différenciés, que le marché valorise à plus de 15 euros, c'est le producteur qui est généralement en situation de force face à la distribution et en situation de choisir ses distributeurs.

Prix de vente consommateur (€)	Segment	Canal de distribution majoritaire	Capacité à accéder à la distribution
15-150 +	≥ Ultra Premium	• Spécialistes • (Grande distribution)	Choix de ses distributeurs.
7-15	Super Premium	• Spécialistes • Grande distribution	Accès à la distribution relativement aisé.
5-7	Premium	• Grande distribution • (Spécialistes)	Coopération avec la distribution *(support pub et promo sur le point de vente).*
3-5	Popular Premium	• Grande distribution	Accès à la distribution critique *(lutte avec les MDD, différenciation nécessaire).*
< 3	Basic	• Grande distribution	Lutte pour l'accès à la distribution *(peu de fournisseurs, gros volumes).*

Limitez votre dépendance à un distributeur

Dans le choix de vos canaux de distribution, il est important de bien diviser vos risques ; de ne pas mettre tous vos œufs dans le même panier, en quelque sorte. Au fur et à mesure que votre entreprise se développe, certains de vos clients vont augmenter leurs volumes d'achat, ce qui est une excellente nouvelle. Cependant, il peut être dangereux qu'un seul client (ou qu'un petit nombre de clients) représente une part trop importante de votre chiffre d'affaires. En effet, dans ce cas, vous devenez trop dépendant de ses achats, ce qui peut vous mettre dans une situation désavantageuse lors de futures négociations (vous pourrez être acculé à accepter ses conditions car vous n'avez pas d'autres débouchés) ou, pis, voir votre chiffre d'affaires (et donc votre rentabilité) s'écrouler s'il décide de changer de fournisseur.

Ainsi, il est important, à tous les moments du cycle de vie de l'entreprise, de veiller à ne jamais avoir de clients qui représentent une part trop importante de votre chiffre d'affaires (un seuil maximal de 20 % peut être un premier indicateur).

À titre d'illustration, Tariquet a complètement redéfini ses canaux de distribution dans les années 1990 afin de ne plus dépendre d'un petit nombre d'acheteurs de la grande distribution anglaise[1].

Cette division des risques peut se faire à plusieurs niveaux : ventes en France ou à l'export ; ventes dans différents canaux de distribution (café-hôtels-restaurants/cavistes/grande distribution/vente directe) ; au sein d'un même canal : ventes à des clients différents.

En pratique

La vente directe est-elle une solution à envisager ?

Développer la vente directe présente plusieurs avantages :

- Cela permet tout d'abord de rapatrier la marge réalisée par le distributeur. En effet, les vins vendus à la propriété le sont le plus souvent au même prix que dans les magasins (ou avec une légère décote). En vendant directement aux consommateurs, vous augmentez donc votre marge.
- Cela permet également de multiplier votre nombre de clients et de diviser vos risques : des domaines qui réalisent une grande partie de leurs ventes en direct auprès de centaines de clients particuliers ou professionnels diminuent leur dépendance vis-à-vis de leurs distributeurs (à l'inverse, un producteur vendant 80 % de sa production à trois chaînes de grande distribution sera très fortement dépendant de celles-ci).

Mais la vente directe nécessite également d'engager des dépenses additionnelles. En effet, pour vendre du vin avec succès, il faut recevoir les clients et leur faire déguster vos produits. Pour cela, il vous faudra :

- un lieu adapté à la dégustation et à la vente, ce qui peut nécessiter des investissements ;
- du personnel formé, dynamique et disponible (c'est-à-dire pas en train de travailler à la vigne ou à la cave) ;
- ouvrir des bouteilles pour les faire déguster.

Au total, si elle ne représente qu'une faible part de vos ventes, la vente directe peut vous faire perdre du temps pour des résultats marginaux, voire négatifs. Pour en faire une activité profitable, il faut un certain volume d'activité, permettant de rémunérer un vendeur (au moins à mi-temps). Cela prend généralement du temps à construire, mais cela permet aux – relativement rares – domaines qui y arrivent d'améliorer leurs marges et de mieux répartir leurs risques.

---

1. Voir la partie consacrée à Tariquet dans le chapitre 17.

QUELLE RENTABILITÉ POUVEZ-VOUS ATTENDRE ?

Votre rentabilité dépendra directement de votre prix de vente[1]

Dans le vin, les niveaux de profitabilité sont directement liés au prix de vente des produits. Pour les vins d'entrée de gamme, les marges seront très faibles, généralement inférieures à 5 % du chiffre d'affaires. Produire des vins qui se vendent plus cher implique des coûts additionnels, mais moindres que l'augmentation de prix. Ainsi, la rentabilité s'améliorera pour les vins moyens de gamme. Ensuite, pour les vins haut de gamme, les coûts de production ne sont pas fondamentalement différents, ils atteignent un plateau et la quasi-totalité de l'augmentation de prix ira directement dans la marge.

Comment optimiser votre rentabilité ?

L'objectif logique est donc pour un producteur de vin d'augmenter ses prix de vente. Mais cela n'est pas toujours possible : certaines zones de production, certains vins, ne sont pas assez différenciés pour prétendre à une prime de prix.

Quand l'augmentation du prix n'est pas possible, alors le moyen d'améliorer sa profitabilité est de diminuer ses coûts. C'est la stratégie la plus commune dans les entreprises présentes sur le marché d'entrée de gamme, qui cherchent à augmenter leurs volumes pour bénéficier d'économie d'échelle et ainsi diminuer leurs coûts de production unitaires.

À l'inverse, s'il est possible de justifier un prix de vente élevé pour son vin, alors l'optimisation du résultat passera par une augmentation de ce prix. Cette stratégie de « premiumisation » est très répandue parmi les entreprises, de toutes tailles, dont les vins sont vendus à plus de 7 euros la bouteille aux consommateurs. Pour cela, elles cherchent à augmenter la demande pour leur vin, grâce à un travail d'image et en orchestrant habilement leur distribution afin de créer de la rareté autour de leur produit.

Prix de vente consommateur (€)	Segment	Niveau indicatif de résultat d'exploitation (% CA)	Comment optimiser le résultat d'exploitation ?
15-150 +	≥ Ultra Premium	> 25 %	• Augmenter le prix de vente • Orchestrer la rareté • Contrôle des coûts pas prioritaire
7-15	Super Premium	> 15 %	• Augmenter le prix de vente • Créer la rareté • Contrôle des coûts
5-7	Premium	< 15 %	• Contrôle des coûts • Taille critique pour le marketing • Chercher à augmenter le prix de vente
3-5	Popular Premium	< 10 %	• Aucun levier sur le prix de vente
< 3	Basic	< 5 %	• Comprimer les coûts • Augmenter les volumes

1. Pour une analyse détaillée du compte de résultat du producteur de vin et de la corrélation entre prix de vente et marge d'exploitation, se reporter au chapitre 13.

CHAPITRE 19

Vous hésitez à reprendre une exploitation

RÉALISEZ LE DIAGNOSTIC DE L'EXPLOITATION

Quel est le positionnement de l'exploitation?

*L'exploitation est-elle totalement intégrée ou uniquement présente
sur une partie de la chaîne de valeur?*

Il existe différents modèles économiques sur le marché du vin. Certaines entreprises sont totalement intégrées, elles cultivent les vignes, récoltent le raisin, vinifient, mettent en bouteille et commercialisent. Mais de nombreuses entreprises ne sont pas totalement intégrées de la sorte et ne sont présentes que sur une partie de la chaîne de valeur.

Ces différents modèles économiques ont chacun leurs avantages et leurs inconvénients, notamment en termes de contrôle de la qualité, de rentabilité et d'investissements nécessaires[1].

Une fois le modèle économique de l'exploitation défini, vous devrez répondre à plusieurs questions :

Quels sont les volumes vendus par cette exploitation ?

Le deuxième point sur lequel se pencher pour comprendre le positionnement de l'exploitation est le volume de sa production. Les volumes pouvant fortement varier d'un millésime à l'autre en fonction des aléas climatiques, l'indicateur doit être le volume moyen sur une période de plusieurs années, cinq ans idéalement.

Si l'entreprise possède des vignes, il faut quantifier les deux déterminants de sa production en volume : sa superficie de production et ses rendements moyens (durant les cinq dernières années idéalement).

Quels sont les prix de vente de l'exploitation ?

Il faudra ensuite calculer le prix de vente moyen des vins, au départ de la cave et dans les points de vente pour les consommateurs.

Le prix moyen départ cave correspond au chiffre d'affaires divisé par les volumes. Si l'exploitation a plusieurs cuvées, gammes ou couleur, vous pourrez ainsi calculer le prix de départ moyen de chacune d'entre elles.

Il est également important de connaître le prix payé par le consommateur : cela vous permettra de quantifier les marges de vos distributeurs et de comprendre sur quel segment tarifaire vous êtes présent. Chaque segment tarifaire obéit à une logique différente (croissance du marché, équilibre entre offre et demande, canaux de distribution, consommateur cible, type de concurrent, rentabilité et retour sur investissement) : le positionnement de l'exploitation dans un, ou plusieurs segments vous permettra de comprendre quels seront ses facteurs clés de succès[2].

---

1. Voir les chapitres 13, 14 et 15 pour une analyse approfondie du modèle économique des entreprises du secteur.
2. Pour une analyse des facteurs clés de succès par segment tarifaire, se reporter au chapitre 16.

Quels sont les canaux de distribution de l'exploitation ?

La vente directe représente moins de 5 % du marché en France. Il est donc fort probable que les clients de l'exploitation ne soient pas les consommateurs de ses vins, mais des distributeurs qui les achemineront ensuite vers ces consommateurs[1].

Les vins sont-ils vendus en vrac à des négociants qui les mettent ensuite en bouteille ? Si les vins portent le nom de l'exploitation, sont-ils vendus pour la consommation sur place (canal *on trade*), dans les cafés, hôtels et restaurants ? Ou alors sont-ils vendus pour être emportés et consommés plus tard (canal *off trade*) : chez des cavistes, dans la grande distribution, sur Internet, ou bien à la propriété ?

En synthèse, vous pouvez réaliser le tableau suivant, qui donne un premier aperçu du positionnement de l'exploitation :

Différentes cuvées	Volume annuel moyen (nb. bouteilles)	Prix de vente départ cave (€ HT)	Canaux de distribution	Prix de vente consommateur (€ TTC)
Cuvée A				
Cuvée B				
Cuvée…				

Quelle est la rentabilité de l'exploitation ?

Analyse du compte de résultat : quelle rentabilité ?

Pour avoir une bonne image de la rentabilité d'une exploitation, vous devez observer ses comptes sur plusieurs années. En effet, les volumes et la qualité pouvant fortement varier selon les millésimes, il serait dangereux de se fonder sur les comptes d'une seule année, qui pourrait être extraordinaire. Il faut donc analyser dans le détail le compte de résultat sur une période minimale de trois ans, idéalement de cinq ans. Si vous disposez des comptes sur une période plus longue, utilisez-les pour observer les tendances longues d'évolution du chiffre d'affaires, du résultat d'exploitation et du résultat net.

Les comptes dont vous disposerez seront probablement des documents comptables, pas toujours très lisibles et avec de nombreuses lignes[2]. Cherchez à les

---

1. Pour une analyse détaillée des enjeux liés à la distribution, se reporter au chapitre 8.
2. Par ailleurs, si la société a changé de périmètre ou de raison sociale, vous ne disposerez probablement pas de données homogènes, il faudra alors chercher à reconstruire un compte de résultat historique correspondant au périmètre actuel de l'exploitation.

synthétiser pour obtenir un compte de résultat analytique, qui peut prendre la forme suivante :

	Unité	Année $n-4$	Année $n-3$	Année $n-2$	Année $n-1$	Année n
Chiffre d'affaires HT	k€					
% croissance vs. n — 1	% vs. $n-1$					
Coût du vin	k€					
% du CA HT	%					
dont coût du raisin	k€					
% du CA HT	%					
dont coût de vinification	k€					
% du CA HT	%					
Coût de conditionnement	k€					
% du CA HT	%					
dont coût matières sèches	k€					
% du CA HT	%					
dont coût de mise en bouteille	k€					
% du CA HT	%					
Coûts administratifs et commerciaux	k€					
% du CA HT	%					
dont coûts administratifs	k€					
% du CA HT	%					
dont frais commerciaux et marketing	k€					
% du CA HT	%					
Excédent brut d'exploitation	k€					
% du CA HT	%					
Amortissements	k€					
% du CA HT	%					
Résultat d'exploitation	k€					
% du CA HT	%					
Résultat financier	k€					
% du CA HT	%					
Résultat net avant impôt	k€					
% du CA HT	%					
Impôts	k€					
% du CA HT	%					
Résultat net	k€					
% du CA HT	%					

Il est important de bien comprendre[1] :

- l'évolution du chiffre d'affaires ;
- le poids et l'évolution des principaux postes de coûts (vin, matières sèches, administratif et commercial) ;
- le niveau de marge d'excédent brut d'exploitation ;
- le poids des amortissements ;
- le niveau de marge d'exploitation ;
- le poids des frais financiers et le niveau de résultat net.

Analyse du bilan : des fondations solides ?

Dans l'analyse du bilan, focalisez-vous sur le niveau d'endettement (net de la trésorerie) de l'exploitation et sur son niveau moyen de besoin en fonds de roulement durant les dernières années[2].

Le besoin en fonds de roulement représente la trésorerie qui est nécessaire à l'exploitation pour exercer son activité : elle a des factures de fournisseurs à régler, d'une part, et, d'autre part, elle attend le paiement de certains clients et, surtout, elle doit porter des stocks. En effet, une des particularités du vin est qu'il nécessite un temps d'élevage, durant lequel l'entreprise a décaissé de nombreux coûts mais n'a encore rien encaissé. Le temps d'élevage le plus court est celui des vins primeurs (comme le beaujolais nouveau), une dizaine de semaines, mais il est habituellement d'au moins 5 mois et il peut aller jusqu'à plusieurs années. Il augmente généralement avec le prix de vente des produits : vendre ses vins plus cher implique des durées d'élevage plus longues.

Si l'exploitation produit différentes cuvées, analysez-les séparément. En effet, si une partie de la production a une rotation plus rapide (comme le rosé ou certains blancs, qui peuvent être mis sur le marché plus tôt, ou si une partie de la production est vendue en vrac), cela peut permettre de diminuer le besoin en fonds de roulement et d'améliorer la trésorerie. Si ces cuvées sont moins valorisées, un arbitrage sera donc à réaliser entre rentabilité et besoin de trésorerie.

Quel est le potentiel de croissance de l'exploitation ?

Afin de déterminer la capacité de l'exploitation à se développer, il faut analyser chaque composante du chiffre d'affaires :

---

1. Pour une analyse détaillé du compte de résultat, se reporter au chapitre 13.
2. Voir chapitre 14.

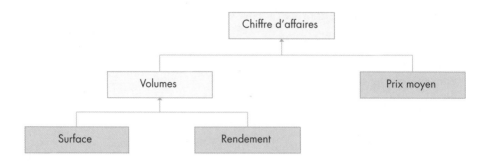

La croissance du chiffre d'affaires peut tout d'abord passer par une augmentation des volumes. Pour cela, il faut soit augmenter la surface de production (acquisition ou location de vignoble), soit augmenter les rendements.

Pour avoir une première idée du potentiel d'augmentation des rendements, vous pouvez comparer les rendements historiques de l'exploitation avec ceux généralement obtenus dans la zone de production. Si vous projetez des croissances de rendements importantes, gardez en tête que l'augmentation de vos rendements pourra être contrainte par plusieurs limites : elle aura tout d'abord un impact sur la qualité du vin, et elle pourra également être limitée à la hausse par les règles d'une AOC (rendement maximal).

Si l'exploitation a un modèle économique sans vigne, fondé sur des achats de raisin, alors la possibilité d'augmenter ses volumes dépendra de sa capacité à augmenter ses approvisionnements.

Le second levier qui peut être actionné pour augmenter le chiffre d'affaires est celui des prix de vente. Pour émettre une hypothèse préliminaire sur la capacité de l'entreprise à augmenter ses prix, il est utile d'observer les autres exploitations présentes dans la même zone de production ou le même segment de marché. En comparant leur positionnement (vin d'offre ou vin de demande, segment tarifaire, canaux de distribution) et leur prix de vente à celui de l'exploitation que vous envisagez de reprendre, vous pourrez estimer votre potentiel d'augmentation de prix.

Les deux composantes du chiffre d'affaires ne sont pas indépendantes : l'évolution des volumes peut avoir un impact sur le prix de vente, et vice versa. Par exemple, si votre objectif est d'améliorer la qualité des vins pour augmenter leur prix de vente, il est alors possible que les rendements de l'exploitation diminuent. Vous aurez alors moins de volume et, pour que votre chiffre d'affaires augmente, il faudra que l'augmentation de prix fasse plus que compenser cette diminution des volumes.

De quels investissements l'exploitation aura-t-elle besoin dans les années à venir?

Les besoins d'investissement dépendront de l'état actuel de l'exploitation (vignoble, cave) et de vos ambitions de développement.

À volumes constants, l'exploitation va-t-elle nécessiter des investissements dans les années à venir? Il faut analyser l'âge des vignes et leur état sanitaire afin de déterminer les besoins de replantation à venir. De la même façon, la qualité et la durée de vie résiduelle des installations techniques vous donneront des indications sur les besoins d'investissement à venir à la cave.

Le plan d'investissement devra également être en adéquation avec les évolutions de volumes et de prix de vente attendues. Si vous projetez d'augmenter les volumes de l'exploitation, il faudra alors peut-être investir pour augmenter ses capacités de vinification et de stockage (sauf si l'exploitation est actuellement en surcapacité). Si vous projetez d'augmenter les prix de vente, il faudra peut-être procéder à des élevages plus longs et qualitatifs, ce qui peut impliquer des investissements dans des outils et des fûts ainsi que dans des bâtiments permettant de stocker plus de bouteilles.

En pratique

Les forces et les faiblesses de l'exploitation

Une fois ces analyses du positionnement, de la rentabilité et du potentiel de croissance de l'exploitation réalisés, vous aurez une première idée de ses forces et de ses faiblesses:

- Ses produits sont-ils positionnés sur des segments de marché porteur? Demandez-vous également si ses produits sont différenciés: ont-ils un caractère spécifique grâce auquel le marché leur accorde, ou pourrait leur accorder, une prime de prix?
- Est-elle rentable: l'exploitation génère-t-elle de la trésorerie ou, au contraire, en a-t-elle consommé durant les dernières années?
- Peut-elle se développer: le profil de l'exploitation peut-il être modifié dans les années à venir (positionnement tarifaire et volumes)? Si oui, quels seraient les investissements nécessaires pour atteindre cet objectif?

CONSTRUISEZ LE PLAN D'AFFAIRES À DIX ANS DE L'EXPLOITATION

Le diagnostic de l'exploitation et l'identification de ses forces et faiblesses vous permettront de définir des hypothèses solides sur lesquelles bâtir un plan d'affaires, outil central pour votre décision d'investissement.

---

1. Voir le chapitre 16 pour une synthèse sur les dynamiques des différents segments tarifaires.

Construisez le compte de résultat cible

Quel chiffre d'affaires ?

Afin d'estimer le chiffre d'affaires à venir de l'exploitation, faites des hypothèses pour chacune de ses composantes :

- hectares en production ;
- rendement ;
- ou, si l'entreprise n'est pas intégrée en amont, quantité de raisins achetés ;
- prix moyen.

La multiplication du volume par le prix moyen vous donnera votre chiffre d'affaires. Si l'exploitation a plusieurs gammes de produit, faites l'exercice pour chacune d'elles.

Quelle structure de coûts ?

À partir du compte de résultat historique, faites une hypothèse pour chaque poste de coûts. Pour bâtir ces hypothèses, cherchez à comprendre la nature de chaque coût : est-ce un coût fixe ou un coût variable ? S'il s'agit d'un coût variable, est-il proportionnel aux volumes produits (comme les coûts d'embouteillage par exemple) ou au chiffre d'affaires (comme certains coûts administratifs) ?

Vous obtiendrez ainsi une estimation des résultats à venir de l'exploitation. Si votre objectif est de maintenir la stratégie actuelle de l'entreprise que vous voulez reprendre, cet exercice sera plus facile que si vous voulez la modifier. Dans ce second cas particulièrement, vous pouvez construire plusieurs scénarios en plus de votre scénario central : un scénario catastrophe (dans lequel votre stratégie ne donne pas de résultats ou met beaucoup plus de temps que prévu pour les atteindre) et à l'opposé un scénario idéal, dans lequel tout fonctionne encore mieux (et/ou plus vite) que vous dans votre scénario central. Avec ces trois scénarios, vous aurez une bonne image de l'éventail des possibles, et des risques encourus.

Quantifiez les investissements nécessaires

Votre plan d'affaires doit prendre en compte les investissements nécessaires pour atteindre le compte de résultat cible et les amortissements correspondants. Si tous les investissements ne sont pas réalisés la première année, veillez à bien séquencer chaque investissement avec ses résultats attendus dans le compte de résultat.

Faites également le lien entre bilan et compte de résultat pour bien comprendre si l'exploitation génère de la trésorerie ou si elle en consomme, et ainsi anticiper les éventuels apports de capitaux à effectuer. Par exemple, si sa rentabilité est très faible et son bilan fragile, alors il est probable que l'exploitation nécessite des apports de capitaux dans les années à venir.

Selon la structure de votre financement, l'exploitation peut éventuellement porter une dette additionnelle. Dans ce cas, intégrez ces charges financières dans le compte de résultat et déterminez la durée qui sera nécessaire à l'exploitation pour rembourser cette dette.

Enfin, calculez pour chaque année votre besoin en fonds de roulement, et spécialement si vous comptez modifier le modèle de l'exploitation (montée en gamme, développement des volumes, changement de canaux de distribution…). Pour cela, quantifiez pour chaque année les stocks que vous devrez porter, les créances clients dont vous attendrez le règlement, et les dettes fournisseurs que vous aurez à honorer.

IDENTIFIEZ VOS PRIORITÉS ET PRENEZ VOTRE DÉCISION

Quels profits générera votre investissement?

Une fois ce plan d'affaires réalisé, vous aurez une bonne vision des montants à investir et des résultats que pourra générer l'exploitation. Vous pourrez alors calculer votre retour sur investissement.

Le montant total de votre investissement sera la somme du prix d'acquisition de l'exploitation, des investissements réalisés après l'acquisition (vigne, cave…), ainsi que de la trésorerie injectée dans l'affaire (notamment pour financer le besoin en fonds de roulement).

Face à ces investissements, l'exploitation générera un résultat. Prenez comme indicateur le résultat d'exploitation de l'affaire une fois votre projet mené à bien, en année 3, voire année 5, si vous modifiez le modèle de l'exploitation (plus tôt si ce n'est pas le cas).

Le rapport entre ce résultat d'exploitation et le montant investi vous donnera le retour sur investissement[1] de votre projet. Cet indicateur, qui permet de quantifier le résultat généré pour 1 euro investi, donne une image synthétique de la création de valeur qu'il pourra générer. Vous pourrez ainsi voir si celui-ci est intéressant en lui-même et également le comparer avec d'autres projets, afin de déterminer lequel est le plus intéressant d'un point de vue économique[2].

---

1. Pour une analyse approfondie de l'optimisation du retour sur investissement, se reporter au chapitre 15.
2. Si votre projet a également un objectif lié à la fiscalité (ISF, succession…), vous pouvez intégrer les gains attendus dans le calcul de retour sur capital investi.

Si votre objectif est de développer l'exploitation puis de la céder une fois trans-formée, vous pouvez alors intégrer la valeur de cession dans votre série de flux et calculer un taux de rentabilité interne (TRI).

En pratique

Quelles sont vos motivations et comment les hiérarchisez-vous ?

Une fois ces analyses et ces calculs effectués, vous aurez une bonne vision de l'intérêt purement financier de l'investissement envisagé. Mais ce projet de reprise d'une exploi-tation répond probablement à d'autres motivations : changer de mode de vie, réaliser un rêve…

Il faut donc répondre à la question fondamentale : qu'est-ce qui vous pousse à tenter cette aventure ? Afin d'y voir plus clair, faites la liste de toutes vos motivations, puis hiérarchisez-les en les classant de la plus importante à la moins importante. Le retour sur investisse-ment calculé précédemment sera un de ces éléments de décision.

Si pour vous cet élément n'est pas le plus important, il est néanmoins nécessaire de répondre clairement à une question centrale : avez-vous besoin de gagner de l'argent avec ce projet ? Et si oui, à quelle échéance ?

CHAPITRE 20

Vos raisins sont vendus à une coopérative : pourriez-vous mieux les valoriser ?

Dans le modèle coopératif, le viticulteur livre ses raisins à la coopérative qui les vinifie puis commercialise le vin. Le viticulteur n'est donc présent qu'au début de la chaîne de valeur. Certains viticulteurs choisissent de devenir vignerons, c'est-à-dire de produire, et éventuellement de commercialiser, leur propre vin. Cela implique d'exercer de nouveaux métiers : vinificateur, embouteilleur, marketeur, vendeur, logisticien, gérant.

Avant de se lancer dans l'aventure, il est nécessaire de construire l'équation économique de ce changement de modèle, afin de s'assurer que les raisins généreront à l'avenir plus de résultat qu'ils ne le font actuellement.

À QUEL STADE DE LA CHAÎNE DE VALEUR PENSEZ-VOUS APPORTER DE LA VALEUR AJOUTÉE ?

Si votre objectif est de changer de modèle pour générer plus de profit, alors cherchez à identifier les stades de la chaîne de valeur où vous pensez apporter de la valeur ajoutée en passant du modèle coopératif à un modèle indépendant :

Vigne	Chaîne de valeur		Consommateur
Raisin	**Vinification**	**Mise en bouteille**	**Commercialisation**
Métier actuel : Sortir du modèle économique de la coopérative vous permettra-t-il de modifier votre mode de culture (et de récolte), et donc d'améliorer la qualité de vos raisins ?			
Nouveaux métiers	Pensez-vous pouvoir apporter de la valeur ajoutée grâce à des vinifications différentes de celles effectuées par la coopérative ?	Misez-vous sur l'identité de vos futures bouteilles pour différencier vos vins de la production de la coopérative ?	Votre mode de commercialisation sera-t-il un atout par rapport au travail effectué par la coopérative ?

Quel est le potentiel qualitatif de vos vignes ?

Une des premières questions à se poser concerne le potentiel des vignes : permet-traient-elles de produire des vins de meilleure qualité que la production de la coopérative, qui pourraient donc être mieux valorisés ?

Zone de production et/ou appellation

Les vignes sont-elles situées dans une zone de production classée en AOC ou en IGP ? Si c'est le cas, quelle est la notoriété de cette appellation ? Une appellation renommée est un atout qui peut faciliter le passage en indépendant et également octroyer une prime de prix. À l'inverse, une faible notoriété implique de devoir construire intégralement l'identité du vin, ce qui laisse parfois plus de liberté, mais demande souvent plus de temps.

Âge des vignes et mode de culture

Quelle est la qualité de votre vignoble par rapport à la moyenne de la coopérative ? Les vignes sont-elles plus ou moins âgées ? Le mode de culture est-il le même ? En fonction de ces éléments vous pourrez estimer si votre vignoble produit (ou pourrait produire si vous vous en donniez les moyens) des raisins plus qualitatifs que ceux des autres coopérateurs. Si tel est le cas, vous avez potentiellement un atout sur lequel capitaliser pour valoriser vos vins.

Potentiel d'amélioration et impact sur les rendements

Le changement de modèle vous permettrait-il d'adopter un autre mode de culture et de récolte, qui provoquerait une amélioration significative de la qualité des raisins ?

La conversion en agriculture biologique peut être une option, car, outre ses béné-fices sociétaux, elle permet actuellement de mieux valoriser les raisins et les vins. Cette conversion comporte des risques, principalement durant les premières années, et elle s'accompagne habituellement d'une baisse des rendements et d'une augmentation des coûts. Il est donc nécessaire d'obtenir une prime de prix substan-tielle pour qu'elle soit économiquement justifiée[1].

Quels que soient les changements que vous souhaitez effectuer pour améliorer la qualité de vos raisins, il est probable qu'ils auront un impact sur les rendements

---

1. Pour une analyse détaillée de l'équation économique de la conversion en bio, se reporter au chapitre 13.

de votre vignoble. Ces impacts devront être quantifiés, afin de bien prendre en compte les éventuelles baisses de rendement dans l'équation économique du changement de modèle.

Quel est le positionnement des vins de votre zone de production ?

Si vous souhaitez devenir producteur de vin et non plus uniquement de raisin, il est important de comprendre le positionnement des vins issus de votre zone de production, car ils seront vos concurrents.

Afin d'identifier le positionnement des vins de votre zone de production, plusieurs facteurs sont à analyser. En premier lieu, il faut se demander si la production est homogène ou si, au contraire, il existe plusieurs segments (par couleur, par types de vinification, par niveaux de qualité…). S'il existe plusieurs segments bien différenciés dans l'offre, alors pour chacun de ceux-ci identifiez :

- les niveaux de prix de vente aux consommateurs ;
- les canaux de distribution ;
- l'image et la notoriété.

	Niveau de prix	Canaux de distribution	Image
Segment 1			
Segment 2			
Segment…			

Grâce à ce tableau, vous déterminez le(s) segment(s) du marché dans le(s)quel(s) sont positionnés les vins de votre zone de production. Chaque segment ayant des caractéristiques différentes (taux de croissance, équilibre entre l'offre et la demande, capacité à accéder à la distribution, consommateurs cibles, types de concurrents), ils n'ont pas tous le même attrait[1]. Si le positionnement actuel des vins de votre zone de production est porteur, alors vous aurez tout intérêt à en profiter en restant dans ses codes. Si, à l'inverse, les vins produits dans votre zone géographique sont dans des segments présentant peu d'intérêt stratégique, vous aurez intérêt à vous en démarquer.

Une fois toutes ces informations réunies, vous pourrez définir les forces et les faiblesses de votre zone de production, et aussi identifier les opportunités dont elle pourrait bénéficier à l'avenir ainsi que les menaces auxquelles elle risque de devoir faire face (analyse SWOT).

---

1. Voir les caractéristiques et les facteurs clés de succès de chaque segment tarifaire dans le chapitre 16.

	Forces	Faiblesses	
Notoriété/Image			
Niveau de prix de vente			
Équilibre entre l'offre et la demande			Situation actuelle
Canaux de distribution			
Types de consommateurs			

	Opportunités	Menaces	
Taux de croissance			
Évolution des prix			
Accès à la distribution			Évolutions attendues
Adéquation vis-à-vis des attentes des consommateurs			
Intensité concurrentielle			

QUEL SERAIT LE POSITIONNEMENT DE VOS VINS ?

Il est important de définir de façon précise la vision que vous avez pour vos futurs vins :

- Quel style de vin (type d'agriculture, méthode de vinification, caractéristiques organoleptiques…) ?
- Avec quelle identité (nom, bouteille, étiquette, label…) ?
- Pour quels consommateurs ?
- À quel prix de vente ?
- Produit en quelles quantités ?
- Vendu dans quels canaux de distribution ?

Dans la définition des caractéristiques de vos vins, cherchez à répondre à plusieurs questions centrales :

- Serez-vous proche du positionnement des vins produits dans votre zone géographique ou, à l'inverse, en rupture avec celui-ci ?
- Comment vos vins vont-ils se différencier : quelles sont les caractéristiques qui leur donneront un atout par rapport à leurs concurrents (de la même zone de production et, au-delà, du même segment tarifaire) ?
- Dans votre relation avec la distribution, qu'est ce qui dans vos vins sera susceptible d'intéresser les distributeurs ?

Pour chaque gamme que vous avez en tête, synthétisez votre vision :

Différentes cuvées	Identité du vin (style, image)	Consommateur cible	Volume annuel moyen (nb. bouteilles)	Prix de vente départ cave (€ HT)	Canaux de distribution	Prix de vente consommateur (€ TTC)	Positionnement *vs* autres vins de la zone de production	Éléments de différenciation
Cuvée A								
Cuvée B								
Cuvée…								

CONSTRUISEZ LE PLAN D'AFFAIRES À 10 ANS DE VOTRE EXPLOITATION AVEC CE NOUVEAU MODÈLE ÉCONOMIQUE

Quel compte de résultat cible ?

Une structure de coûts différente

Devenir vigneron à part entière et ne plus être uniquement viticulteur implique des dépenses nouvelles, liées aux nouvelles tâches à effectuer. En effet, la vinification, l'élevage des vins, la mise en bouteille, le stockage et la commercialisation vont totalement changer le profil du compte de résultat de l'exploitation[1].

Tout d'abord, le chiffre d'affaires va changer de nature : comme il dépendra du nombre de bouteilles vendues, il risque d'être moins régulier que dans le modèle coopératif et il sera décalé dans le temps.

Afin de modéliser ce chiffre d'affaires, il faut quantifier toutes ses composantes :

▶ [nombre de bouteilles × prix de vente net] = chiffre d'affaires total potentiel.

▶ Selon la durée d'élevage de chaque cuvée : date de mise en vente. Le chiffre d'affaires des vins du millésime n sera ainsi très rarement obtenu la même année (pour les vins primeurs uniquement), mais plutôt en année $n + 1$, voire $n + 2$ en cas d'élevage long.

Du fait de ce décalage dans le temps, le besoin de trésorerie sera plus important que dans le modèle coopératif.

Ensuite, de nouveaux coûts vont apparaître dans le compte de résultat :

▶ les coûts de vinification ;

▶ les coûts de conditionnement, composés des coûts des matières sèches (bouteille, bouchon, étiquettes) et des frais de mise en bouteille ;

▶ les frais de commercialisation.

---

1. Pour une analyse détaillée des différents postes du compte de résultat, se reporter au chapitre 13.

Par ailleurs, le nombre de fournisseurs (matériels, matières sèches…) et, surtout, de clients étant amené à se développer fortement, les tâches administratives vont être beaucoup plus nombreuses et les coûts de gestion vont donc changer de dimension.

Construire votre plan d'affaires

Pour avoir une vision plus claire de la structure de coûts de la future exploitation, regroupez les dépenses par grandes familles (coûts du vin, coût du conditionnement, coûts administratifs et commerciaux) puis cherchez à les synthétiser pour obtenir un compte de résultat analytique, qui peut prendre la forme suivante :

	Unité	Année 1	Année 2	Année 3	…	Année 10
Chiffre d'affaires HT	k€					
% croissance vs n − 1	%					
Coût du vin	k€					
% du CA HT	%					
dont coût du raisin	k€					
% du CA HT	%					
dont coût de vinification	k€					
% du CA HT	%					
Coût de conditionnement	k€					
% du CA HT	%					
dont coût matières sèches	k€					
% du CA HT	%					
dont coût de mise en bouteille	k€					
% du CA HT	%					
Coûts administratifs et commerciaux	k€					
% du CA HT	%					
dont coûts administratifs	k€					
% du CA HT	%					
dont frais commerciaux et marketing	k€					
% du CA HT	%					
Excédent brut d'exploitation	k€					
% du CA HT	%					
Amortissements	k€					
% du CA HT	%					
Résultat d'exploitation	k€					
% du CA HT	%					

Pour chaque poste de coût, vous devrez définir une hypothèse. Pour construire ces hypothèses, cherchez à comprendre la nature de chaque coût : est-ce un coût fixe ou un coût variable ? S'il s'agit d'un coût variable, est-il proportionnel aux volumes produits (les coûts d'embouteillage par exemple) ou au chiffre d'affaires (certains coûts administratifs, par exemple) ?

Comme votre exploitation va subir une mutation profonde, il est probable que la vitesse de croisière ne sera pas atteinte dès la première année, mais après une période de transition. Afin de modéliser cette période intermédiaire, vous pouvez dans un premier temps estimer la structure de coûts cible, et le temps nécessaire pour y arriver (3 ou 5 ans par exemple). Ensuite, modélisez la montée en puissance de votre entreprise, entre sa situation actuelle et cet objectif. Enfin, une fois l'objectif atteint, bâtissez de nouvelles hypothèses, beaucoup plus stables, pour la suite du plan d'affaires.

Avec quels investissements ?

Surtout ne pas surinvestir

Pour obtenir ce compte de résultat, qui est celui d'un nouveau métier, des investissements seront probablement nécessaires. En effet, la vinification, la mise en bouteille, le stockage, la commercialisation et la logistique peuvent être facilités par l'achat de machines, d'outils, la construction de bâtiments[1]… Les tentations d'investissements seront donc nombreuses, mais il est impossible de toutes les réaliser. Il faut donc hiérarchiser les investissements, du plus au moins important, et ne réaliser que ceux qui sont absolument nécessaires pour atteindre votre objectif (c'est-à-dire le vin que vous souhaitez produire et la rentabilité que vous souhaitez obtenir).

Il sera important de bien articuler les investissements nécessaires et le compte de résultat cible. Si tous les investissements ne sont pas réalisés la première année, veillez à bien séquencer chaque investissement avec ses résultats attendus dans le compte de résultat.

Un nouveau besoin en fonds de roulement à financer

En changeant de modèle économique, vous allez générer un besoin en fonds de roulement important, qui nécessitera de la trésorerie. En effet, vous allez tout d'abord devoir porter vos stocks de vin jusqu'à leur commercialisation, au moins quelques mois et parfois un an ou plus si le vin que vous voulez réaliser nécessite

---

1. Pour une analyse détaillée des besoins d'investissements d'une exploitation, se reporter au chapitre 14.

des élevages longs. Vous devrez ensuite attendre le paiement de vos clients. Votre clientèle va également totalement changer de nature : vous vendrez votre vin à de multiples clients et pas à une unique coopérative. Ces clients ne paieront pas immédiatement et vous allez donc fort probablement devoir financer des comptes clients plus importants. Pour modéliser ce fonds de roulement, estimez les montants de vos stocks, de vos comptes clients et fournisseurs durant toute la durée de votre plan d'affaires.

Envisager un modèle léger en actifs

Au total, entre les investissements et le besoin en fonds de roulement à financer, les capitaux nécessaires vont être importants. S'il est difficile de diminuer le besoin en fonds de roulement, il est en revanche possible de minimiser les investissements. En effet, il n'est pas obligatoire d'investir dans des équipements pour vinifier et stocker votre vin : il est possible de louer du matériel, voire la totalité des équipements nécessaires, soit auprès de prestataires spécialisés, soit dans des exploitations qui disposent de surcapacités[1].

Ces solutions légères en actifs génèrent un coût additionnel pour l'entreprise, mais elles permettent de faire exister des projets sans capitaux importants, ou bien de tester la validité d'un projet sans investir immédiatement.

Ces modèles sont très courants dans les pays du nouveau monde, dans lesquels les solutions externalisées sont souvent favorisées, notamment au début de la vie de l'entreprise.

Quelle différenciation vous apporteront vos investissements ?

Une fois définis votre plan d'affaires et les investissements qui l'accompagnent, prenez un peu de recul et confrontez :

- votre objectif de différenciation (vos vins seront-ils très différenciés par rapport à ceux de la coopérative ? À ceux de votre zone de production ? À ceux du même segment tarifaire sur le marché ?) ;
- les investissements et le temps nécessaires pour atteindre cet objectif.

		Objectif de différenciation	
		Faible	Fort
Investissements	Faible	=	(+)
	Fort	(−)	=

---

1. Pour plus de détails sur les modèles légers en actifs, voir le chapitre 14.

La situation idéale est celle où vous arrivez à produire des vins très différenciés en n'investissant que faiblement. À l'inverse, prenez garde à ne pas vous lancer dans un projet qui nécessitera des investissements importants pour n'avoir, au final, qu'un produit très peu différencié par rapport à la production actuelle de la coopérative.

Quelle profitabilité additionnelle et quel retour sur capitaux investis ?

Vous aurez alors tous les éléments pour comparer la rentabilité actuelle dans le modèle coopératif et la rentabilité potentielle, ainsi que les investissements à réaliser, si vous prenez votre indépendance.

Dans un premier temps, comparez la rentabilité initiale à la rentabilité attendue une fois la mutation de l'exploitation achevée (en année 5 par exemple) et déterminez quel est le modèle qui génère le plus de résultat.

Intégrez ensuite dans votre raisonnement les investissements nécessaires pour produire vos propres vins. Le montant total de votre investissement sera la somme des investissements réalisés dans votre exploitation ainsi que de la trésorerie injectée dans l'affaire (notamment pour financer le besoin en fonds de roulement).

Pour calculer le retour sur investissement du changement de modèle, divisez :

▶ le résultat additionnel = [Résultat d'exploitation futur – Résultat d'exploitation actuel]

▶ par les capitaux mobilisés = [Investissements + augmentation du besoin en fonds de roulement]

Cet indicateur, qui permet de quantifier le résultat additionnel généré pour 1 euro investi, donne une image synthétique de la création de valeur que pourra générer votre projet.

Cet indicateur peut également vous être utile pour comparer différents scénarios : avec des positionnements (et des prix de vente) différents pour vos vins et avec plus ou moins d'investissements. Si vous quantifiez pour chacun de vos scénarios envisageables le [Résultat additionnel/Investissements], vous pourrez déterminer celui qui offre le meilleur retour sur investissements.

Au final, vous serez donc en mesure de répondre à la question initiale : l'amélioration potentielle de résultat justifie-t-elle de réaliser les investissements envisagés ?

Identifiez vos priorités et prenez votre décision

Quelle valeur ajoutée additionnelle allez-vous apporter ?

Une fois l'analyse approfondie de votre projet réalisée, vous aurez une idée précise de la valeur ajoutée que vous pourrez apporter à vos vins, par rapport à la production actuelle de la coopérative. C'est sur cette valeur ajoutée que reposera la différenciation de vos vins, indispensable pour qu'ils se vendent plus cher.

C'est parce que vous arriverez à vendre vos vins plus cher que votre projet sera créateur de valeur. À l'inverse, si vous ne pensez pas pouvoir mieux valoriser, de façon significative, vos raisins, alors il n'est peut-être pas pertinent de se lancer dans l'aventure et de réaliser des investissements importants.

Quelles sont vos motivations et comment les hiérarchisez-vous ?

Les analyses et les calculs exposés dans les pages précédentes vous donneront une bonne vision de l'intérêt purement financier de votre projet. Mais cette envie de quitter la coopérative répond probablement à d'autres motivations : changer de mode de vie, réaliser un rêve, créer son produit, aller à la rencontre des consommateurs…

Il faut donc répondre à la question fondamentale : qu'est-ce qui vous pousse à tenter cette aventure ? Afin d'y voir plus clair, faites la liste de toutes vos motivations, puis hiérarchisez-les en les classant de la plus importante à la moins importante. Le retour sur investissement calculé précédemment sera un de ces éléments de décision.

Si pour vous cet élément n'est pas le plus important, il est néanmoins nécessaire de répondre clairement à une question centrale : le projet envisagé vous permettra-t-il de gagner votre vie ? Et si oui, à quelle échéance ?

Chapitre 21

Votre vin ne se vend pas assez cher : comment monter en gamme ?

Pourquoi monter en gamme ?

Même s'il est souvent fait référence au marché du vin, il n'y a en réalité pas un seul marché mais plusieurs segments, qui ont chacun des caractéristiques différentes. Ces segments correspondent à des niveaux de prix de vente aux consommateurs, et ils suivent des dynamiques contrastées et obéissent à des facteurs clés de succès distincts.

Ainsi, les segments des vins vendus à moins de 5 euros aux consommateurs sont en décroissance (du fait de l'excédent d'offre par rapport à la demande sur le marché mondial), alors que ceux des vins vendus à plus de 5 euros sont en croissance. De même, les relations avec la distribution sont généralement beaucoup plus équilibrées sur les segments moyen et haut de gamme que sur les segments d'entrée de gamme, où la distribution est en position de force. Enfin, les niveaux de rentabilité augmentent habituellement avec le prix de vente des vins[1].

---

1. Se reporter au chapitre 16 pour une analyse exhaustive des tendances de marché et des facteurs clés de succès par segment tarifaire.

Prix de vente consommateur (€)	Segment	Tendances de croissance	Disponibilité du vin	Canal de distribution majoritaire	Capacité à accéder à la distribution	Niveau indicatif de résultat d'exploitation (% CA)	Comment optimiser le résultat d'exploitation ?
15-150 +	≥ Ultra Premium	Croissance	Offre < Demande	• Spécialistes • (Grande distribution)	Choix de ses distributeurs	> 25 %	• Augmenter le prix de vente • Orchestrer la rareté • Contrôle des coûts pas prioritaire
7-15	Super Premium	Croissance	Offre = Demande	• Spécialistes • Grande distribution	Accès à la distribution relativement aisé	> 15 %	• Augmenter le prix de vente • Créer la rareté • Contrôle des coûts
5-7	Premium	Croissance modérée	Offre ≥ Demande	• Grande distribution • (Spécialistes)	Coopération avec la distribution (support pub et promo sur le point de vente)	< 15 %	• Contrôle des coûts • Taille critique pour le marketing • Chercher à augmenter le prix de vente
3-5	Popular Premium	Décroissance modérée	Offre > Demande (Tension sur les prix)	• Grande distribution	Accès à la distribution critique (lutte avec les MDD, différenciation nécessaire)	< 10 %	• Aucun levier sur le prix de vente • Comprimer les coûts • Augmenter les volumes
< 3	Basic	Décroissance	Offre > > Demande (forte pression sur les prix)	• Grande distribution	Lutte pour l'accès à la distribution (peu de fournisseurs, gros volumes)	< 5 %	

Les conditions de marché étant généralement plus favorables aux producteurs et la rentabilité plus élevée quand les vins sont vendus plus cher, la tentation de monter en gamme peut donc être forte. Mais pour cela il est nécessaire de différencier vos produits, afin qu'ils apportent quelque chose en plus aux distributeurs et aux consommateurs.

QUEL EST LE POSITIONNEMENT ACTUEL DE VOS VINS ?

Avant de définir votre objectif, il est important de bien comprendre d'où vous partez, en analysant le positionnement actuel de vos vins. Pour cela, identifiez tout d'abord, pour chaque cuvée ou gamme de vins, les volumes produits, les prix de vente et les canaux de distribution. Rajoutez ensuite ce qui constitue selon vous les forces et les faiblesses de chacun de vos vins.

Différentes cuvées	Volume annuel moyen (nb. bouteilles)	Prix de vente départ cave (€ HT)	Canaux de distribution	Prix de vente consommateur (€ TTC)	Forces	Faiblesses
Cuvée A						
Cuvée B						
Cuvée…						

VOTRE EXPLOITATION A-T-ELLE LE POTENTIEL SUFFISANT POUR MONTER EN GAMME ?

La seconde étape avant de définir votre positionnement cible est de valider que votre exploitation a le potentiel qualitatif suffisant pour augmenter ses prix.

Votre zone de production est-elle un atout ?

Un premier indicateur sur ce potentiel est donné par la notoriété et le positionnement des autres vins de votre zone de production :

▷ Leurs volumes de production sont-ils plus ou moins importants que les vôtres ? Êtes-vous dans la moyenne de la région, ou vos volumes sont-ils atypiques ?

▷ Leurs vins se vendent-ils plus ou moins cher que les vôtres ?

▷ Quels sont les canaux de distribution qu'ils utilisent majoritairement ?

Vous pourrez ainsi vous positionner par rapport à vos concurrents de la même zone de production. Si vos vins sont vendus moins cher, alors une solution peut être de chercher à les rattraper en reprenant les recettes de leur succès et en profitant de la notoriété de l'appellation ou de certains producteurs. Si au contraire vos vins sont déjà plus chers que la moyenne de l'appellation, alors votre démarche sera différente. En effet, l'image de l'AOC (ou de l'IGP) ne pourra que vous tirer vers le bas et vous devrez envisager de sortir de l'appellation pour ne plus être prisonnier de son image et de son niveau de prix moyen[1].

La qualité de vos raisins vous permettrait-elle de monter en gamme ?

Pour augmenter ses prix de vente, il est nécessaire d'offrir quelque chose de plus aux consommateurs et aux distributeurs. Cette valeur ajoutée additionnelle peut

---

1. Voir le chapitre 4 pour plus de détails sur les avantages et éventuels inconvénients du classement en AOC pour un producteur.

provenir de l'image du vin (de sa bouteille et de son étiquette) si vous avez des moyens marketings importants, mais pour une production aux volumes limités, elle s'accompagne généralement d'une amélioration de la qualité du vin, qui n'est possible que grâce à des raisins de qualité.

La première question à se poser est donc de savoir si vos raisins vous permettraient de produire des vins de meilleure qualité, ou s'il vous serait nécessaire de disposer de meilleurs raisins.

Si vos raisins ne sont pas suffisamment qualitatifs, alors vous pouvez soit en acheter, soit améliorer la qualité de votre vignoble.

Si vous souhaitez acheter des raisins, assurez-vous que la qualité désirée est disponible sur le marché. Si les raisins permettant de faire des vins peu valorisés sont généralement faciles à se procurer, il n'en va pas de même pour les raisins produisant des vins très différenciés, qui sont recherchés et dont les prix peuvent être élevés.

Si votre objectif est de produire des raisins de meilleure qualité grâce à une modification de la conduite du vignoble ou du mode de récolte, validez que votre matériel végétal (qualité et âge des vignes) en a le potentiel. Par ailleurs, si vous pensez effectuer des changements pour améliorer la qualité de vos raisins, il est probable que ceux-ci auront un impact sur les rendements de votre vignoble. Ces impacts devront être quantifiés, afin de bien prendre en compte les éventuelles baisses de rendements dans l'équation économique du changement de modèle.

Serait-il pertinent de convertir votre vignoble en agriculture biologique ?

Parmi les changements possibles dans la conduite du vignoble, la conversion en agriculture biologique est particulièrement d'actualité. L'équation économique d'une telle conversion repose sur trois éléments principaux[1] :

- les rendements vont diminuer, avant de revenir à leur niveau initial (après 7 à 8 ans en moyenne),

- les coûts d'exploitation vont augmenter car les coûts de main-d'œuvre additionnels seront supérieurs aux économies réalisées sur les achats de produits phytosanitaires.

- Face à cette diminution (même transitoire) des rendements et à cette augmentation des coûts, la transition en bio ne se justifie économiquement que si elle s'accompagne d'une augmentation de prix.

---

1. Pour une analyse détaillée de l'équation économique de la conversion en bio, se reporter au chapitre 13.

En règle générale, afin que l'impact sur le compte de résultat soit positif, l'augmentation du prix de vente doit être de 5 points supérieure à la variation de rendements : si les rendements baissent de 10 %, les prix de vente devront augmenter d'au moins 15 % ; si les rendements baissent de 15 %, les prix devront augmenter d'au moins 20 %…[1]

Si cette augmentation de prix semble atteignable au vu des cours actuels des vins conventionnels et des vins biologiques en France, il faut également garder à l'esprit que les rendements, après une période de diminution, vont retrouver leur niveau initial. Ainsi, au final, l'exploitation peut viser des rendements identiques avec des prix de vente supérieurs : le passage en viticulture biologique lui sera profitable.

Quel serait le positionnement cible de vos vins ?

Une fois que votre positionnement actuel est bien identifié et que vous avez validé la capacité de votre exploitation à monter en gamme, il faut définir de façon précise la vision que vous avez pour vos futurs vins :

- Quel style de vin (type d'agriculture, méthode de vinification, caractéristiques organoleptiques…) ?
- Avec quelle identité (nom, bouteille, étiquette, label…) ?
- Pour quels consommateurs ?
- À quel prix de vente ?
- Produit en quelles quantités ?
- Vendu dans quels canaux de distribution ?

En effet, sauf si vos vins sont actuellement très sous-valorisés, il sera nécessaire de modifier plusieurs éléments du mix pour justifier une augmentation de prix.

---

1. Voir les hypothèses retenues et le détail des calculs dans le chapitre 13.

Synthétisez votre vision, pour vos vins actuels et pour ceux vers lesquels vous voulez aller :

		Identité du vin (style, image)	Consommateur cible	Volume annuel moyen (nb.bouteilles)	Prix de vente départ cave (€ HT)	Canaux de distribution	Prix de vente consommateur (€ TTC)	Positionnement vs autres vins de la zone de production	Éléments de différenciation
Aujourd'hui	Cuvée A								
	Cuvée B								
	Cuvée…								
Demain	Cuvée A'								
	Cuvée B'								
	Cuvée…								

Cette comparaison entre votre positionnement actuel et celui que vous voulez atteindre vous donnera une idée du chemin à parcourir. La difficulté ne sera pas la même si l'objectif est proche de la situation actuelle, qu'il ne s'agit que d'une évolution de votre modèle, ou si, au contraire, l'objectif est très éloigné et que vous devez le modifier en profondeur.

En pratique

Qu'allez-vous apporter de plus ?

Dans la définition des caractéristiques de vos vins, cherchez à répondre à plusieurs questions centrales :

- Qu'apportez-vous de plus : quelles sont les différences, par rapport aux vins actuels, qui vous permettront de justifier un prix de vente supérieur ?
- Comment vos vins vont-ils se différencier : quelles sont les caractéristiques qui leur donneront un atout par rapport à leurs concurrents (de la même zone de production et, au-delà, du même segment tarifaire) ?
- Cette différenciation sera-t-elle pérenne : sera-t-elle durable et facilement défendable face à la concurrence ?
- Dans votre relation avec la distribution, qu'est-ce qui dans vos vins sera susceptible d'intéresser les distributeurs ? Votre accès à la distribution sera-t-il rendu plus facile par votre nouveau positionnement ?

QUEL IMPACT ÉCONOMIQUE POUR VOTRE EXPLOITATION ?

La définition précise de votre positionnement cible et du chemin à parcourir pour l'atteindre vous permettront de définir des hypothèses solides pour construire votre plan d'affaires.

Quel gain de chiffre d'affaires ?

Pour quantifier l'impact de votre montée en gamme sur votre compte de résultat, commencez par estimer le chiffre d'affaires cible. Si vous produisez vos raisins, portez une grande attention à vos estimations de rendements. En effet, il est courant qu'une amélioration de la qualité des raisins s'accompagne d'une diminution des rendements. Ainsi, les volumes vendus risquent d'être inférieurs dans le modèle futur à ce qu'ils sont actuellement. Le chiffre d'affaires étant la résultante de la multiplication du nombre de bouteilles vendues par le prix départ cave moyen, l'augmentation du prix de vente devra donc plus que compenser la baisse des volumes pour que le chiffre d'affaires augmente.

Quels coûts additionnels ?

Penchez-vous ensuite sur vos coûts et demandez-vous pour chaque poste de dépense si votre montée en gamme peut générer des coûts additionnels[1], notamment :

- À la vigne : allez-vous modifier le mode de culture (plus de passages dans les vignes, donc plus de main-d'œuvre) ou le mode de récolte (vendanges à la main *versus* mécaniques) ?
- À la cave : pensez-vous changer vos techniques de vinification ou vos modes d'élevage (type de contenant et durée) ?
- pour les matières sèches : voulez-vous changer de flacon ou d'étiquetage ?
- pour la commercialisation des vins : avez-vous l'objectif de changer de mode de distribution ? Cela peut-il créer des coûts additionnels ?

Par ailleurs, si votre modèle économique est profondément modifié, certains postes de coûts existants seront amenés à évoluer. Pour chaque poste de coût, définissez une hypothèse en cherchant à comprendre sa nature : est-ce un coût fixe ou un coût variable ? S'il s'agit d'un coût variable, est-il proportionnel aux volumes produits (les coûts d'embouteillage, par exemple) ou au chiffre d'affaires (comme certains coûts administratifs) ?

Des investissements seront-ils nécessaires ?

Au-delà des dépenses d'exploitation, identifiez les investissements que nécessite votre projet de montée en gamme[2], par exemple :

- l'acquisition de vignoble ?

---

1. Pour une analyse détaillée des différents postes du compte de résultat, se reporter au chapitre 13.
2. Pour une analyse détaillée des besoins d'investissements d'une exploitation, se reporter au chapitre 14.

- l'achat de matériel pour le vignoble ou la cave?
- la construction de bâtiments pour augmenter les capacités de stockage?

Le besoin en fonds de roulement augmentera-t-il?

Les durées d'élevage augmentent en général avec les prix de vente. Il est donc possible que votre projet d'augmentation de prix modifie vos périodes d'élevage, spécialement si votre objectif de positionnement tarifaire est assez éloigné de votre positionnement actuel.

Dans ce cas, vous aurez à porter les stocks plus longtemps : la durée entre la période de récolte et l'encaissement du chiffre d'affaires correspondant sera allongée. Cette augmentation du besoin en fonds de roulement provoquera une rupture dans la trésorerie de l'exploitation qu'il faudra anticiper.

Votre exploitation sera-t-elle plus rentable?

Une fois tous ces éléments réunis, vous pourrez construire un plan d'affaires qui vous permettra d'estimer votre rentabilité une fois votre montée en gamme réalisée.

Si vous projetez une montée en gamme importante, qui modifie substantiellement le modèle économique de votre exploitation, il est probable que la vitesse de croisière ne sera pas atteinte dès la première année, mais après une période de transition. Afin de modéliser cette période intermédiaire, vous pouvez dans un premier temps estimer la structure de coûts cible, et le temps nécessaire pour y arriver (3 ans par exemple). Ensuite, modélisez la montée en puissance de votre entreprise, entre sa situation actuelle et cet objectif. Enfin, une fois l'objectif atteint, bâtissez de nouvelles hypothèses, beaucoup plus stables, pour la suite du plan d'affaires.

Vous aurez alors tous les éléments pour comparer la rentabilité actuelle à la rentabilité attendue une fois l'objectif atteint (en année 3 par exemple) et valider l'hypothèse que le modèle futur génère plus de résultat.

Quel retour sur investissement?

Pour arriver à votre rentabilité cible, des investissements seront peut-être nécessaires. Afin de les prendre en compte dans votre décision, calculez le retour sur investissement de votre projet.

Pour cela, intégrez dans votre raisonnement les apports de fonds nécessaires pour votre montée en gamme : la somme des investissements réalisés dans votre exploitation ainsi que de la trésorerie injectée dans l'affaire (notamment pour financer le besoin en fonds de roulement).

Pour calculer le retour sur investissement de la montée en gamme, divisez :

▶ le résultat additionnel = [Résultat d'exploitation futur – Résultat d'exploitation actuel]

▶ par les capitaux mobilisés = [Investissements + Augmentation du besoin en fonds de roulement]

Cet indicateur, qui permet de quantifier le résultat additionnel généré pour 1 euro investi, donne une image synthétique de la création de valeur que pourra générer votre projet.

Cet indicateur peut également vous être utile pour comparer différents scénarios, avec des prix de vente cibles et des investissements différents. Si vous quantifiez pour chacun de vos scénarios envisageables le [Résultat additionnel/Investissements], vous pourrez déterminer celui qui offre le meilleur retour sur investissements.

CHAPITRE 22

Vous avez des débouchés mais pas assez de vin à vendre : comment augmenter vos volumes ?

Votre exploitation rencontre du succès auprès de ses distributeurs, et leur demande est devenue supérieure à votre production. Frustré de ne pouvoir satisfaire ces commandes, vous avez la tentation d'augmenter vos volumes.

Plusieurs questions se posent alors :

▶ Où trouver ces volumes supplémentaires : en développant une activité de négoce ou en achetant de nouvelles vignes ?

▶ Comment limiter le risque de diminution de la qualité de votre production et de dégradation de l'image de votre exploitation ?

▶ Quelle profitabilité additionnelle pouvez-vous en tirer ? Au prix de quels investissements ?

LES DIFFÉRENTES OPTIONS QUE VOUS POUVEZ ENVISAGER

Développer le négoce : achats de raisins (ou de vin) ?

La première option est de développer une activité de négoce, en achetant des raisins que vous vinifierez ensuite, ou en achetant du vin en vrac.

Les principaux avantages de cette option sont qu'elle ne nécessite pas de capitaux et qu'elle peut être mise en œuvre très rapidement. En effet, contrairement à l'achat de vignes, vous n'avez pas dans ce cas besoin de sortir des fonds, ni d'attendre que la vente se réalise et, si cela est nécessaire, que le vignoble soit remis en ordre de marche.

Mais cette option présente aussi des inconvénients. Le premier est que vous n'avez pas le même contrôle sur la qualité que si vous cultiviez vous-même vos vignes et récoltiez votre raisin. Si vous achetez du vin déjà vinifié, le contrôle est encore moindre. Le second inconvénient est que vous n'êtes pas propriétaire de vos approvisionnements et que vous pouvez donc les perdre, même si vous arrivez à commercialiser les vins avec succès.

Augmenter la surface de votre vignoble : achat (ou location) de vignes ?

L'autre option consiste à augmenter la surface de votre vignoble. Si vous achetez des vignes, alors cela nécessite d'avoir des capitaux disponibles. Si vous avez l'opportunité de louer des vignes, cela ne nécessite pas d'apport initial de capitaux, mais gardez en tête que dans les modèles de fermage et de métayage, si des investissements d'équipements sont nécessaires pour exploiter la vigne, ils sont à la charge du locataire. Cette option peut également nécessiter plus de temps, si les négociations durent ou si le vignoble a besoin d'être remis en état.

En revanche, en cultivant vos vignes, vous pourrez contrôler la qualité du raisin et sécuriser vos vignes pour une période longue (location), voire infinie (achat).

Les avantages et les inconvénients des deux modèles

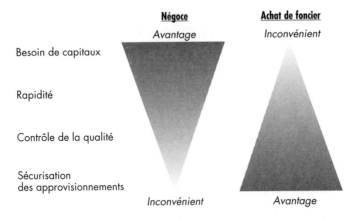

Afin de bénéficier de la flexibilité de mise en œuvre du modèle de négoce tout en maintenant un contrôle sur la qualité des raisins, vous pourrez proposer au viticulteur de lui acheter ses raisins plus chers. En effet, de nombreux négociants et, surtout, de vignerons ayant également une activité de négoce, imposent au viticulteur une certaine conduite du vignoble (taille, traitements, label bio…) et en contrepartie ils payent une prime de prix pour ses raisins par rapport au prix moyen pour ce type de raisins dans la zone de production.

LES RISQUES QUE VOUS DEVREZ ÉVITER

Quels risques pour la qualité de vos vins et l'image de votre exploitation ?

Si les nouveaux raisins que vous souhaitez intégrer à votre production ont une qualité supérieure à ceux que vous vinifiez actuellement, alors votre image ne court pas de risque.

En revanche, si vous pensez intégrer des raisins de qualité inférieure, et cela est souvent le cas, il faudra alors prendre garde à ce que la qualité de vos vins ne perde pas son homogénéité, voire ne diminue pas.

De même, il faudra faire attention à ce que l'image de votre exploitation ne se dégrade pas, ce qui pourrait faire peser un risque sur le cœur de votre activité, qui est à la base de votre succès actuel.

La réponse à apporter sera différente selon l'importance des volumes addition-nels que vous souhaitez intégrer à votre production. Si ces volumes sont limités, s'ils représentent moins de 5 % (et en tout cas moins de 10 %) de vos volumes actuels, alors leur impact sur la qualité devrait rester faible, et le risque sous contrôle.

Créer une gamme spécifique, dédiée à ces nouveaux volumes ?

Si en revanche vous avez la volonté, ou l'opportunité, d'augmenter vos volumes de plus de 10 % alors le risque sur la qualité et l'image de votre production doit être pris en compte.

Concernant la qualité, comme cela a été précédemment exposé, vous pouvez mini-miser le risque en demandant à vos fournisseurs de raisins de suivre un cahier des charges et en leur payant en contrepartie une prime de prix.

Mais avec des augmentations de volume importantes, il est impossible de totale-ment contrôler l'impact sur la qualité de vos vins. Il peut donc être préférable de créer dans ce cas une identité spécifique pour ces nouveaux vins : une nouvelle gamme ou une nouvelle cuvée. Cela permet de faire bénéficier ces nouveaux volumes de votre nom, qui génère la demande, tout en limitant le risque encouru. Le consommateur sera en mesure de faire le lien avec votre marque, mais une distance sera établie entre vos produits historiques et ces nouveaux produits.

Cette solution est certes plus complexe à mettre en œuvre, car elle nécessite la création et la commercialisation d'une nouvelle gamme, et elle apportera moins de bénéfices si ces vins sont vendus légèrement moins chers, mais elle permet de minimiser le risque de dégradation d'image de votre cœur de gamme. Avec cette option, vous ne mettez pas en risque la totalité de votre exploitation pour des volumes supplémentaires qui restent finalement marginaux.

Vis-à-vis de vos distributeurs, cette solution est envisageable car, étant donné qu'ils vous demandent plus de volumes, vous êtes en position favorable pour négocier avec eux l'intégration d'une nouvelle gamme.

QUEL IMPACT ÉCONOMIQUE AURA CE PROJET SUR VOTRE EXPLOITATION ?

Construisez le compte de résultat des volumes additionnels

Pour estimer le bénéfice que peut vous apporter ce projet d'augmentation de volumes, commencez par estimer le chiffre d'affaires qu'il génèrera. Pour cela, il faut avoir une idée précise :

- des volumes que vous pensez pouvoir commercialiser, durant les prochaines années,
- du positionnement que vous allez adopter et donc du prix de vente des vins.

Quantifiez ensuite les coûts directement liés à ces volumes additionnels : coûts du raisin, de la vinification, des matières sèches, de la mise en bouteille, de la commercialisation ainsi que les éventuels coûts administratifs générés par le projet[1].

---

1. Pour une analyse détaillée des différents postes du compte de résultat, se reporter au chapitre 13.

	Unité	Année 1	Année 2	Année 3	Année 4	Année 5
Volumes vendus	Nb bouteilles					
Prix moyen HT	€					
Chiffre d'affaires HT	k€					
% croissance vs n − 1	%					
Coût du vin	k€					
% du CA HT	%					
dont coût du raisin	k€					
% du CA HT	%					
dont coût de vinification	k€					
% du CA HT	%					
Coût de conditionnement	k€					
% du CA HT	%					
dont coût matières sèches	k€					
% du CA HT	%					
dont coût de mise en bouteille	k€					
% du CA HT	%					
Coûts administratifs et commerciaux	k€					
% du CA HT	%					
dont coûts administratifs	k€					
% du CA HT	%					
dont frais commerciaux et marketing	k€					
% du CA HT	%					
Résultat d'exploitation	k€					
% du CA HT	%					

Estimez l'impact éventuel sur la rentabilité des autres vins de votre exploitation

Il faut également vous demander si ces volumes additionnels auront un impact sur le reste de votre activité.

En effet, ils peuvent avoir un effet positif pour le reste de l'exploitation s'ils permettent de diviser certains coûts fixes par un nombre de bouteilles plus important, et ainsi de faire diminuer les coûts unitaires de production, de commercialisation ou de gestion.

Ils peuvent aussi avoir un effet négatif s'ils obligent l'exploitation à franchir un seuil qui lui impose d'investir. En effet, si ses capacités de vinification ou de stockage sont déjà toutes exploitées, elle devra investir pour les augmenter. Ainsi, pour un faible résultat additionnel, elle devra réaliser des investissements conséquents. Dans ce cas, une solution peut-être de fonctionner avec un modèle sans actifs pour ces volumes supplémentaires, en louant des capacités de vinification et de stockage[1].

Quantifiez la profitabilité additionnelle et le retour sur investissement générés par votre projet

En additionnant ces deux éléments, d'une part le résultat d'exploitation généré par les nouveaux volumes et d'autre part leur éventuel impact sur les résultats des volumes initiaux, vous obtiendrez la profitabilité additionnelle générée par votre projet. Ce projet ne doit être poursuivi que si ce résultat est positif.

Mais pour avoir une image complète de l'intérêt du projet, il est nécessaire de prendre également en compte les éventuels investissements qui l'accompagnent. Pour cela, faites la somme des dépenses que vous allez devoir réaliser pour acheter des vignes, pour augmenter vos capacités de vinification et de stockage, ainsi que de la trésorerie que vous devrez injecter dans l'affaire (notamment en cas d'achat de raisins).

Pour calculer le retour sur investissement de votre augmentation de volumes, divisez ensuite le résultat additionnel généré par les capitaux mobilisés. Cet indicateur, qui permet de quantifier le résultat additionnel généré pour 1 euro investi, donne une image synthétique de la création de valeur que pourra générer votre projet. Si vous n'avez aucun investissement à réaliser, uniquement à financer des achats de raisin, alors votre retour sur investissement sera probablement très élevé. Si au contraire vous devez investir de façon importante pour un résultat additionnel somme toute limité, alors le retour sur investissement sera faible.

---

1. Pour une analyse détaillée des modèles légers en actifs, se reporter au chapitre 14.

En pratique

Intérêt économique *versus* risque d'image : prenez votre décision

Si la rentabilité additionnelle est significative, que les investissements sont nuls ou très faibles et que le risque d'image est bien contrôlé, alors votre projet est pertinent.

		Risque pour le reste de l'activité	
		Faible	Fort
Retour sur investissement	Élevé	Oui	?
	Faible	Ok	Non

Si au contraire :

▶ le retour sur investissement est faible, du fait d'une rentabilité limitée et/ou d'investissements importants à réaliser,

▶ et que le risque que le projet fait peser sur le cœur de votre activité n'est pas contrôlé (volumes très importants modifiant le modèle économique de l'exploitation ou identité pas assez indépendante de votre activité historique),

▶ alors ce projet peut être dangereux car il peut remettre en cause la pérennité de votre entreprise dans sa globalité.

Bibliographie

– ANDERSON Kym et NELGEN Signe, *Global Wine Markets, 1961 to 2009: A Statistical Compendium*, University of Adelaide Press, 2011.

– ATKIN Thomas et THACH Liz, « Millennial Wine Consumers : Risk Perception and Information Search », *Wine Economics and Policy*, 1-2012.

– BARTHES Roland, *Mythologies*, Le Seuil, 1957.

– BETTS Richard, *The Essential Scratch and Sniff Guide to Becoming a Wine Expert*, Rux Martin/Houghton Mifflin Harcourt, 2013.

– BONNÉ Jon, *The New California Wine*, Ten Speed Press, 2013.

– CADIAU Paul, *Lexivin, la terminologie de la vigne et du vin*, Les Publications de C. et P. Cadiau, 2012.

– CARLES Marie-Catherine, *Gestion de la propriété viti-vinicole*, Féret, 2008.

– CARRIER Gilbert, *Histoire sociale et culturelle du vin*, Bordas Cultures, 1995.

– COLMAN Tyler, *Wine Politics*, University of California Press, 2008.

– COUDERC Jean-Pierre, HANNIN Hervé, D'HAUTEVILLE François et MONTAIGNE Étienne (dir.), *Bacchus 2005 : Enjeux, stratégies et pratiques dans la filière vitivinicole*, La Vigne/Dunod, 2004.

– COUDERC Jean-Pierre, HANNIN Hervé, D'HAUTEVILLE François et MONTAIGNE Étienne (dir.), *Bacchus 2006 : Enjeux, stratégies et pratiques dans la filière vitivinicole*, La Vigne/Dunod, 2005.

– COUDERC Jean-Pierre, HANNIN Hervé, D'HAUTEVILLE François et MONTAIGNE Étienne (dir.), *Bacchus 2008 : Enjeux, stratégies et pratiques dans la filière vitivinicole*, Dunod, 2007.

– COUDERC Jean-Pierre, HANNIN Hervé, D'HAUTEVILLE François et MONTAIGNE Étienne (dir.), *La Vigne et le Vin, mutations économiques en France et dans le monde*, La Documentation française, 2010.

– COUTIER Martine, *Dictionnaire de la langue du vin*, CNRS Éditions, 2007.

– DELARUE Cyril, *Le Coût de passage à la viticulture biologique*, Féret, 2011.

– GOODYEAR Dana, « Drink Up, the Rise of Really Cheap Wine », *The New Yorker*, 18 mai 2009.

– HADJ Ali Héla, LECOCQ Sébastien et VISSER Michael, « The Impact of Gurus : Parker Grades and *en primeur* Wine Prices », *The Economic Journal*, vol. 8, n° 529, juin 2008.

– JOLY Nicolas, *Le Vin du ciel à la terre*, Sang de la terre, 2003.

– KIM W. Chan et MAUBORGNE Renée, *Blue Ocean Strategy*, Harvard Business School Press, 2005.

– LEWIN Benjamin, *What Price Bordeaux*, Vendange Press, 2009.

– LEWIN Benjamin, *Wine Myths and Reality*, Vendange Press, 2010.

– PITTE Jean-Robert, *Le Vin et le Divin*, Fayard, 2004.

– PORTER Michael, « How Competitive Forces Shape Strategy », *Harvard Business Review*, mars 1979.

– ROBY Jean-Philippe, VAN LEEUWEN Cornelis, MARGUERIT Élisa, *Références Vigne*, Lavoisier, 2008.

– SCHIRMER Raphaël et VELASCO-GRACIET Hélène, *Atlas mondial des vins*, Autrement, 2010.

– TACH Liz et MATZ Tim (dir.), *Wine: A Global Business*, Miranda Press, 2008.

– THOMAS-RADUX Didier et PETRIC Boris-Mathieu (coord.), « 1907-2007, un siècle rouge ardent », *Midi Libre* (hors-série), mars 2007.

– TRINQUECOSTE Jean-François (dir.), *Le Vin et ses marchés, annales*, Féret, 2009 à 2013.

– VESETH Mike, *Wine Wars*, Rowman & Littlefield, 2011.

Index

Mise en pages : Compo Meca Publishing
64990 Mouguerre

Achevé d'imprimer par l'imprimerie SEPEC en avril 2015
N° d'imprimeur : 02672150434
Dépôt légal : avril 2015

Imprimé en France

 PEFC 10-31-1470 / **Certifié PEFC** / Ce produit est issu de forêts gérées durablement et de sources contrôlées. / pefc-france.org